Vom Elend der Postmoderne in der Dritten Welt
Eine Kritik des Post-Development-Ansatzes

Sven Engel

VOM ELEND DER POSTMODERNE
IN DER DRITTEN WELT

Eine Kritik des Post-Development-Ansatzes

ibidem-Verlag
Stuttgart

Die Deutsche Bibliothek - CIP-Einheitsaufnahme:

Ein Titeldatensatz für diese Publikation ist bei
Der Deutschen Bibliothek erhältlich

∞

Gedruckt auf alterungsbeständigem, säurefreien Papier
Printed on acid-free paper

ISBN: 3-89821-128-2
© *ibidem*-Verlag
Stuttgart 2001
Alle Rechte vorbehalten

Printed in Germany

Danken möchte ich meinen Eltern, ohne deren Unterstützung ich den ökonomischen Zwängen deutscher Universitäten nicht entsprochen hätte, Elmar Altvater und den anderen kritischen Professorinnen und Professoren des Berliner Otto-Suhr-Instituts für ihre Skepsis gegenüber affirmativer Wissenschaft, meinen Freundinnen und Freunden für die Unterstützung bei allen möglichen menschlichen und akademischen Frustrationen, den Papiertigern für die Aktionen gegen die politische Verzweiflung und – not last but first – Bettie: für alles.

Ohne diese Menschen wäre dieses Buch niemals zustande gekommen.

INHALT

0 VORWORT

Die Idee zu diesem Buch entstand aus einer merkwürdigen Begebenheit: als Student der Politikwissenschaften und "Entwicklungspraktikant" einer indischen "Graswurzel-Organisation", und als um die Vermeidung neokolonialen und paternalistischen Auftretens peinlich bedachte Europäer, sitze ich im März 1997 in einem der abgelegensten Dörfer Orissas und befrage die Frauen der *Mahila Samiti*[1], was denn für sie "Entwicklung" eigentlich heißt. Ich bekomme zu hören: Krankenhäuser, Schulen, Geld für Ausbildung, Gesundheitsaufklärung, ein Brunnen für das Dorf, Werkstätten für den lokalen Markt und so weiter. Ich sitze und schweige und denke mir: Wissen sie denn nicht, dass man im Westen 'Entwicklung' schon wieder dekonstruiert....? Doch hier war nicht die Rede von traditionellen Anbaumethoden, von der Bewahrung der Adivasi-Kultur oder von diskursiver Gegenmacht. Die Rede war vielmehr von geradezu klassischen entwicklungspolitischen Zielen, wie sie in unzähligen Projekten überall auf der Welt verfolgt werden. Die Frauen schienen peinlich berührt davon, dass ein weißer männlicher Europäer ihnen zuhören wollte und wirkten zugleich erstaunt über ihren Mut, Gedanken und Forderungen direkt an einen Mann zu formulieren. Eine verworrene Situation, jedoch eine, über die nachzudenken sich lohnt.....

1 EINLEITUNG

Thema dieser Untersuchung sind einige neuere Tendenzen in der Entwicklungstheorie, die ich als "postmodern" bezeichnen möchte und die entsprechend unter dem Begriff *Post-Development* bekannt geworden sind. Diesen Ansatz, der im Kern auf eine postmoderne Kritik an Entwicklung hinausläuft, möchte ich hier vorstellen und seine wichtigsten theoretischen Grundlagen herausarbeiten. Im Anschluss[2] an die Arbeiten von Michel Foucault und mit Bezug auf die Postmoderne-Diskussion in Philosophie und Sozialwissenschaften wird *Entwicklung als diskursives Regime* – als "developmentalism" (Escobar) – analysiert und gerät damit insgesamt in den Fokus der Kritik. Diese postmodern geprägte Entwicklungskritik reagiert damit auch auf die Verunsicherungen in der Entwicklungstheorie, die aus den entwicklungspolitischen Misser-

---

[1] Bengalischer Ausdruck für die in der lokalen Entwicklungsarbeit üblichen dörflichen Frauenkomitees.

[2] Der Text dieser Arbeit folgt den Regeln der neuen Rechtschreibreform. Die Schreibweise in Zitaten aus älteren Publikationen ist der Einfachheit halber stillschweigend korrigiert worden. .

folgen der 80er Jahre (Verschuldungskrise, zunehmende soziale Polarisierung) und dem Ende des Ost-West-Konflikts (Auflösung der Blöcke, Destabilisierung von Staaten) entstanden sind.

Diese Ansätze sind in vielerlei Hinsicht interessant. Zunächst wird mit ihnen eine radikale Kritik von Entwicklungstheorie und –praxis geleistet, die im Extremfall nichts weniger als eine vollständige Einstellung der Entwicklungszusammenarbeit fordert (Esteva 1995, 65ff.) und das Ende von Entwicklung verkündet. Die Zeit für eine neue Ära sei gekommen: die der Post-Entwicklung (Escobar 1995b). Des weiteren hat das philosophische Projekt der Postmoderne seit den 80er Jahren zunehmend auch entwicklungspolitische Debatten beeinflusst und findet weiterhin Eingang in Arbeiten zu Kultur und Entwicklung, zu *gender* und Entwicklung und in Arbeiten zu Postkolonialismus und Multikulturalismus. Schließlich sind die postmodernen Kritiker von Entwicklung in ihrer Bezugnahme auf Foucault und andere postmoderne/poststrukturalistische Theoretiker eine eingehende Betrachtung wert, da sie die klassischen Wege ökonomisch orientierter Entwicklungstheorien verlassen und einen eigenen theoretischen Ansatz darstellen. Eine Sicht von *Entwicklung als Diskurs* unterscheidet sich dabei signifikant nicht nur von Untersuchungen der politischen Ökonomie oder der Modernisierungstheorie, sondern auch von alternativen Ansätzen. Die postmoderne Kritik an Entwicklung kann also die kritische Diskussion rund um konkurrierende Entwicklungstheorien und -strategien bereichern. Außerdem sind im Anschluss an die Debatten um das vermeintliche "Ende der Dritten Welt" und das "Scheitern der großen Theorie" (Menzel), das "Ende der Politik" (Foucault) oder sogar das "Ende der Geschichte" (Fukuyama 1992) postmoderne Ansätze in gewisser Weise in Mode geraten, in Entwicklungszusammenhängen und in der kritischen Sozialwissenschaft aber auch kontrovers diskutiert worden.

Diese Arbeit versucht einen politologischen Blickwinkel einzunehmen. Die klassische Frage der Politikwissenschaften ist diejenige nach der Macht und sie wird von der postmodernen Entwicklungskritik auf spezifische Weise beantwortet – nämlich im Sinne Foucaults. Aus politologischer Sicht wird also die Fragestellung verfolgt, ob Foucaults Konzepte von Wissen und Macht in der Entwicklungstheorie fruchtbar gemacht werden können beziehungsweise mit welchen Problemen dies verbunden ist. Innerhalb der Diskussion um Postmoderne und Entwicklung scheint mir diese Frage von zentraler Bedeutung zu sein, so dass im Rahmen dieser Arbeit auf die Machttheorie Michel Foucaults eingegangen werden muss, um die theoretische Grundlage postmoderner Ansätze in der Entwicklungstheorie besser zu begreifen. Eine Analyse der zugrundeliegenden theoretischen Annahmen scheint also vielversprechend zu sein, um diese neue Tendenz genauer zu verstehen.

Da ich außerdem versuchen möchte, eine mit der Dritten Welt grundsätzlich solidarische Position einzunehmen, gilt es zu klären, welchen Beitrag eine postmoderne Entwicklungskritik für ein besseres Verständnis einer mit Problemen beladenen Welt liefern kann. Inwiefern ist die postmoderne Entwicklungskritik in der Lage, eine transformatorische Agenda für Veränderungen in einem kapitalistischen Weltsystem, das durch das Abhängigkeitsverhältnis des Nord-Süd-Konflikts gekennzeichnet ist, zu formulieren. Sind postmoderne Ansätze dabei hilfreich, die "Krise der Entwicklungstheorie" und die "Krise von Entwicklung" überhaupt zu überwinden? Welchen Beitrag kann der Post-Development-Ansatz und eine postmoderne Kritik von Entwicklung zur Analyse der Situation der Dritten Welt leisten?

All dies ist offensichtlich ein sehr weites analytisches Feld, so dass einige Einschränkungen gemacht werden müssen. Ich beziehe mich im Folgenden auf neuere postmoderne Ansätze in der Entwicklungstheorie aus den 90er Jahren. Dabei möchte ich lediglich diejenigen Autoren untersuchen, die den Begriff der Entwicklung thematisieren und ins Zentrum ihrer Aufmerksamkeit gestellt haben. Weiterhin möchte ich den Schwerpunkt der Arbeit auf die theoretischen Grundlagen legen. Diese sollen dargestellt und auf Widersprüchlichkeiten und Inkonsistenzen hin untersucht werden. Hier vermute ich die größten Schwierigkeiten in einer postmodernen Kritik an Entwicklung. Neben allen positiven Aspekten könnte die Auswahl meiner schwerpunktmäßigen Beschäftigung eventuell als zu negativ herausstechen. Das geschieht jedoch in der Hoffnung, dass nur eine dezidierte Kritik der postmodernen Ansätze zur Entwicklungstheorie diese voranbringen kann. In der Reflexion des Post-Development-Ansatzes, der sich selbst kritisch auf den Entwicklungsbegriff bezieht, handelt es sich also um eine Kritik der Kritik an Entwicklung.

Wenn sich diese Arbeit im begrifflichen Dreieck von *Entwicklung, Postmoderne* und *Kritik* bewegt, dann ist damit ein sehr komplexes Themenfeld nur unzureichend umrissen. Im Rahmen einer Solchen Analyse ist es natürlich nicht möglich, die Debatten um die genannten Begriffe umfassend zu bearbeiten. Statt dessen beschränke ich mich auf die Darstellung der wichtigsten Annahmen einer postmodernen Entwicklungskritik. Wenn ich dennoch etwas weit aushole und auf verwandte Themen eingehe, so hoffe ich, dadurch das Umfeld einer postmodernen Entwicklungskritik ein wenig auszuleuchten, auch wenn dies die Geduld des/der Leser/in[3] etwas strapazieren mag.

Da von dem hier untersuchten Post-Entwicklungs-Ansatz die herkömmlichen Vorstellungen von Entwicklung in ihren unterschiedlichen Ausprägungen im wesentlichen kritisiert und nicht selten abgelehnt werden, scheint es mir zunächst geboten in einer "kurzen Geschichte der Entwicklungstheorie" darauf einzugehen, von was sich die postmoderne Entwicklungskritik genau abgrenzt. (Kapitel 2). Dabei möchte ich v.a. den Entwicklungsbegriff der beiden dominierenden Paradigmen der Modernisierungs- und der Dependenztheorie umreißen.

Nach einer Klärung der verschiedenen Auffassungen von *Entwicklung* werde ich auf den Kontext postmoderner Theorie eingehen. Dabei sollen die Untersuchungen Foucaults zu Macht, Wissen und Diskurs analysiert werden um eine Grundlage für den theoretischen Hintergrund von Post-Development und einer postmodernen Entwicklungskritik zu erhalten (Kapitel 3).

In einem Zwischenschritt beschreibe ich den Prozess einer "Postmodernisierung" der Entwicklungstheorie, das heißt ich betrachte das Aufkommen einer postmodernen Kritik an Entwicklung vor dem Hintergrund verschiedener Faktoren (Kapitel 4).

Das Kapitel 5 umfasst eine Darstellung der postmodernen Entwicklungskritik anhand der Texte ihrer prominentesten Autoren (es sind in der Mehrzahl Männer). Im Vordergrund dieses Post-Development-Ansatzes steht dabei die zentrale Konzeptualisierung von Entwicklung als Diskurs-Macht, die Merkmale und die Struktur dieses Diskurses sowie die daran geknüpften Schlussfolgerungen, aus denen sich die Ziele und Strategien einer postmodern geprägten Entwicklungskritik ergeben.

Die postmoderne Analyse von Entwicklung möchte ich daran anschließend problematisieren (Kapitel 6). Folgende Fragen werden in den Vordergrund gestellt: Was sind die Vorzüge einer postmodernen Herangehensweise? Wie plausibel ist eine postmoderne Konzeption von Entwicklung und welche Bedeutung hat sie? Wo liegen die theoretischen Widersprüchlichkeiten und Probleme einer solchen Konzeption? Und schließlich ist von Interesse, welche politischen Schlussfolgerungen aus einer postmodernen Kritik an Entwicklung gezogen werden können.

---

[3] Aus Gründen der besseren Lesbarkeit wird in dieser Arbeit auf geschlechtneutrale Formulierungen weitgehend verzichtet. Dies geschieht im Bewusstsein der damit verbundenen Probleme. Dennoch sei allen Leserinnen und Lesern versichert, dass ich Menschen unterschiedlichen Geschlechts

Im abschließenden Kapitel 6 fasse ich die wichtigsten theoretischen Grundlagen der postmodernen Ansätze sowie die Probleme, die sich daraus ergeben, zusammen. Hier möchte ich auch eine Beurteilung des politischen Potentials für Veränderung versuchen, die auf die offenen Fragen und Tabus innerhalb der postmodernen Entwicklungskritik hinweist. Ich hoffe, dass bis dahin geklärt sein wird, ob ein postmoderner Ansatz in der Entwicklungstheorie ein vielversprechender Weg für kritische Überlegungen zur Entwicklungszusammenarbeit und für den politischen Internationalismus liefern oder ob sie eher eine theoretische und praktische Sackgasse darstellen.

---

auch an den Stellen im Blick behalte, wo dies durch die Grammatik der Sprache nicht immer im Text ersichtlich ist.

2 KLEINE GESCHICHTE DER ENTWICKLUNGSTHEORIE

Alle die vorschnellen, ungenügend fundierten Generalisationen, in denen das Wort 'Entwicklung' eine Rolle spielt, haben viele unter uns mit Wort, Begriff und Sache in gleicher Weise die Geduld verlieren lassen.

- Joseph Schumpeter[4]

Um verständlich zu machen in welchem Umfeld eine postmoderne Entwicklungskritik formuliert wird und gegen was sie sich richtet scheint es mir angebracht, eine 'Kleine Geschichte der Entwicklungstheorie' zu skizzieren. Gewöhnlich wird die Entwicklungstheorie in zwei große Strömungen unterteilt, die der Modernisierungs- und die der Dependenztheorie. Nach einer kurzen Klärung allgemeiner Begrifflichkeiten (*Dritte Welt* und *Entwicklung*; Absatz 2.1 und 2.2) möchte ich diese beiden Paradigmen darstellen um zu einem besseren Verständnis dessen zu gelangen, was in den späten 80er und in den 90er Jahren des letzten Jahrhunderts eigentlich 'in die Krise' geraten ist. Die Kernaussagen der beiden theoretischen Paradigmen wird dargestellt und eine Geschichte der Theoriebildung nachgezeichnet (Absatz 2.3 und 2.5). Der Schwerpunkt dieser Darstellung liegt deutlich auf den theoretischen Ansätzen weniger auf den empfohlenen Strategien, auch wenn es manchmal unumgänglich ist diese kurz zu berücksichtigen. Im Anschluss werde ich die Situation der 80er Jahre (Absatz 2.7) und die daraus folgende Krise beschreiben (Absatz 2.8). Eine der möglichen Überwindungen dieser Krise, so meine These, bieten postmoderne Entwicklungsansätze. Mit ihrem Aufkommen endet dieses Kapitel.

2.1 Begriffsklärung: Dritte Welt

Der Begriff *Dritte Welt*[5] wird hier mit einer gewissen Ambivalenz verwendet, da er aus guten Gründen kritisiert worden ist: Die Transformation der sozialistischen Staaten und damit das Verschwinden der "Zweiten Welt" sowie die weltweite Ausbreitung kapitalistisch-marktwirtschaftlicher Systeme haben eine Dreiteilung in Erste, Zweite und Dritte Welt obsolet werden lassen (Menzel 1992, 8). Wichtiger ist die

---

[4] Schumpeter, Joseph (1935): Theorie der wirtschaftlichen Entwicklung, 4. Aufl. 1935 (zuerst 1911), München, S. 89.

[5] Die Entstehung des Begriffs wird im Allgemeinen dem französischen Demographen Alfred Sauvy zugeschrieben, der damit einen Vergleich der armen Länder mit dem Dritten Stand aus der französischen Revolution implizierte. (vgl. zur Entstehung und Wandel des Begriffs Nohlen/Nuscheler 1993a, 17ff.)

starke Differenzierung sowohl zwischen verschiedenen Ländern als auch innerhalb von Ländern (vgl. Nohlen/Nuscheler 1993a, 14-16). Es wurde deshalb kritisiert, dass der Begriff Dritte Welt enorme historische, kulturelle, soziale, politische und ökonomische Differenzen verschleiere. Drittens wird argumentiert, dass die *Newly Industrializing Countries (NIC)* in Ost- und Südostasien nicht mehr zur Dritten Welt gezählt werden können. Viertens steigt gleichzeitig massive Armut auch in den Staaten des Nordens an.

Mit diesen kritischen Anmerkungen im Hintergrund wird der Begriff dennoch in dieser Arbeit verwendet, da er eine geläufige Bezeichnung der Länder Afrikas, Asiens und Lateinamerikas darstellt, die gemeinhin mit Entwicklung assoziiert werden, aber auch da er weiterhin auf Gemeinsamkeiten[6] zwischen diesen Ländern in einer globalen soziopolitischen Situation des Nord-Süd-Konflikts[7] verweist. Schließlich hat der Begriff politische Konnotationen innerhalb dieses Konflikts, da mit ihm eine Gegenbewegung gegen die wohlhabenden Länder der *Organisation für wirtschaftliche Zusammenarbeit und Entwicklung (OECD)* bezeichnet werden kann. "Solange es einen Nord-Süd-Konflikt gibt, ist das Ende der Dritten Welt noch nicht da." (Nohlen/Nuscheler 1993a, 30)[8].

In Anlehnung an die zitierte Stelle möchte ich deshalb den Begriff Dritte Welt verstanden wissen als diejenige Gruppe von Ländern, die sich im Selbstverständnis' 'Opfer und Ohnmächtige der Weltwirtschaft' zu sein (nach Nyerere) zur Durchsetzung ihrer wirtschaftlichen und politischen Interessen in der "Gruppe der 77"[9] zusammengeschlossen haben. Um den Text aufzulockern und um allzu viele Wiederholungen zu

---

[6] Eine Einteilung in verschiedene Gruppen von Ländern haben Nohlen/Nuscheler unternommen (1993a, 21-25), um der Differenzierung gerecht zu werden, ohne die Gemeinsamkeiten aus dem Blick zu verlieren.

[7] Der Begriff Nord-Süd-Konflikt wurde oft in Verbindung mit der aus der Bandung-Konferenz 1955 hervorgegangenen Blockfreienbewegung gebracht; der politische Gehalt lag zu Zeiten des Ost-West-Konflikts in der Betonung einer dritten Position zwischen den Blöcken (Non-Alignment) und in der Suche nach einem unabhängigen Entwicklungsweg jenseits der Systemkonfrontation.

[8] Vgl. hier auch für eine ausführlichere Diskussion der Gründe, um am Begriff festzuhalten, sowie für eine ausführliche Begriffsdiskussion.

[9] Die "Gruppe der 77" bezeichnet einen Zusammenschluss von Entwicklungsländern, der auf das Jahr 1964 (UNCTAD I) zurückgeht und bei der offiziellen Gründung 1967 in Algier 77 Mitgliedsstaaten zählte. Mittlerweile sind mehr als 125 Entwicklungsländer in dieser Gruppe organisiert, um sich auf gemeinsame Grundpositionen zu einigen, auch wenn der Zusammenhalt durch wachsende Unterschiede zwischen verschiedenen Gruppen von Entwicklungsländern erschwert wird.

vermeiden benutze ich synonym die Begriffe "Länder des Südens" beziehungsweise "südliche Länder", auch wenn viele von ihnen auf der Nordhalbkugel liegen.

2.2 Begriffsklärung: Entwicklung

Auch zum Begriff der *Entwicklung* gibt es eine Vielzahl verschiedener Definitions- und Interpretationsversuche. Kaum ein anderer Begriff der Sozialwissenschaften ist vieldeutiger, schwerer zu definieren und so sehr dem Meinungs- und Ideologiestreit anheim gefallen wie der der Entwicklung (vgl. die Artikel "Entwicklung/Entwicklungstheorie" in Nohlen 1993 und Nohlen 1995). Über die Jahre und über die verschiedenen Theorieströmungen hinweg nimmt der Begriff chamäleonartig immer neue Bedeutungen an, so dass eine allgemeingültige Definition nahezu unmöglich ist.[10]

In diesem Kapitel soll deshalb nachgezeichnet werden, was mit dem Begriff *Entwicklung* in den beiden großen theoretischen Strömungen der Modernisierungs- und der Dependenztheorie beschrieben wird, damit verständlich wird, von was sich postmoderne Ansätze abgrenzen.[11]

Während in den frühen Modernisierungstheorien unter dem Begriff der Entwicklung Wirtschaftswachstum und gesellschaftliche Modernisierung verstanden wird, bezeichnet er in den Dependenztheorien der 60er und 70er Jahre eher die Überwindung von Unterentwicklung und Abhängigkeit im Sinne einer autozentrierten Entwicklung oder sogar im Sinne einer Umwandlung des internationalen Weltwirtschaftssystems. Mit dem sogenannten "verlorenen Jahrzehnt" der 80er Jahre geriet die Entwicklungstheorie zunehmend in die Krise (Erler 1988, Dirmoser et al. 1991, Menzel 1992).

---

[10] Zu Problemen bei der Begriffsbildung vgl. ausführlicher Nohlen/Nuscheler 1993c, 55ff. Dort auch das häufig zitierte "Magische Fünfeck von Entwicklung" in dem sie fünf normative Elemente von Entwicklung definieren: Wachstum, Arbeit, Gleichheit/Gerechtigkeit, Partizipation, Unabhängigkeit/Eigenständigkeit (Nohlen/Nuscheler 1993c, 64ff.). Wolfgang Hein sieht vier Dimensionen von Entwicklung in einer Matrix mit den Achsen partikular-global und empirisch-normativ verortet und definiert Entwicklung als "einen Prozess der Verbesserung der Bedürfnisbefriedigung praktisch aller Menschen innerhalb einer sozialen Einheit [...] sowie der Schaffung (beziehungsweise Erhaltung) der sozio-kulturellen, politischen, ökonomischen und ökologischen Voraussetzungen für ein langfristiges Fortschreiten dieses Prozesses." (Hein 1998, 155).

[11] Eine genauere Auseinandersetzung mit den verschiedenen Strömungen innerhalb dieser Paradigmen erscheint mir nicht sehr sinnvoll, da eine postmoderne Entwicklungskritik ihrerseits den Begriff der *Entwicklung* selbst ablehnt und deshalb in Anführungsstriche setzt.

Neben einer Ausdifferenzierung der Theorie[12] wurde eine dezidierte Entwicklungskritik in den 90er Jahren formuliert. In diesem Umfeld verorte ich das Aufkommen von postmodernen Ansätzen zur Entwicklungstheorie (Kapitel 4).

In der postmodernen Entwicklungskritik[13] ist "Entwicklung" - nun deutlich in Anführungsstriche gesetzt - gar zum "Virus" und zur "Krankheit" verkommen (Escobar 1995a, 45). Die grundlegenden Begriffe in der Entwicklungstheorie und –politik - wie zum Beispiel Markt, Staat, Gleichheit, Partizipation, Bevölkerung, Armut, Fortschritt, Lebensstandard u.a. - werden von Escobar allesamt als "toxic words" aufgefasst (Escobar 1995a, 227, Anm. 8).

Obwohl also der Begriff der Entwicklung vielfältig ist und die verschiedenen theoretischen Strömungen mit einer Vielzahl unterschiedlicher Strategien aufgewartet haben, wird aus postmoderner Perspektive mit der Idee von Entwicklung insgesamt abgerechnet und der Begriff *Entwicklung* rundherum abgelehnt (Kapitel 4.1).

Es erscheint mir deshalb wenig sinnvoll, auf die vielfältigen Differenzen zwischen verschiedenen Entwicklungstheorien einzugehen. Im Folgenden sollen nur die beiden häufig genannten Entwicklungsparadigmen der Modernisierungs- und der Dependenztheorie dargestellt werden, um daran exemplarisch zu zeigen, gegen welche Positionen sich die postmoderne Kritik insgesamt richtet.

Die Modernisierungstheorie einerseits mit ihren Vorstellungen der Entwicklungsökonomie und die Ausprägungen der Dependenztheorie andererseits (dazu zähle ich auch die Abhängigkeits-, Weltmarkt- und Weltsystemtheorien) werden hier als Paradigmen für die entwicklungstheoretische Forschung bezeichnet, weil sie jeweils eine

---

[12] Thiel (1999) zum Beispiel unterscheidet sieben verschiedene theoretische Ansätze, nämlich "1. Wachstumstheorie im weitesten Sinne (Modernisierungstheorie), 2. Dependenztheorie (Strukturalismus), 3. Zentralplanungsmodell (realer Sozialismus), 4. Neoliberales Modell (Washington Consensus), 5. Modell staatlich gelenkter Privatwirtschaft (Gänseflugmodell), 6. Konzept der kulturellen Bedingtheit von Entwicklung, 7. Konzept der nachhaltigen Entwicklung" (Thiel 1999a, 18). Meines Erachtens steht nur das Konzept von Entwicklung als Kulturphänomen (6.) wirklich aus den beiden Sammelbegriffen Modernisierungs- und Dependenztheorie heraus, da es entgegen ökonomisch fundierter Ansätze die Linie zu Max Webers Untersuchungen zum Zusammenhang wirtschaftlicher Entwicklung und religiös-kultureller Wertesysteme aufgreift. Ansonsten kann der Punkt 3 den Dependenztheorien und alle anderen Punkte den Modernisierungstheorien lose zugeordnet werden.

[13] Um allzu häufige Wiederholungen zu vermeiden, verwende ich die Bezeichnungen *Post-Development, postmoderne Entwicklungskritik, postmoderne Ansätze in der Entwicklungstheorie* und *postmoderne Kritik an Entwicklung* synonym.

20

neue Art darstellen, die Entwicklungsproblematik zu betrachten und so die Forschung voranbringen. Dieser Vorgang der Verdrängung einer Theorie durch eine andere ist von Thomas Kuhn beschrieben worden (Kuhn 1962, zit. bei Thiel 1999a, 18). Mir scheint es aber wichtig, darauf zu verweisen, dass ein Paradigmenwechsel in der academic community nicht zwingender maßen auch einen realen Politikwechsel hervorgebracht hat, sondern vielmehr oft weit davon entfernt war. Nach Menzel (1992, 71-72) hat Entwicklung zwei Dimensionen: eine deskriptiv-analytische (das heißt die Explikation von Entwicklungsprozessen durch theoretische Anstrengung) sowie eine normativ-politische (das heißt die aus der Theoriebildung abgeleiteten Strategieentwürfe zur Umsetzung geplanter Entwicklungsvorhaben) Längst nicht alle Strategien sind real umgesetzt worden. Die Forderung nach einer Neuen Internationalen Weltwirtschaftsordnung, wie sie in den 70er Jahren erhoben wurde, kann zum Beispiel in der heutigen Situation als gescheitert gelten. Im Folgenden lege ich deshalb den Schwerpunkt auf eine Auseinandersetzung mit Entwicklungs*theorien* eher als Entwicklungs*strategien*, da die postmoderne Kritik sich deutlich gegen den theoretischen Hintergrund richtet und die daraus abgeleiteten Strategien und pragmatischen Entwicklungskonzeptionen verwirft.

2.3 Das Modernisierungstheoretische Paradigma

Was gemeinhin als Modernisierungstheorie bezeichnet wird, ist eine Sammlung theoretischer Entwürfe von Entwicklung und den daraus abgeleiteten Strategien, die – ausgehend von den USA – seit den 40er und 50er Jahren die entwicklungspolitische Praxis dominieren. Sie werden hier in Anlehnung an Martinussen als Sammelbewegung sowohl von ökonomischen Wachstumstheorien als auch klassischen soziologischen Modernisierungstheorien verstanden (Martinussen 1997, 56). Das modernisierungstheoretische Paradigma begreift Entwicklung als einen linearen Prozess der Nachahmung und Angleichung unterentwickelter Gesellschaften an die entwickelten Gesellschaften der westlichen Industrieländer. Das Beziehungsmuster zwischen Entwicklungsländern und Industrieländern ist dabei deutlich hierarchisch: Für die Modernisierungstheorie bilden die Industrieländer das Vorbild und Ziel des Entwicklungsprozesses, der in der Nachahmung eines westlichen Gesellschaftsmodells liegt. "Die frühen Modernisierungstheorien haben [...] die US-amerikanische Gesellschaft als den Inbegriff von Modernität verstanden und damit den Entwicklungsstand der USA als Ziel und Endpunkt der Entwicklung und damit der Geschichte definiert." (Boeckh 1993, 115) In diesem Modernisierungsprozess stellen die Begriffe *Tradition* und *Moderne* Ausgangspunkt und Endpunkt einer linearen Entwicklungsbahn dar, welche die Entwicklungsländer und ihre Gesellschaften zu durchlaufen haben. Es dominiert also eine dichotome Vorstellung von Moderne und Tradition und gleichzeitig die Annahme einer prinzipiellen Möglichkeit von Entwicklung als Überwindung von Tradition im Weltmaßstab. Die Kontrastierung von Moderne und Tradition bezieht sich dabei nicht nur auf den Gegensatz von Industrie- und Entwicklungsländern als modern beziehungsweise traditionell verfasste Gesellschaften, sondern auch auf Beziehungen innerhalb der Entwicklungsländer. Grundlegend war hier der Dualismus-Begriff von Boeke, der Entwicklungsgesellschaften als "duale Gesellschaften" auffasste: in diesen stehen traditionellen und moderne Wirtschaftssektoren relativ beziehungslos nebeneinander, wobei die traditionellen Sektoren den Hemmschuh von Entwicklungsdarstellen und nach und nach zugunsten der modernen Sektoren zurückgedrängt werden sollten (vgl. Boeke 1953). Da Unterentwicklung in diesem Verständnis nur ein frühes Stadium gesellschaftlicher Entwicklung insgesamt ist, hegten Modernisierungstheorien den Glauben, dass ein Aufschließen der Dritten an die Erste Welt möglich sei, Entwicklung sei demnach vor allen Dingen nachholende Entwicklung in Form von Industrialisierung. Nach Rosenstein-Rodan, in einem der frühesten Beiträge zur Modernisierungstheorie, ist massive Industrialisierung der Schlüssel zu Wachstum und Fortschritt (1943). Später hat er dazu die Theorie eines "big push" in Investitionen als Voraussetzung für Wachstum dazugefügt: mittels großangelegter staatlicher Investitionstätigkeit sollte der Wachstumsprozess in Gang gebracht werden (1961).

In Modernisierungstheorien werden die Ursachen der Unterentwicklung hauptsächlich in endogenen Faktoren gesehen, das heißt sie liegen in den Gesellschaften der Entwicklungsländer begründet. Rosenstein-Rodan und Nurkse betonten die geringen Einkommen, die daraus folgende geringe Nachfrage und die geringe Sparquote sowie ländliche Unterbeschäftigung in Entwicklungsländern. Nurkse betonte dabei die Notwendigkeit die "Teufelskreise der Armut" aus niedrigen Einkommen, niedriger Sparquote, daraus folgend geringer Kapitalakkumulation und geringer Investition und Produktivität zu durchbrechen (Nurkse 1953). Beide vertraten also ein stark staatsinterventionistisches und keynesianisch[14] inspiriertes Programm massiver, gleichmäßi-

---

[14] Hier gab es im Bereich der Entwicklungsökonomie eine Teilkontroverse. Während die in der neoklassischen Tradition stehenden Autoren auf die Kräfte des Marktes vertrauten, also eine liberale und im Außenwirtschaftsbereich an komparativen Kosten und internationaler Arbeitsteilung

ger und großangelegter Industrialisierung ("balanced growth" [15]) (Vgl. Martinussen 1997, 57ff.).

Anknüpfend an Boekes "dual economy"-Modell hat W.A. Lewis sein Zwei-Sektoren-Modell geschlossener unterentwickelter Gesellschaften entworfen, mit einem kapitalistischen (modernen) Sektor und einem Subsistenz-Sektor (traditionell), der über ein unbegrenztes Angebot an (unterbeschäftigten) Arbeitskräften verfüge, die für den modernen Sektor mobilisiert werden könnten. Haupthindernis ist dabei nach Lewis die geringe Akkumulation von produktivem Kapital, wiederum verursacht durch eine geringe Sparquote (Lewis 1954, 1955). Er folgte damit der klassischen Annahme der politischen Ökonomie, dass kapitalistische Profite sowohl gespart als auch investiert würden (Martinussen 1997, 62).

Im Laufe des Entwicklungsprozesses, der exogen in Gang gebracht werden muss, werden die traditionellen Werte, Denk- und Verhaltensweisen sowie die gesellschaftlichen Strukturen dynamisiert und modernisiert. Wenn dies gelingt, könnten die Entwicklungsländer den Weg der Industrieländer in vergleichbaren Schritten beschreiten, wobei Unterschiede in der Faktorenausstattung (Ressourcen, Kapital, Arbeit und ihrer Inwertsetzung) das Tempo des Entwicklungsprozesses bestimmen. Als Indikatoren für Entwicklung benutzt die Modernisierungstheorie deshalb vor allem wirtschaftliche Indikatoren, insbesondere den des Bruttosozialprodukts (BSP), des jährlichen Wirtschaftswachstums und des Pro-Kopf-Einkommens (PKE).

Die modernisierungstheoretischen Überlegungen gipfelten gewissermaßen in Rostows berühmtem Modell der "Stages of Economic Growth", das einen linearen, aufholenden und unumkehrbaren Entwicklungsprozess in verschiedenen Stadien beschreibt, deren Ziel unverkennbar die Gesellschaften der westlichen Industrieländer darstellten (Rostow 1960). Die Stadien sind (1) der Zustand der traditionellen Gesellschaft, (2) die Phase, in der die Voraussetzungen für den wirtschaftlichen Aufstieg geschaffen werden, (3) die Take-Off-Phase, (4) die Entwicklung zur Reife und (5) die Phase des Massenkonsums (nach Hein 1998, 203-208). Als Rostows Ideal kann folglich das fordistische Modell von Massenproduktion und Massennachfrage gelten.

---

orientierte Politik empfahlen, setzte der damals vorherrschende Keynesianismus seine Hoffnungen eher auf staatliche Eingriffe zur Stimulierung von Wachstum (vgl. Menzel 1992, 17-18).

[15] Demgegenüber vertrat Hirschman die These, dass gerade ein ungleichmäßige Investitionstätigkeit in entscheidenden Sektoren, die verschiedene Verknüpfungen zu anderen Bereichen aufwiesen ("backward and forward linkages"), zu mehr Wachstum führe ("unbalanced growth") (vgl. Hirschman 1958).

Entwicklung wird dabei von Lewis und Rostow relativ umstandslos mit wirtschaftlichem Wachstum gleichgesetzt, das durch Kapitalakkumulation in Form von Investition von außen und Erhöhung der Sparquote sowie durch forcierte Industrialisierung erreicht werden könne. Wirtschaftliches Wachstum, so die modernisierungstheoretische Annahme, bringe technologische Ausdifferenzierung mit sich, stimuliere Urbanisierung und habe höhere Konsumptionsraten zur Folge und sei deshalb in der Lage, auf absehbare Zeit selbsttragend zu werden. Ein Wachstum des BSP führe so automatisch zu positiven Veränderungen auch anderer sozialer Indikatoren wie Kindersterblichkeit, Analphabetismus, Mangelernährung und so weiter. Selbst wenn nicht alle Menschen direkt vom Wirtschaftswachstum profitierten, würde der sogenannte "trickle-down effect" Sorge dafür tragen, dass die Entwicklungsgesellschaft als Ganze von erhöhter Produktion und folglich erhöhter Beschäftigung profitieren könne. Nach diesem Verständnis entsteht Entwicklung als Folge einer Politik, die auf Produktivitätserhöhung, Ausdehnung der modernen Sektoren, Industrialisierung, Durchkapitalisierung der Volkswirtschaft und formelle Beschäftigung setzt. Das Problem der Armutsüberwindung ist im modernisierungstheoretischen Verständnis eine abhängige Variable von Modernisierung und Wachstum. Entwicklung ist deshalb quantifizierbar in ökonomischen Indikatoren und letztlich reduzierbar auf Wirtschaftswachstum. Neben der starken Fixierung auf Wirtschaftswissenschaften hat die Modernisierungstheorie auch eine soziologische Komponente: Durch die Stimulierung von Wachstum sollte ein *gesamtgesellschaftlicher* Modernisierungsprozess entstehen, der Entwicklungshemmnisse in Kultur, religiösen Traditionen, in der politischen Institutionenbildung und Administration nach und nach auflösen sollte.

2.4 Kritische Betrachtung der Modernisierungstheorie

An den Modernisierungstheorien wurden im wesentlichen fünf Punkte kritisiert. Erstens ist ihre Fixiertheit des Modernitätsbildes auf westlich-kapitalistische Industriegesellschaften in Frage gestellt worden, da oft die negativen Seiten dieses Gesellschaftsmodells ausgeblendet wurden. Zweitens kann Modernisierungstheorien ihre analytisch fehlgreifende Definition von Tradition vorgeworfen werden. Nicht nur ist ihr Verständnis von Tradition als Residualkategorie für alles Nicht-Moderne und damit die Einordnung höchst unterschiedlicher soziopolitischer Verhältnisse unter einen Begriff problematisch, sondern auch die Nichtberücksichtigung kolonialer Deformationen und damit ihre analytische Blindheit gegenüber exogenen Faktoren der Unterentwicklung. Daran schließt sich ein dritter Kritikpunkt an, nämlich die Konzentration auf die internen Strukturen und endogenen entwicklungshemmenden Faktoren. Dabei wird die internationale Dimension des Weltmarkts und das Machtgefälle des internationalen Staatensystems ebenso ausgeblendet wie externe entwicklungshemmende Faktoren, etwa die Abhängigkeit von Rohstoff-Exporten. Viertens ist den Modernisierungstheorien ihre Tendenz zu monokausalen Erklärungsmustern vorgeworfen worden und schließlich – fünftens – ist häufig ein Scheitern in der Praxis konstatiert worden: Wachstum und die daran geknüpften Veränderungen der sozialen Indikatoren blieben aus oder die anvisierten Strategien von Industrialisierung hatten nicht den vorhergesagten Effekt einer Dynamisierung und Modernisierung weiter Teile der Entwicklungsgesellschaften.

Es zeigte sich vielmehr, dass auch in Ländern mit überdurchschnittlich hohen Wachstumsraten des Pro-Kopf-Einkommens der Zuwachs in der Regel nur einer kleinen Elite zugeflossen war. "Trickle-Down-Effekte" blieben weitgehend aus, Wachstum koexistierte mit weitverbreiteter oder sogar zunehmender Massenarmut (vgl. die Beiträge zu Modernisierungs- und Wachstumstheorie in Nohlen 1993). Diese mangelnden Erfolge der Wachstumsstrategie, der ausbleibende Strukturwandel sowie das Ausbleiben der an wirtschaftliches Wachstum geknüpften sozialen Entwicklungsfortschritte führten zu Beginn der 60er Jahre zu einer massiven Infragestellung des modernisierungstheoretischen Paradigmas und begünstigten das Aufkommen der sogenannten Dependenztheorien.

2.5 Das Dependenztheoretische Paradigma

Seit Mitte der 60er Jahre bildete sich– aus Lateinamerika kommend – eine Reihe von wirtschafts- und sozialwissenschaftlichen Studien, die den Begriff der *dependencia* (Abhängigkeit) in den Mittelpunkt ihrer Analysen stellten. Im folgenden Überblick werden diese als Dependenztheorien bezeichnet. Mit ihnen gewann eine neomarxistische Sicht an Einfluss, die an die Arbeiten von Paul Baran (1957) und an die Imperialismustheorie Lenins und Luxemburgs (vgl. Elsenhans 1995, 267-268) anschloss und in Deutschland vor allem von Dieter Senghaas auch unter der Bezeichnung "Theorie des Peripheren Kapitalismus" in den wissenschaftlichen Diskurs eingeführt wurde (Senghaas 1972, 1974, 1979). Außerdem wird hier erstmals aus der Perspektive der betroffenen Länder des Südens argumentiert und die Konsequenzen der europäischen Expansion von Kolonialismus und Imperialismus für diese Länder werden thematisiert. Auf nicht-marxistischer Seite hatte der lateinamerikanische

Strukturalismus[16] wichtige Grundlagen für die Dependenztheorie gelegt: Raúl Prebisch benannte mit seiner Theorie der säkularen Verschlechterung der *terms of trade*[17] für Primärgüter die als Ausbeutung begriffenen Handelsbeziehungen zwischen den Entwicklungsländern und den Industrieländern als den wichtigsten Grund für blockierte Entwicklung (Prebisch 1950).

Die Dependenztheorie vertritt in vielerlei Hinsicht konträre Positionen zur Modernisierungstheorie und hat eine scharfe Kritik an dieser frühen Theoriebildung formuliert. Statt eines prinzipiell möglichen Aufschließens der Entwicklungsländer an den Stand der westlichen Industrieländer wird die prinzipiellen Unmöglichkeit einer gleichmäßigen Entwicklung im Weltmaßstab betont und die Erreichbarkeit eines Equilibriums wird angezweifelt. Eine Untersuchung der Ausbeutungs- und Abhängigkeitsstrukturen der Länder der Dritten Welt in einem Zentrum- und Peripherie-Modell[18] ersetzte Vorstellungen, in denen ein Angleichen der Lebensverhältnisse erwartet wurde. Dependenztheoretisch gesehen bringt Kapitalismus inhärent Ungleichheit mit sich, wirtschaftliches Wachstum im kapitalistischen Sinn bedeutet deshalb, dass einige Gebiete der Erde genauso wie einige Sektoren der Gesellschaft aktiv unterentwickelt werden, die "Entwicklung der Unterentwicklung" (Frank 1966) sowie ihre Kritik war Thema dieser Debatten.[19] Der modernisierungstheoretischen Dicho-

---

[16] Vgl. zum ökonomischen Strukturalismus Martinussen (1997, Chapter 6, 73ff).

[17] Unter *terms of trade* versteht man den Quotienten aus dem Importpreis- und Exportpreisindex eines Landes. Die verschiedenen Berechnungen der *terms of trade* versuchen die Wirkungen des Außenhandels im Sinne von Wohlstandssteigerung oder –minderung auf ein Land zu erfassen. Mit Prebischs Theorie sollte im Gegensatz zur neoklassischen Außenhandelstheorie gezeigt werden, dass ein relativer Preisverfall der aus Entwicklungsländern exportierten Rohstoffe gegenüber importierten Industriegütern stattfand, der zu Unterentwicklung führe. Obwohl diese These umstritten ist, kann doch gezeigt werden, dass eine Verschlechterung der *terms of trade* für Entwicklungsländer phasenweise zu Entwicklungskrisen wie zum Beispiel der Verschuldungskrise führen kann. (Vgl. ausführlicher den Artikel in Nohlen 1993, 667-669).

[18] Der Begriff geht auf Raúl Prebisch zurück, der ihn bereits in den 50er Jahren benutzte und wurde zu einem der zentralen Analysekategorien der Dependenztheorie. Die Länder des Zentrums sind die entwickelten kapitalistischen Industrieländer, die von internationalem Handel profitierten, während die Peripherie – die armen Länder Lateinamerikas, Afrikas und Asiens - davon nicht profitieren konnten. (Vgl. Martinussen 1997, 76)

[19] Bezüglich der Verknüpfung von Abhängigkeit und Unterentwicklung können grob zwei Richtungen der Dependenztheorie unterschieden werden: eine Variante, die die Ausbeutung von seiten der Industrieländer durch Handel (Verfall der *terms of trade* beziehungsweise in der marxistischen Version ungleicher Tausch) sowie die Rolle transnationaler Unternehmen betont und auf der anderen Seite eine Variante, die stärker die strukturelle Verflechtung der Ökonomien der Peripherie mit de-

tomie von Tradition und Moderne und den dualistischen Vorstellungen zur Gesell-
schaftsstruktur im Süden setzen dependenztheoretisch argumentierende Autoren den
Begriff der "strukturellen Heterogenität" gegenüber (vgl. dazu Nuscheler 1995, 152-
154), der als wichtiges Merkmal peripherer Gesellschaften gilt. Damit ist gemeint,
dass Strukturveränderungen im Gefolge von Weltmarktveränderungen immer nur
partielle Modernisierungsschübe in Teilbereichen der Gesellschaft auslösen, so dass
strukturell heterogene Gesellschaften in den Peripherien entstehen, in denen unterschiedliche Produktionsweisen nebeneinander existieren. Mit dem Begriff der strukturellen Heterogenität waren die grundlegenden Unterschiede zwischen den entwik-
kelten Zentren und den unterentwickelten Peripherien in der Weltwirtschaft gemeint,
darüber hinaus aber auch die Heterogenität unterschiedlich entwickelter Wirtschaftssektoren innerhalb der Peripherie: zum Beispiel Gleichzeitigkeit von agrarischer Subsistenzwirtschaft und industrieller Sektoren. Strukturelle Heterogenität entsteht somit
nicht nur zwischen den entwickelten Zentren und den unterentwickelten Peripherien,
sondern auch in den Peripherien selbst. Der Paradigmenwechsel zur Modernisierungstheorie wird damit an zwei Punkten deutlich: Zum einen versteht sich das Konzept
struktureller Heterogenität als Gegenentwurf zu dualistischen Vorstellungen, zum anderen lenkt es die Aufmerksamkeit auf die asymmetrischen Beziehungen zwischen
den Zentren und Peripherien des globalen Kapitalismus (vgl. Nohlen 1993, 628). Besonders André Gunder Frank lehnte die dualistischen Vorstellungen ab und betonte
stattdessen, dass die Länder der Dritten Welt in ein hierarchisch gegliedertes kapitalistisches Weltsystem integriert seien und zwar dergestalt, dass in einer pyramidalen
Struktur von Zentrum und Peripherie Entwicklung nur insofern stattfand, als es den
wirtschaftlichen Interessen der Zentren entspricht.

Dependenztheoretische Ansätze stellen auch eine weitere in der modernisierungstheoretischen Forschung häufige Vorstellung radikal in Frage: die Länder der Dritten Welt könnten als geschlossene Systeme behandelt werden und die Entwicklungshemmnisse als endogen verursachte Modernisierungsdefizite betrachtet werden.
Stattdessen werden die Hemmnisse von Entwicklung vor allem im exogenen Bereich
gesehen, in wirtschaftlicher Abhängigkeit, in den Folgen von ungleichem Tausch, in
den Auswirkungen von Imperialismus und Kolonialismus sowie in den nach der po-

---

nen der Zentren sowie die Ausrichtung der peripheren Ökonomien auf die Verwertungsbedürfnisse
der Zentren in den Vordergrund stellt. (Vgl. dazu den Beitrag Dependencia-Theorien in Nohlen
1993, 163-164)

litischen Dekolonisation fortbestehenden ökonomischen Strukturen des Neokolonialismus,[20] in den hierarchischen Strukturen des Weltmarkts und in der Internationalen Arbeitsteilung. In der Geschichte der europäischen Expansion hatte zwar eine Integration der Entwicklungsländer (Peripherie) in den von den kapitalistischen Industrieländern (Zentren, Metropolen) beherrschten Weltmarkt stattgefunden, aus dependenztheoretischer Sicht wird dies aber eben nicht als Chance zur Überwindung von Unterentwicklung sondern vielmehr als genau deren Ursache angesehen. Unterentwicklung wird demnach interpretiert als Resultat eines historischen Prozesses – der Herausbildung des kapitalistischen Weltmarkts – dessen Determinanten es zu untersuchen gilt.

Bei den von Dependenztheorien ausgehenden Entwicklungsstrategien lassen sich zwei Strömungen unterscheiden, die davon abhängen, ob diese globalen Strukturen grundsätzlich als reformierbar oder als unreformierbar gelten.

Die marxistischen Autoren (zum Beispiel A.G. Frank) plädierten für eine konsequente Herauslösung aus dem Weltmarkt (Dissoziation) um die Ursachen von Unterentwicklung zu beseitigen. Wenn Unterentwicklung die Folge von Integration in den Weltmarkt und der dadurch verursachten Abhängigkeit und Marginalisierung ist, so die Folgerung zum Beispiel von Senghaas (1979a), dann war es nur konsequent für eine Herauslösung aus diesen Strukturen zu plädieren: eben Abkoppelung beziehungsweise Dissoziation. In den Augen vieler Dependenztheoretiker setzt dies allerdings eine sozialistische Revolution zumindest insofern voraus, als die Interessen der Landbesitzer und Eliten auch in den Ländern des Südens dem entgegenstehen (Martinussen 1997, 89).

Andere Autoren betrachten hingegen eine kapitalistische Entwicklung in den Peripherien nicht als ausgeschlossen, sofern sich die Rahmenbedingungen des Weltmarkts verändern ließen. Die Forderung nach einer Neuen Weltwirtschaftsordnung zur Überwindung struktureller Abhängigkeit wurde nach der dritten UN-Konferenz für Handel und Entwicklung (UNCTAD III) von Santiago de Chile im Jahre 1972 das

---

[20] Die Annahme, die neugewonnene politische Unabhängigkeit würde den ehemals kolonialisierten Staaten auch die Kontrolle über die eigene wirschaftliche Entwicklung bringen, erwies sich als großer Irrtum. "Die Fähigkeit des Weltkapitalismus, durch nicht-politische Maßnahmen die Kontrolle über die formal unabhängigen Länder zu behalten, überraschte die Staaten in der Dritten Welt." (vgl. Worsley 1989, 4). Da dieser Effekt in den Ländern Lateinamerikas, die seit mehr als hundert Jahren politisch unabhängig waren, wohlbekannt war, war es nur natürlich, dass die Theorien zu Abhängigkeit und Unterentwicklung zuerst dort aufkamen.

beherrschende Thema internationaler Konferenzen, insbesondere im Rahmen der Vereinten Nationen (Nohlen/Thibaut 1995, 462). Die sehr weitreichenden Forderungen nach einer Neuordnung der Weltwirtschaft zielten im Wesentliche darauf ab, dass die Entwicklungsländer stärker am Nutzen der Weltwirtschaft teilhaben könnten und umfassten unter anderem den Abbau protektionistischer Maßnahmen und Zugang zu den Märkten der Industrieländer, Regelung und Kontrolle der Transnationalen Konzerne, stabilisierte Rohstoffpreise, eine Demokratisierung der internationalen Finanzinstitutionen, Erhöhung der Entwicklungshilfeleistungen der Industrieländer als Ausgleich für die Schäden des Kolonialismus (vgl. Nohlen 1993, 506-509). Neben Forderungen nach einer Neuen Weltwirtschaftsordnung spielten hier die Vorstellungen einer autozentrierten Entwicklung[21] (Amin 1974, zum Wandel des Begriffs vgl. auch Senghaas 1979), die aus dem Strukturalismus übernommene Strategie der Importsubstituierenden Industrialisierung (ISI) und der Orientierung am Binnenmarkt eine wichtige Rolle. Cardoso (1974) zum Beispiel betonte eher die internen Bedingungen und Strukturen der Entwicklungsländer und sah durchaus Chancen für Entwicklung, wenn auch innerhalb der globalen Abhängigkeitsstrukturen (vgl. Martinussen 1997, 94-95).

Die dependenztheoretischen Überlegungen bilden paradigmatisch einen Gegenpol zu den frühen Modernisierungstheorien und stellen eine Herausforderung ihrer Strategien dar. Dies führte zu einigen Korrekturen in der Entwicklungspolitik. Vor allem der von der Weltbank seit Anfang der 70er Jahre eingeschlagene Weg der Strategie der Grundbedürfnisbefriedigung und Armutsorientierung von Entwicklungspolitik bedeutete eine qualitative Erweiterung des Entwicklungsbegriffs und bewirkte in den dominierenden Modernisierungstheorien eine Korrektur in Richtung auf Wachstum *plus* Verteilungsgerechtigkeit (vgl. Menzel 1993, 150). Angeregt durch den Pearson-Bericht[22] von 1969 verkündete Weltbankpräsident Robert McNamara auf seiner Nai-

---

[21] Der Begriff stammt von Samir Amin und bezeichnete den Versuch, eine eigenständige, auf die lokal verfügbaren Ressourcen gestützte Entwicklung in Gang zu bringen, in deren Verlauf die strukturelle ökonomische Verkoppelung der Entwicklungsländer mit dem Weltmarkt durch Binnenmarktorientierung, angepasste Technologien, Produktivitätssteigerung der Landwirtschaft und Dissoziation vom Weltmarkt überwunden und durch vollständige Wirtschaftskreisläufe ersetzt würde, was letztendlich zu (kollektiver) "Self-Reliance" führen könne. (Vgl. den Artikel in Nohlen 1993, sowie Amin 1974 und 1979)

[22] Der Bericht der "Kommission für Internationale Entwicklung" erschien unter Leitung des ehemaligen kanadischen Außenministers Lester Pearson; er kritisierte die überkommenen Strategien der Modernisierungstheorie und äußerte Skepsis in Bezug auf die These, dass Wachstum automatisch

robi-Rede einen Kurswechsel und forderte eine armutsorientierte Strategie, die der Debatte um eine auf Grundbedürfnisse ausgerichteten Entwicklungspolitik neuen Auftrieb verschaffte und in der Cocoyoc-Erklärung[23] als erstem Dokument einer "alternativen Entwicklung" fixiert wurde.[24] Im Kern fordert diese Strategie die Befriedigung menschlicher Grundbedürfnisse wie Nahrung, Unterkunft, Kleidung, Gesundheit und Bildung, in der Umsetzung entwickelte sich jedoch schnell Streit darüber, ob dies besser mit den herkömmlichen Wachstumsstrategien unter Annahme von "trickle-down effects" geschieht, oder eine grundlegende Umverteilungspolitik nötig ist. (Vgl. Nohlen 1993, 288; grundlegend: ILO 1976 und Streeten 1981). Im Folgenden bleiben auch auf Projektebene in der Praxis Veränderungen nicht aus und neue Strategien schufen sich die dazugehörigen neuen Zielgruppen: Zur Armutsbekämpfung gehörte zunächst die Förderung der Landwirtschaft und der Kleinbauern. Diese Strategien sind unter den Stichworten "ländliche Entwicklung" und "Grüne Revolution" bekannt geworden. Darunter wird die Förderung der landwirtschaftlichen Produktivität verstanden um höhere Erträge zu erreichen, aber nicht durch Land- oder Agrarreformen sondern durch kapital- und technologieintensivere Produktionsformen.[25] Später kam die Förderung von Frauen im Entwicklungsprozess hinzu. "Als man Mitte der 70er Jahre das Scheitern wachstumsorientierter Modernisierungsstrategien erkannte, wurden Frauen als Entwicklungsträgerinnen wahrgenommen; mit der programmatischen Hinwendung zur Grundbedürfnisstrategie erfolgte die 'Entdeckung' von Frauen." (Klemp 1993, 287). Infolge der 1975 von der UN ausgerufenen Weltfrauendekade und den Anschlusskonferenzen entstand ein ganzer Zweig entwick-

---

zu Entwicklung führe. In seinen Forderungen nahm er wichtige Punkte der Diskussion um die Neue Weltwirtschaftsordnung der 70er Jahre vorweg. (vgl. Menzel 1993, 140).

[23] Die Erklärung eines Wissenschaftler-Gremiums auf dem UNCTAD-Symposium in Cocoyoc (Mexiko) im Jahr 1974 gilt als erstes Dokument einer alternativen Entwicklung. In ihr wurde eine grundlegende Neuorientierung von Entwicklungspolitik auf die Befriedigung der Grundbedürfnisse (Nahrung, Unterkunft, Kleidung, Gesundheit und Bildung) formuliert. Die Forderungen wurden später im Nyerere-Bericht der Süd-Kommission und im Brundtland-Bericht aufgegriffen. (Nohlen 1993, 147)

[24] Zur neuen Strategie von 'Wachstum plus Verteilungsgerechtigkeit' vgl. auch den Weltbankbericht von Chenery et al. (Eds.) 1974.

[25] Die Kritik an der Grünen Revolution setzt an der Begünstigung reicher Bauern, an den negativen Beschäftigungseffekten, an der Steigerung der Importe und an den ökologischen Folgen von Düngemittel- und Pestizideinsatz. (Vgl. zum Beispiel Agrawal 1991, Glaeser 1987, Shiva 1991, und Martinussen 1997, 140-142)

lungspolitischer Literatur zum Thema, aus der verschiedene Strategien resultierten (vgl. dazu Klemp 1993, United Nations 1986). Ebenso erfuhren Anstrengungen zur Förderung des informellen Sektors neue Aufmerksamkeit. Die Debatte begann mit einer von der ILO vorgelegten Studie zum informellen Sektor in Kenia (ILO 1972) und zielte darauf ab, in der Förderung dieses Sektors entwicklungspolitische Ziele zu erreichen.[26] Bekannt wurde auch Hernando de Soto's Buch "Marktwirtschaft von unten" (de Soto 1992), in dem er eine Deregulierung staatlicher Vorschriften und Verfahren forderte. All dies bewirkte eine Ausdifferenzierung der entwicklungspolitischen und –theoretischen Diskussion. Auf der Tagesordnung standen seitdem bis weit in die 80er Jahre beschäftigungs-, armuts- und grundbedürfnisorientierte Entwicklungsstrategien, programmatisch zusammengefasst in den Strategien der "ländlichen Entwicklung" (Grüne Revolution), die später durch den Aspekt der Frauenförderung ergänzt wurde (vgl. Menzel 1993, 151).

2.6 Kritische Anmerkungen zur Dependenztheorie

Eine Kritik an dependenztheoretischen Ansätzen wurde auf mehreren Ebenen formuliert. Auf theoretischer Ebene lautete die Kritik, Aussagen oft nur sehr pauschal formuliert zu haben und die eigene Forderung nach einem genauen Verständnis historischer Prozesse kaum umgesetzt zu haben (vgl. den Artikel "Dependencia" in Nohlen 1993, 162-166).

Wichtiger scheinen mir jedoch die Probleme zu sein, auf die Dependenztheorien auf empirischer Ebene stießen. Nicht nur stieß das Modell der ISI speziell in Lateinamerika auf Schwierigkeiten,[27] sondern vor allen Dingen das Aufkommen der Schwellenländer[28] in Ost- und später auch Südostasien stellte ein neues Modell dar, welches ausgerechnet mit weltmarktorientierten Industrialisierungsstrategien (Strategie der Exportorientierung und Weltmarktintegration) unbestreitbare Wachstumserfolge er-

---

[26] Vgl. zur Debatte im globalen Rahmen Portes/Castells/Benton (1989), im lateinamerikanischen Raum Rakowski (1994).

[27] "However, the import-substitution model that was relatively successful in the 1950s and 1960s, particularly in Latin America, faced a crisis in the 1970s, owing to the 'oil shocks', rampant inflation, and a weakening of domestic demand when the primary export sectors could not generate enough revenue to fuel the government machine and redistributive export earnings (or royalties) throughout the economy." (Castells 1993, 29)

[28] Zum wirtschaftlichen Aufschwung der "Newly Industrializing Countries" vgl. Balassa 1981. Der Begriff "Schwellenland" wird in der Literatur sehr unterschiedlich gefasst, vgl. dazu Nohlen/Nuscheler 1993a, 24ff.

zielte und eine nach allen Standards autozentrierte Entwicklung in Gang setzte. Dieses Modell konnte von dependenztheoretischen Ansätzen nicht mehr erklärt werden und stellte sie vor erhebliche Probleme (Boeckh 1993, 116).

Die Schwellenländerproblematik verweist auf einen weiteren Schwachpunkt dependenztheoretischer Entwürfe auf empirischer Ebene: die höchst unterschiedliche Entwicklungsdynamik innerhalb der Dritten Welt. Eine Zweiteilung in Zentrum und Peripherie war zunehmend nicht mehr in der Lage, die Differenzierungsprozesse[29] analytisch zu fassen; viele allgemeine und sehr universell gehaltene Entwürfe scheiterten so an einer sehr unterschiedlichen Realität. Bereits die Ölkrisen der 70er Jahre hatten gezeigt, dass es durchaus unterschiedliche Interessen zwischen Entwicklungsländern, zum Beispiel zwischen ölexportierenden und kaffee- oder teeexportierenden Ländern gibt. Dazu kam die unterschiedliche Entwicklung der Schwellenländer. "Anfang der 80er Jahre setzte sich die Erkenntnis durch, dass es *eine* Dritte Welt nicht mehr gibt" (Boeckh 1993, 116). Stattdessen werden heute gewöhnlich verschiedene Ländergruppen unterschieden, so zum Beispiel bei Nuscheler (1993, 173), der neben den wohlhabenden Industrieländern die Schwellenländer, die große Mehrzahl der Entwicklungsländer sowie als weitere Gruppe die am wenigsten entwickelten Länder (LLDCs)[30] zählt.

Schließlich gibt es auf politischer Ebene einige wichtige Punkte, derentwegen dependenztheoretische Ansätze kritisiert worden sind. Die Forderungen nach einer Änderung der Weltwirtschaftsordnung und nach einer Neuen Internationalen Arbeitsteilung[31] sind im wesentlichen gescheitert. Walden Bello macht dafür neben den welt-

---

[29] Zum Differenzierungsprozess vgl. den frühen Artikel von Menzel (1983), sowie Boeckh (1993, 116ff).

[30] Die Bezeichnung "Least Developed Countries" steht für eine Gruppe von Dritte-Welt-Ländern, die nach der UN-Vollversammlung von 1971 als "am wenigsten entwickelt" gelten, und grenzt diese zu den LDCs ("Less Developed Countries") ab. Beides sind häufige Bezeichnungen für Ländergruppen in Berichten internationaler Organisationen (vgl. Nohlen/Nuscheler 1993a, 23-24). Die Zuordnung zu den LLDC erfolgt nach Indikatoren des BIP pro Kopf, geringe Industrialisierung, geringe Alphabetisierungsrate.

[31] Die Forderung nach einer Neuordnung der weltwirtschaftlichen Beziehungen wurde zuerst auf der Bandung Konferenz 1955 formuliert und danach vor allem von der Blockfreienbewegung und innerhalb der UNCTAD vertreten. Die wichtigsten Forderungen waren: (1) Entwicklungshilfe durch die Industrieländer in Höhe von 0.7% ihres BSP, (2) Neuordnung der Auslandsverschuldung der Entwicklungsländer, (3) verbesserter Zugang zu den Märkten der Industrieländer, (4) Demokratisierung der internationalen Finanzinstitutionen IMF und Weltbank (Vgl. Bello 1989 44)

wirtschaftlichen Strukturen auch das Verhalten der OPEC, das Scheitern eines lateinamerikanischen Schuldnerkartells (Cartagena Konferenz 1984) und die mangelnde
Solidarität zwischen Dritte-Welt-Ländern insgesamt verantwortlich (vgl. Bello 1989,
56ff.). Appelle an Solidarität unter den Ländern der Dritten Welt verloren sich nicht
nur in der Ausdifferenzierung verschiedener Regionen und Länder sondern auch im
Elitismus vieler Regierungen. Die beschworene Einheit der Dritten Welt (Stichwort
Tiers Mondisme)[32] war nie eine politische Realität, sondern immer nur Fiktion (Noh-
len/Nuscheler 1993a, 25). Auch die Forderungen nach einer verstärkten Süd-Süd-
Kooperation blieben schwierig umzusetzen.

2.7 Neoliberale "Konterrevolution" und das "verlorene Jahrzehnt"

Die dependenztheoretischen Hoffnungen und die Forderungen nach einer Neuen
Weltwirtschaftsordnung, angeführt durch die "Gruppe der 77" und der Blockfreien-
bewegungen, wurden spätestens mit dem Ausbrechen der Schuldenkrise durch den
"Mexiko Schock" im Jahr 1982 begraben.[33] Auf die hohe Verschuldung vieler Entwicklungsländer und die darauffolgende Zahlungsunfähigkeit reagierte der Internationale Währungsfond mit sogenannten Strukturanpassungsprogrammen (SAP) (vgl.
Tetzlaff 1993). "Die von ihm verlangte Austerity-Politik bedeutete drastische Einspa-
rungen bei den Staatsausgaben, um eine Konsolidierung der Staatsfinanzen herbeizu-
führen, sowie die Förderung des Exports, um die Leistungsbilanz ins Gleichgewicht
zu bringen und so Zahlungsfähigkeit und neue Bonität zurückzugewinnen." (Menzel
1993, 153). Die den Schuldnerländern auferlegte Politik war aus der Interessenlage
der Gläubiger heraus erfolgreich, bürdete aber den Schuldnerländern schwere Sanie-
rungslasten auf (Nuscheler 1993, 161). Die katastrophalen Folgen dieser Politik der
Strukturanpassung für die Länder des Südens sind ausführlich dokumentiert worden
und konterkarierten damit auch die von der Weltbank weiterhin hochgehaltene Stra-

---

[32] "Tiersmondisme" oder "Third Worldism" bezeichnet eine Argumentationsrichtung, die im Rahmen imperialismustheoretischer Ansätze insbesondere auf die Einheit der Dritten Welt hinweist und
Solidarität unter den Ländern des Südens fordert. Als Vertreter des Tiersmondisme gilt zum Beispiel Julius Nyerere.

[33] Das Jahr 1982, als Mexiko seine Zahlungsunfähigkeit erklärte, wird gemeinhin als Beginn der
sogenannten Schuldenkrise angesehen. Vgl. zur Schuldenkrise zum Beispiel Altvater et al. 1987,
Sangmeister 1993, Raffer 1996; eine eindrückliche Beschreibung der sozialen Folgen findet sich
exemplarisch bei George 1988.

tegie, Wachstum *plus* Umverteilung durch eine Armutsorientierung der Entwicklungspolitik zu erreichen.[34]

Gleichzeitig fand ein weiterer Paradigmenwechsel auf theoretischer Ebene statt. Gewissermaßen "im Kreis" (Boeckh 1993, 110) bewegten sich die Debatten, die von den frühen Modernisierungstheorien über die *dependencia* beziehungsweise Theorien des peripheren Kapitalismus nun wieder zu modernisierungstheoretischen Konzepten zurückkehrten; eine "Renaissance der Modernisierungstheorie" brach an (Hauck 1988/89, vgl. auch Nohlen/Nuscheler 1993c, 60-62).

Neu war allerdings, dass die nun verfolgten Konzepte nicht mehr so stark keynesianisch orientiert waren wie in den 50er und 60er Jahren, "sondern einem neoklassisch inspirierten *Exportwachstum* das Wort redeten" (Menzel 1993, 152). Den theoretischen Hintergrund lieferten die Arbeiten von Balassa (1981) und Lal (1983), der "freie Markt" wurde nun zur Lösung aller Probleme verklärt. Toye nannte diese theoretische Entwicklung die "Konterrevolution" in der Entwicklungstheorie (Toye 1987). Sie ist oft in den Zusammenhang mit der neoliberalen Wende zu Beginn der 80er Jahre und den Wahlen konservativer Regierungen in Großbritannien, den USA und in Deutschland (Thatcher, Reagan und Kohl) in Verbindung gebracht worden. Im Rahmen einer allgemeinen Renaissance der Neoklassik in der Wirtschaftspolitik dieser Regierungen gerieten auch staatliche und suprastaatliche Entwicklungsstrategien unter dem Angriff der genannten Kritiker zunehmend unter Druck. Statt dessen wurden Deregulierung und Vertrauen auf das "freie Spiel der Marktkräfte" empfohlen, die Entwicklungsländer sollten sich auf ihre international wettbewerbsfähigen Sektoren konzentrieren und ihre Wachstumschancen folglich auf den Exportmärkten suchen. (alles Menzel 1993, 152ff). Dies sollte mit Strukturanpassungsprogrammen und weltmarktorientierten exportfördernden Wachstumsstrategien erreicht werden. Als empirischer Beleg wurde auf das anhaltende Wachstum der ostasiatischen Schwellenländer verwiesen. Dieser Verweis unterschlug aber zweierlei. Zunächst ist die Alternative vorrangiger Export- oder Binnenorientierung eine Frage der Größenverhältnisse. Was in Hongkong oder Singapur angebracht war, kann in Ländern wie Indien oder Brasilien nicht mehr ohne weiteres funktionieren, da die Aufnahmekapazitäten des Weltmarkts begrenzt sind. (Menzel 1983). Zweitens wurde oft unterschlagen,

---

[34] Zu den Folgen von SAP in der Dritten Welt ist eine Fülle an Literatur erschienen. Eine kritische Sicht findet sich zum Beispiel bei Bello 1994.

dass die Schwellenländer alles andere als eine liberale Wirtschaftspolitik im "laissez-faire" Stil betrieben (Menzel 1993, 153).

Die neoliberale Reaktion auf die Probleme der 80er nahm nicht nur modernisierungstheoretische Konzepte wieder auf, sondern nahm paradoxerweise auch einen zentralen Punkt der postmodernen Entwicklungskritik vorweg: das "Scheitern" von Entwicklung. Insbesondere Deepak Lal formulierte dies sehr polemisch. Für ihn war die Entwicklungspolitik gescheitert, die Entwicklungsökonomie (er meinte die dominierenden kenyesianisch orientierten Ansätze) tot, alle Entwicklungsanstrengungen hätten die Ziele und Ansprüche, für die sie konzipiert waren, nicht erreicht (Lal 1983). Für Colin Leys ist das neoliberale Konzept deshalb das Ende von Entwicklungspolitik überhaupt: "It is hardly too much to say that by the end of the 1980s the only development policy that was officially approved was not having one – leaving it to the market to allocate resources, not the state." (Leys 1996, 42).

Im weltpolitischen Rahmen fand diese "Konterrevolution" ihre Entsprechung in der massiven Deregulierung internationaler Finanz- und Handelsströme und den damit verbundenen Prozessen, die unter dem Stichwort *Globalisierung*[35] bekannt geworden und kritisiert worden sind (vgl. zum Beispiel Narr/Schubert 1994; Altvater/Mahnkopf 1996).[36]

Die neu eingeschlagene neoliberale Strategie wurde aber selbst von der Weltbank kritisch betrachtet und die 80er Jahre wurden in ihrem 1990 veröffentlichten Weltentwicklungsbericht insgesamt als "verlorenes Jahrzehnt" beschrieben. Franz Nuscheler hat die Rückschläge der 80er Jahre () und das wachsende Nord-Süd-Gefälle eindrücklich und ausführlich beschrieben: im wirtschaftlichen Bereich nennt er vor allem ausbleibendes oder sogar rückläufiges negatives Wachstum in vielen Ländern als Beleg, im sozialen Bereich beschreibt er die dramatischen Einschnitte in sozialstaatlichen Leistungen und ein damit verbundener Anstieg der Armut als Effekte des "verlorenen Jahrzehnts". Die Strukturanpassungsprogramme und die Folgen der Verschuldungskrise hatten dramatische soziale Kosten zur Folge (vgl. ausführlicher Nuscheler 1993, 157ff.).

---

[35] Zu Begriffsdefinitionen vgl. Hübner (1998, 17-148).

[36] Die genannten Autoren stehen exemplarisch für eine kritische Diskussion zum Thema Globalisierung; die Menge an Literatur ist kaum mehr überschaubar. Die Folgen dieses Prozesses für Länder der Dritten Welt sind ebenfalls umstritten, die negativen Auswirkungen scheinen aber zu überwiegen. Für eine solchermaßen kritische Sicht auf die Folgen vgl. exemplarisch Klak 1998 mit dem Beispiel der Karibik.

Zu den entwicklungspolitischen Debatten war auch die Diskussion um ökologische Folgen von Entwicklung und Wachstum neu hinzugekommen, die vor allem durch den Bericht an den *Club of Rome* (Meadows u.a.1972) angestoßen wurde, später von der Weltkommission für Umwelt und Entwicklung im *Brundtland-Bericht* (Hauff 1987) aufgegriffen wurde und dort im Konzept des *sustainable development* aufgingen. "Die Einsicht, dass die Fortsetzung dessen, was man bisher für Entwicklung und Fortschritt gehalten hatte, künftig möglicherweise in einer Menschheitskatastrophe enden könnte" (Boeckh 1993, 119) war fortan aus den Diskussionen um Umwelt und Entwicklung nicht mehr fortzudenken. Damit wurde auch die Idee der nachholenden Entwicklung abgelöst und durch den Begriff des *sustainable development* ersetzt, da das Modell der westlichen Industriestaaten mit ihrem extrem hohen Ressourcenverbrauch und Massenkonsum nicht mehr als Vorbild dienen konnte. Insgesamt ging es um die Einsicht, dass Wachstum prinzipiell ökologisch begrenzt ist (Altvater 1992).

2.8 Die "Krise" der Entwicklungstheorie

Es hat sich deshalb am Ende der 80er Jahre und zu Beginn der 90er Jahre ein weitverbreitetes "Krisenbewusstsein" festgesetzt.[37] Entwicklungspolitischer Optimismus machte zunehmend Pessimismus Platz und eine dezidierte Entwicklungs*kritik* entstand. Nachdem Myrdal (1981) bereits das entwicklungspolitische Establishment aufgeschreckt hatte, brachten die Publikation von Erlers "Tödliche Hilfe" (1988) und Dirmosers "Mythos Entwicklungshilfe" (1991) eine weitverbreitete Skepsis auf den Punkt: Entwicklungshilfe habe wenig genützt und viel geschadet, Unterentwicklung sei damit nicht überwunden worden. Die Entwicklungspolitik geriet in Rechtfertigungsnotstand, ihre grundlegenden Konzepte schienen gescheitert zu sein. Die mangelhaften Erfolge von Entwicklungsanstrengungen sind es also, die ich als "praktische Krise" bezeichnen möchte. Aus dieser Krise folgte einerseits eine stärkere Beschäftigung mit Einzelaspekten: Eine feministische Kritik[38] sowohl der modernisierungs- wie der dependenztheoretischen Paradigmen, fortgesetzte Umweltdebatten sowie Einzeluntersuchungen der Beschäftigungs-, Gesundheits-, und Bildungspro-

---

[37] Vgl. das Editorial der Zeitschrift "Peripherie" Nr. 65/66.
[38] Für eine Übersicht über feministische Konzepte zu Entwicklung vgl. zum Beispiel Scott 1995, Jackson/Pearson 1998, Young 1993.

bleme brachten eine Flut von Feldstudien hervor, hinter denen die "Großen Entwürfe" und theoretischen Anstrengungen in den Hintergrund traten.[39]

Andererseits konnte damit aber nicht jener Zustand überwunden werden, den ich als "Theoriekrise"[40] bezeichnen möchte: nämlich die zunehmende Ratlosigkeit und Unsicherheit im Feld der entwicklungspolitischen Theoriebildung. "Die ungelösten tatsächlichen Probleme und die Krise der Entwicklungspolitik sind wiederum wesentliche Ursachen, warum auch die dem Politikfeld zugeordnete akademische Disziplin und deren publizistische Verarbeitung, also die Theorien über Entwicklung und Unterentwicklung und die daraus abgeleiteten Strategien, in die Krise geraten sind, insbesondere dann wenn sie, wie in den 1960er/70er Jahren üblich, mit einem paradigmatischen Anspruch aufgetreten sind und einen globalen Erklärungswert reklamiert haben." (Menzel 1996, IX)

Nach dem Zusammenbruch der sozialistischen Staaten und den weltpolitischen Umbrüchen der Jahre 1989-1991 mochte es Ulrich Menzel leicht fallen nach dem Ende der (sozialistischen) "Zweiten Welt" nun auch das Ende der "Dritten Welt" und damit auch gleich das "Scheitern der Großen Theorien" zu verkünden (Menzel 1992).[41] Die Krise der Entwicklungstheorie und die "praktische Krise" der Dilemmata der Entwicklungspolitik fallen so zeitlich mit der Verunsicherung zusammen, die sich am Ende des Ost-West-Antagonismus verbreitet hat (vgl. Tetzlaff 1995, 62ff).

Schulz (1997) hat die Hauptargumente zu Defiziten der Entwicklungstheorie beider Paradigmen kurz zusammengefasst: Es kann keine globale Theorie der Unterentwicklung geben, da die gesellschaftlichen Rahmenbedingungen zu unterschiedlich sind. Darüber hinaus kommen in der Dritten Welt gegenläufige Tendenzen zum Tragen, etwa Globalisierung einerseits (zum Beispiel Durchsetzung internationaler Waren-, Finanz- und Arbeitsmärkte) und andererseits Differenzierungen und Heterogenisierungen (Fragmentierung in verschiedenen Ländergruppen, zum Beispiel Schwel-

---

[39] Dies zeigt sich zum Beispiel im Vorwort der Neuauflage des Lexikon Dritte Welt von 1993. Dort heißt es: "[Hier] treten dependenztheoretische Fragestellungen [...] die in den 70er Jahren im Mittelpunkt der entwicklungstheoretischen Diskussion gestanden hatten in den Hintergrund. Statt ihrer rückten neue Problembereiche (Verschuldungskrise, Fluchtbewegungen, Umweltzerstörung und *sustainable development*, Rolle der Frauen und NGOs, soziale und politische Menschenrechte) in den Vordergrund." (Nohlen/Nuscheler 1993, 7). Im neuen Band wird laut Herausgebern also die Gewichtsverschiebung auf Einzelprobleme in der Dritten Entwicklungsdekade deutlich.

[40] Eine Auswahl früher Literatur zur "Theoriekrise" findet sich bei Boeckh 1993, 127, Anm. 1; zur Diskussion um die "Krise der Theorie" vgl. exemplarisch Peripherie Nr. 65/66

[41] Menzels Ansatz blieb nicht unwidersprochen. Vgl. exemplarisch Hauck 1997, 65-68.

lenländer, LLDCs, OPEC und andere); all diese Prozesse sind zu komplex, um sie in einer einzigen Theorie angemessen zu erfassen. Ferner haben die großen Paradigmen der Modernisierungs- und Dependenztheorien in wichtigen Teilen der empirischen Überprüfung nicht standgehalten (Thiel 1995, 251). Neben den Differenzierungsprozessen in der Dritten Welt und der Schwellenländerdebatte sind deshalb das Scheitern von Entwicklungsutopien und -modellen sowie die generelle Einsicht in die ökologisch bedingte Unmöglichkeit einer Verallgemeinerung des Wachstumsmodells weitere Gründe für die Theoriekrise (vgl. Stock 1998).

Die Situation, die durch die neoliberalen Umstrukturierungen der Weltwirtschaft, die politischen Veränderungen nach dem Ende des Ost-West-Konflikts und die zunehmenden Probleme der Entwicklungsländer entstanden ist, kann als das charakterisiert werden, was der damalige US-Präsident George Bush die "Neue Weltordnung"[42] nannte, was aber zutreffender als "Neue Welt(un)ordnung" (Altvater 1992) oder auch in ahnungsvoller Voraussicht als "Brave New World Economic Order" (Bello 1989) charakterisiert worden ist. Bush äußerte diesen Begriff zuerst in einer Rede vor dem amerikanischen Kongress im Jahr 1990 und meinte damit eine globale Ordnung von Demokratie und Marktwirtschaft, die nach dem Ende der Systemkonfrontation im Rahmen der UN friedlich gestaltet werden könne. Dass diese Rede mehr Rhetorik und Ideologie als Realität war, entlarvten die scharfen Kritiken an Bushs Äußerungen, welche die Auswirkungen dieser "Ordnung" auf die Dritte Welt eindrücklich beschrieben (vgl. exemplarisch Hippler 1991, Chomsky et al. 1992).

Die Situation am Ende der 80er Jahre und zu Beginn der 90er Jahre ist also von genau jener Unübersichtlichkeit, Unbestimmtheit und Orientierungslosigkeit gekennzeichnet, die als grundlegende Erfahrung Eingang in postmoderne Analysen gefunden hat (Welsch 1992). Dies gilt sowohl für die theoretische Diskussion über Entwicklungspolitik, als auch für die Probleme der Praxis als auch für die weltpolitischen und weltwirtschaftlichen Umbrüche. Seit Mitte der 80er Jahre hatte so die kritische Entwicklungsforschung einen toten Punkt erreicht und sich in einem "impasse" festgefahren (Leys 1996, 44). Die "Krise der Entwicklungstheorie" (vgl. Peripherie Nr. 65/66) trat offen zutage.[43]

---

[42]

[43] Zur dieser Kritik der Entwicklung, welche die Entwicklungstheorie allgemein in einer Sackgasse gefangen sieht, vgl. auch Booth (1988). Einen Überblick über diese Diskussion vermittelt Schuurman (1993).

Leys benennt fünf Möglichkeiten, auf die Theoriekrise zu reagieren (Leys 1996, 44-56). Er nennt erstens die Fortsetzung empirischer Fallstudien als Substitut für Theoriebildung (zum Beispiel von Booth und Schuurman), zweitens den theoretischer Eklektizismus (zum Beispiel Toye als Kritiker neoliberaler aber auch linker Ansätze), drittens eine Fortentwicklung der Dependenztheorie im Sinne einer Weltsystemtheorie (zum Beispiel der späte Frank, Wallerstein u.a.), viertens das Modell der Neuen Institutionenökonomie (zum Beispiel Douglas North) und fünftens eine grundlegende Ablehnung des Begriffs und der Strategie von Entwicklung insgesamt (zum Beispiel Manor, Bayart u.a.). Auch in dem von Thiel herausgegebenen Sammelband einer Debatte in der Zeitschrift E+Z finden sich "Neue Ansätze zur Entwicklungstheorie", nämlich Fortentwicklungen der Ansätze "autozentrierter Entwicklung", neokeynesianische Ansätze, das Modell der Netzwerksteuerung, die Neue Institutionenökonomie, das Konzept kultureller Bedingtheit von Entwicklung, das Konzept nachhaltiger Entwicklung und die verschiedenen Spielarten feministischer Entwicklungstheorie u.a. (vgl. Thiel 1999, 23-28).

Alle diese Ansätze verdienen sicherlich eine ausführlichere Betrachtung. Im Rahmen dieser Arbeit ist es aber die von Leys genannte Position Nr. 5, in der ich ein Aufkommen postmoderner beziehungsweise poststrukturalistischer Entwicklungstheorie verorten möchte. Wenngleich es also Autoren gab, "die an neuen theoretischen Ansätzen arbeiteten oder aus den alten das Brauchbare zu retten suchten" (Thiel 1999, 9), so wurde in einem postmodern geprägten Umfeld eine grundlegendere Entwicklungskritik formuliert, die gewissermaßen den fundamentalen theoretischen Boden aller Entwicklungsdebatten direkt angriff, der sogenannte Post-Development-Ansatz: "most critiques of development have reached an impasse. The present impasse does not call for a 'better' way of doing development, nor even for 'another development'. A critique of the discourse and practice of development can help to clear the ground for a more radical imagining of alternative futures. [...] to think about 'alternatives to development' requires a theoretical and practical transformation in existing notions of development, modernity and the economy." (Escobar 1995b, 212).

Dieser postmodernen Richtung einer dezidierten Entwicklungskritik sind die folgenden Kapitel gewidmet. Bei den theoretischen Grundlagen des Post-Development-Ansatzes handelt es sich deutlich um die Debatten zu Postmoderne und Poststrukturalismus in den Sozialwissenschaften (Kapitel 3) und insbesondere um die theoretischen Arbeiten von Michel Foucault zu Macht, Wissen und Diskurs. (Kapitel 3, Absatz 3.2). Darüber hinaus werde ich einige Punkte aufzählen, die eine postmoderne

Entwicklungskritik begünstigt wenn nicht sogar hervorgebracht und so zur "Postmodernisierung" der Entwicklungstheorie beigetragen haben (Kapitel 4). Im Anschluss versuche ich eine Arbeitsdefinition einer "Postmodernen Entwicklungskritik" zu formulieren (Absatz 5.1), um dann die postmoderne Entwicklungskritik anhand der wichtigsten Thesen des Post-Development-Ansatzes genauer zu analysieren (Kapitel 5).

3 POSTMODERNE UND POSTSTRUKTURALISMUS

for company
i like french philosophy
deconstructive obscurity
formalized, canonized, and dignified by
the university
i like a trendy indecision (...)
i like an expensive aperitif
if that's what everyone else thinks is neat
for company

- Patricia Barber[44]

3.1 Begriffsklärung: Postmoderne und Poststrukturalismus

Die Debatte zu Postmoderne und Poststrukturalismus als theoretische Strömung in den Sozialwissenschaften ist mittlerweile enorm umfangreich und ausdifferenziert geworden. Neben den klassischen postmodernen und poststrukturalistischen Texten[45] von Denkern wie Lyotard, Deleuze, Derrida, Baudrillard, Foucault, Vattimo, Berman und andere sind auch eine Anzahl Sammelbände erschienen, in denen Schlüsseltexte der Postmoderne-Debatte zu finden sind.[46] Da die Debatte sehr viel stärker im angelsächsischen Bereich verlief, sei auf einige Einführungen in die englischsprachige Literatur verwiesen (Boyne/Rattansi 1990, Turner 1990, Jencks 1992, Rosenau 1992, Docherty 1993, Lyon 1994), eine deutschsprachige Einführung findet sich bei Welsch (1987), einige klassische Texte postmoderner Theorie sowie die Debatte darum finden sich in Waters (2000d). An der Schnittstelle von Politik und Postmoderne sind zahlreiche Debatten über den politischen Gehalt postmoderner Theorien und ihre politische Zielrichtung geführt worden (vgl. Good/Velody 1998, Schönherr-Mann 1996 u.a.). Die Schnittstelle zu feministischen Debatten hat vor allem im angelsächsischen Bereich nicht nur die feministische Theorie, sondern auch die Theoriebildung der Postmoderne selbst voran gebracht (vgl. Butler/Scott 1992; Nicholson 1990, Lovibond 1990, Flax 1990, Benhabib et al. 1993, Ferguson/Wicke 1994, Pegelow 1997). Kritische Positionen zur Postmoderne sind weniger zahlreich und argumentieren häufig aus der Sicht der Kritischen Theorie (vgl. Norris 1990b, 1992, 1993 sowie

---

[44] Barber, Patricia (1998): "Company", from the Album "modern cool", Chicago (Premium Records).

[45] Für eine Kurzbibliographie vgl. Seppmann 2000a, 295ff.

[46] Auf deutsch zum Beispiel Welsch 1988 und 1992, Weimann/Gumbrecht 1991, Fischer/Retzler/Schweitzer 1992, Engelmann 1990, Huyssen/Scherpe 1986

Honneth 1994 und Habermas 1998), aus feministischer Perspektive (vgl. Weedon 1987, Benhabib e al. 1993, Nicholson 1990, Ferguson/Wicke 1994) oder aus marxistischer Sicht (Ryan 1982, Callinicos 1989 und 1990, Sarup 1993, Eagleton 1997, Seppmann 2000a und 2000b). Abwägende Bemühungen diese kritischen Positionen mit bestimmten Aspekten von Postmodernismus beziehungsweise Poststrukturalismus zu versöhnen finden sich zum Beispiel bei Squires (1993), Nicholson (1990), Simons/Billig (1994) und Zima (1997).

Um das Feld besser zu strukturieren wird häufig eine Unterscheidung gemacht zwischen dem Begriff *Poststrukturalismus,* der als Kritik der philosophischen Tradition der Moderne definiert werden kann, und dem der *Postmoderne,* definiert als die Analyse post-industrieller Gesellschaften. Da aber zwischen beiden im Kontext von Entwicklungstheorien und ihrer Kritik eine weitgehende konzeptuelle Kongruenz besteht werde ich diese beiden Begriffe in meiner Arbeit synonym benutzen (vgl. Mouzelis 1995, 42ff). Für den Sinn dieser Analyse ist es auch nicht von zentraler Bedeutung die genaueren Unterschiede zwischen Poststrukturalismus und Postmoderne aufzuzeichnen, da dies andere bereits gemacht haben (Daniel 1995, Devetak 1995, Rosenau 1992). Für den Untersuchungsgegenstand dieser Arbeit mag es stattdessen ausreichen zu einer genaueren Bestimmung der Arbeitsdefinition dessen zu gelangen, was hier "postmoderne Ansätze zur Entwicklungstheorie", eine "postmoderne Entwicklungskritik" oder auch "postmoderne Kritik an Entwicklung" genannt wird.[47]

Deshalb wird in diesem Absatz (Absatz 3.1) zunächst ein Abriss über den Begriff der Postmoderne gezeichnet und im nächsten Absatz kurz die Machttheorie von Foucault erläutert (Absatz 3.2). Aus beidem zusammen kann erschlossen werden, warum die hier untersuchten entwicklungsbezogenen Analysen als "postmodern" gelten können. Aber kann Foucault selbst überhaupt als "postmodern" bezeichnet werden? Diese Bezeichnung ist möglicherweise vereinfachend, denn mit ihr wird der französische Poststrukturalismus[48] mit der Postmoderne schlichtweg gleichgesetzt. Dennoch wird Foucault häufig "mit einer Gruppe 'postmoderner' Intellektueller identifiziert" (Walzer 1997, 262). Zudem ist Foucault der heute weltweit wohl am meisten diskutierte

---

[47] Ich verwende die genannten Begriffe synonym, um zu häufige Wiederholungen zu vermeiden. Es wäre sicherlich interessant, genauere Differenzierungen vorzunehmen. Im Rahmen dieser Arbeit kann jedoch lediglich versucht werden, die Bezeichnung einer bestimmten Form von Entwicklungskritik als postmodern zu erklären.

[48] Darunter werden gewöhnlich auch Autoren wie Jacques Derrida, Jean-Francois Lyotard, Roland Barthes, Jean Baudrillard u.a. gefasst.

Philosoph im Umkreis von Postmoderne und Poststrukturalismus (Fink-Eitel 1997, 7). Insbesondere seine Machttheorie ist ein wichtige Grundlage für postmoderne Argumentationen (Parpart/Marchand 1995, 2; Harvey 1989, 45). Das ist meines Erachtens berechtigt: eine große Zahl postmoderner Autoren bezieht sich auf Foucault, genauso wie eine Kritik an der Postmoderne oft eine Kritik an Foucault mit einschließt (vgl. zum Beispiel Habermas 1998, Benhabib 1993 und 1995, und Fraser 1994).

In den ausufernden Debatten zur Postmoderne[49] hat sich gezeigt, dass grundlegend zwischen zwei verschiedenen Interpretationen des Begriffs unterschieden werden kann: einerseits ein Begriff von *Postmoderne als Stadium oder Epoche*, andererseits eine Auffassung der *Postmoderne als philosophische Kritik an der Moderne*. Im Umfeld der Postmoderne besteht leider kaum Einigkeit, was genau unter dem Begriff "Moderne" gefasst werden soll. Für den Kontext dieser Arbeit mag es ausreichen, darunter die philosophische Tradition der Aufklärung, die Entstehung der bürgerlichen Gesellschaft und die Herausbildung des kapitalistischen Weltsystems zu verstehen.[50] Die beiden genannten Auffassungen der Postmoderne werden manchmal auch nebeneinander verwendet und sogar inhaltlich vermischt, was leicht Anlass für Missverständnis liefert, die sich in der Verwechslung zweier verschiedener Postmoderne-Begriffe ausdrücken. Dies mag in den meisten Fällen einer analytischen Unschärfe postmoderner Autoren geschuldet sein, zum Beispiel verwendet Lyotard selbst den Postmodernebegriff in beiden Richtungen (vgl. Lyotard 1984); er hat dies allerdings später zu korrigieren versucht (Lyotard 1988). Auch im Bereich postmoderner entwicklungspolitischer Literatur finden sich beide Strömungen sowie die Vermischung verschiedener Konzeptualisierungen. Parpart/Marchand (1995, 2) nennen drei Charakteristika, die für sie die Postmoderne ausmachen: Erstens ein Angriff auf die Austerität und den Funktionalismus moderner Kunst, zweitens die philosophischen Angriffe auf den Strukturalismus, angeführt von poststrukturalistischen Denkern wie Derrida, Foucault, Deleuze u.a. und drittens die ökonomischen Theorien der

---

[49] Der Begriff ist in den Sozialwissenschaften erst in den 80er Jahren zu prominenter Bedeutung gelangt, hat aber viel ältere Wurzeln in der Literaturwissenschaft, in Kunst und Architektur. Vgl. zur Begriffsgeschichte Boyne/Rattansi (1990: 9ff). Einen Überblick über verschiedene Ansätze zur Periodisierung von Moderne und Postmoderne unternimmt Turner (1990a).

[50] Diese Definition mag als Minimalkonsens der Debatte angesehen werden, auch wenn sich über jeden einzelnen Punkt trefflich streiten ließe. Einen Überblick zu den Debatten um Moderne und Modernität und gleichzeitig einen Eindruck ihrer schieren Uferlosigkeit liefern die vier von Waters zum Begriff "Moderne" herausgegebenen Bände (Waters 2000, Vol. I-IV).

postindustriellen Gesellschaft. Während meines Erachtens die ersten beiden Punkte eher der Interpretation der Postmoderne als epistemologische Position zugeordnet werden können, lässt sich der dritte Punkt eher einer Auffassung der Postmoderne als soziokulturelle Situation unterordnen. Im Folgenden soll deshalb sowohl auf die Interpretation der Postmoderne als Epoche als auch als eine philosophische Kritik an der Moderne eingegangen werden.

3.1.1 Postmoderne als periodisierende Bezeichnung einer Epoche

Zunächst ist da die Konzeptualisierung der Postmoderne als *Stadium*, als soziokulturelle Bedingung oder Situation, als Epoche der Geschichte.[51] In diesem Sinne leistet die Postmoderne eine Zeitdiagnose, sie bezeichnet eine Periodisierung der Geschichte, eine neue Ära, in welche die westlichen Gesellschaften seit den frühen 60er Jahren eingetreten seien. Die Postmoderne kann hier "als Prozess des Heraustretens aus der Moderne verstanden werden, bei dem modern geprägte Strukturen sich fortsetzen, indem sie transformiert und damit *etwas anderes* werden." (Bronfen/Marisu 1997, 10). In dieser ersteren Dimension kann die Postmoderne also definiert werden als neue Epoche, welche sich aus den sozialen, kulturellen und politischen Transformationen der Moderne ergibt. Die Postmoderne müsste in diesem Sinne vielleicht besser als Post-Moderne (mit Bindestrich) geschrieben werden, die in wichtigen Bereichen Teil der Moderne bleibt oder darauf aufbaut. Einen der klassischen Texte einer solche Periodisierung liefert sicherlich Jameson (1984, 1991), der mit seiner Interpretation der Postmoderne als "kulturelle Logik des Spätkapitalismus" Grundlagen gelegt hat. Nach Jameson kann die postmoderne Kultur assoziiert werden mit der Entwicklung von Konsumerismus und Postindustrialismus (Deindustrialisierung und Anstieg der Dienstleistungen). Die Postmoderne erscheint hier als kulturelle Logik des Spätkapitalismus (Jameson folgt hier der Phasenenteilung von Ernest Mandels "Spätkapitalismus") und damit eine Form der Hohen oder Späten Moderne. Auch in einem jüngeren Text affirmiert er, dass eine neue Epoche angebrochen sei: "[a] multinational stage of capitalism, of which globalization is an intrinsic feature and which we now largely tend, whether we like it or not, to associate with that thing called postmodernity." (Jameson 1999, 54).[52] Eine genaue zeitliche Einteilung fällt aber schwer. In den Bereichen von Architektur schon in den 50er Jahren (vgl. Flierl 1991), in der

---

[51] Vgl. als Überblick zum Beispiel Riha 1995.
[52] Zu Jamesons früheren Ausführungen dieser Thesen vgl. ausführlicher Kellner 1989.

Kunst noch früher. Da hier aber vor allem sozioökonomische Verhältnisse interessieren, können die späten sechziger und die frühen siebziger Jahre als Umbruch der Moderne zur Postmoderne gelten. Das Auftauchen einer breiteren Debatte der Postmoderne in den Sozialwissenschaften liegt sicherlich in den 80er Jahren (Turner 1990a, 2). Es wird also klar, dass hier mit Postmoderne vor allem ein bestimmtes Stadium bezeichnet wird. Sie bezieht sich dabei primär auf die "höchstentwickelten Gesellschaften" und zwar zu einer Zeit, "in der die Gesellschaften in das sogenannte postindustrielle und die Kulturen in das sogenannte postmoderne Zeitalter eintreten" (Lyotard 1999, 13 resp. 19). Die Postmoderne als Epoche wird gewöhnlich auf den Feldern der Kultur und der Ökonomie beschrieben.[53]

Im Bereich entwicklungspolitischer Literatur vertritt diese Position Ulrich Menzel (1995, 1998), der sich explizit auf einen epochalen Begriff der Postmoderne bezieht. Menzel unternimmt eine idealtypische Darstellung wesentlicher Aspekte von drei großen Epochen - Prämoderne, Moderne und Postmoderne - die er auf den Feldern der Gesellschaft, des Staats, der Ökonomie, der Medien und der Ideengeschichte zu analysieren versucht (vgl. für einen Überblick Tabelle 3.1 in Menzel 1998, 58). Die Postmoderne als Epoche[54] ist hier charakterisiert als "2/3-Gesellschaft" von "Angestellten und Managern"; die in "virtuellen Gemeinschaften verfallender Städte" in einer Mediendemokratie zusammenleben, die von Auflösung der Familien, Abbau des Sozialstaates, Marginalisierung von Gewerkschaften und Bedeutungsgewinn trans-

---

[53] Vgl. hierzu die Arbeiten zu "Postindustrialismus" (Bell 1973, Touraine 1972). Unter der Gefahr zu allgemeiner Kategorisierungen können in neuerer Zeit auch David Harvey, Manuel Castells, Anthony Giddens, Ulrich Beck und andere genannt werden, die im wesentlichen eine epochale Analyse der zeitgenössischen Gesellschaft vornehmen und damit eine eher periodisierende Interpretation der Postmoderne (als Post-Moderne, oder Weiterentwicklung der Moderne) vertreten, insbesondere in der Beschreibung neuer wirtschaftlicher Tendenzen wie Deindustrialisierung, Anstieg der Dienstleistungssektors, Flexibilisierung der Arbeitsverhältnisse und der Produktion, Deregulierung der Märkte, Informalisierung, Abbau des Sozialstaates und so weiter.

[54] Menzel datiert sehr genau: Die Moderne erstreckt sich für ihn vom 14.7.1789 ("Sturm auf die Pariser Bastille") bis zum 9.11.1989 ("Sturm auf die Berliner Mauer"). "Die Bastille symbolisiert die vormoderne Ordnung, die Mauer markiert die Grenze der festgefügten Ordnung der Moderne nach Osten als Scheidelinie zwischen Aufklärung und Despotie [...] Der Fall der Mauer und damit die Auflösung der alten Ordnung des Ostens wie ihres kontrafaktischen Gegenstücks, der alten Ordnung des Westens, symbolisieren den Anbruch der Postmoderne." (Menzel 1998., 8).

nationaler ökonomischer Beziehungen im Sinne der Globalisierung gekennzeichnet ist. (Menzel 1998, 58ff.)

Es ist nicht sehr schwer, darin die westlichen Gesellschaften der 90er Jahre wieder zu erkennen und folgerichtig sieht Menzel diesen "Prozess" in den USA "am weitesten fortgeschritten". Menzel argumentiert somit in der Linie eines Postmoderne-Begriffs, der rein epochal daherkommt, in dem aber fraglich bleibt, ob damit eine grundlegende Kritik von Entwicklung formuliert werden kann, denn die epochale Einteilung wiederholt sich geographisch auf dem Erdball verteilt in Regionen: "Die alten Industrieländer des Nordens mutieren zu postmodernen Dienstleistungsgesellschaften, deren Wachstum sich aus der Produktion, Finanzierung und Verwaltung von Wissen und Informationen speist [...] In den neuen Industrieländern in Ost- und Südostasien [...] hält hingegen die Moderne Einzug. Hier versammelt sich die stoffliche Ökonomie. [...] Der arme 'Rest', also Afrika südlich der Sahara, weite Teile Süd- und Zentralasiens wie auch Lateinamerikas, wird nicht mehr benötigt, ist weltwirtschaftlich als Markt wie als Lieferant uninteressant geworden, fällt der neuen Vergessenheit anheim. Die Postmoderne braucht keine Kolonien. Imperialistische Politik macht keinen Sinn mehr, wenn die weißen Flecken, die neue terra incognita, auf der Landkarte wieder zunehmen." (Menzel 1995, 42; fast wortgleich 1998, 197-198).

Abgesehen davon, dass Menzel hier in deutlich eklektischer Manier verschiedene theoretische Ansätze in dramatisch verkürzter Form zusammenwirft, gilt sein Interesse in keiner Weise einer genaueren Betrachtung dieser neuen "terra incognita", außer vielleicht, dass er zu ihrer Kontrolle ein "internationales Gewaltmonopol" fordert, dessen "demokratische Kontrolle" nur durch die "Globalisierung unzensierter Medien, [die] ein weltweites aufklärerisches Potential beinhalten" erreicht werden kann. Nur so ist für Menzel Weltinnenpolitik denkbar, nur so "kann sich im Sinne Kants eine Weltbürgergesellschaft wirklich formieren" (Menzel 1998, 261ff). Dies ist die nur wenig abgeschwächte Variante seiner paternalistischen und neokolonialen Forderungen von 1992, in denen er für die bezeichnete "terra incognita" nur noch "unmittelbare Basishilfe" leisten will, was bei ihm jedoch ein Interventionsrecht des Norden und eine Einschränkung der staatlichen Souveränität der Staaten des Südens verlangt. Klassische Entwicklungskonzepte wie die Steigerung der Grundnahrungsmittelproduktion und die "strikte Kontrolle des Bevölkerungswachstums" behält Menzel bei (vgl. Menzel 1992, 202-213). All diese Auffassungen sind massiv kritisiert worden[55] und die Debatte braucht hier nicht weiter ausgeführt werden: Weder hat Menzels Analyse die Entwicklungsprobleme einer "terra incognita" im Blick (er verweigert der Dritten Welt sogar den Namen), noch kann mit seinen simplifizierten Begriffen sowohl von Postmoderne als auch von Entwicklung eine vertretbare Entwicklungskritik geleistet werden. Darüber hinaus liefert Menzel gar keine grundlegende Kritik der theoretischen Fundierung der Debatten um Entwicklung und Unterentwicklung, was sich an seinen geradezu klassisch interventionistischen und gleichzeitig neokolonialen Forderungen zeigt.

Ich möchte deshalb den Schwerpunkt dieser Arbeit auf die an zweiter Stelle genannte Auffassung der Postmoderne und die daraus abgeleitete Entwicklungskritik legen. Auf diese Auffassung beziehen sich die Autoren der in dieser Arbeit untersuchten postmodernen Entwicklungskritik und insbesondere die theoretische Untermauerung des Post-Development-Ansatzes.

3.1.2 Postmoderne als Kritik der Philosophie der Moderne

Die andere Auffassung der Postmoderne besteht in der theoretischen Position einer Kritik an der Moderne, einer epistemologischen Sicht der Dinge, in der die "Metanarrative" der Moderne nicht als "wahre Repräsentation" von Realität angesehen werden, sondern als privilegierte Diskurse unter einer Vielzahl von anderen Diskursen. Lyotard ist wahrscheinlich der einflussreichste Theoretiker dieser Strömung postmoderner Theorieentwicklung (Vgl. Keith 1997, 214). Daneben ist aber Foucault für eine postmoderne Entwicklungskritik von größerer Bedeutung, wie sich später zeigen wird. Lyotard definiert die Postmoderne als "Skepsis gegenüber den Metaerzählungen" (Lyotard 1999, 14). In seinem Buch "Das postmoderne Wissen" (1999) nennt Lyotard drei solcher "großen Erzählungen", drei spezifisch moderne Legitimationsmodelle des Wissens, die in der Postmoderne in die Krise geraten sind: die Teleologie des Fortschritts des Geistes, der Idee und der Wahrheit (Idealismus), die Emanzipation der Menschheit (Aufklärung) und die Hermeneutik des Sinns (Historismus). In der zeitgenössischen Gesellschaft und Kultur des Westens, so Lyotard, haben die "großen Erzählungen" ihre Glaubwürdigkeit verloren und sind in die Krise geraten. Dabei sei gleichgültig, "welche Weise der Vereinheitlichung ihr [der grossen

---

[55] Vgl. überblicksartig die Dokumentation "Entwicklungshilfe, Treuhandschaft, Neokolonialismus. Dokumentation der Diskussion um Ulrich Menzels Thesen", hrsg. vom Informationszentrum Dritte Welt, Freiburg i.Br. o.J.

Erzählung] auch immer zugeordnet wird: Spekulative Erzählung oder Erzählung der Emanzipation" (Lyotard 1999, 112). Dieser Verlust von Glaubwürdigkeit kann selbst als Konsequenz der Moderne interpretiert werden, insofern als die Moderne nicht ohne eine Infragestellung von Glaubens- und Wertvorstellungen auskommt, und gleichzeitig ihre aufklärerische Überprüfung von Realität mit der Erfindung anderer (neuer) Realitäten verknüpft (Pieterse 1988, 42). Die Moderne produziert also ihre eigene Krise, ihre eigenen Brüche, als deren Überwindung dann die Postmoderne verstanden wird.In dieser Position wird Postmodernismus definiert als "the wider cultural and epistemological rejection of modernity in favour of a broader pluricultural range of styles, techniques and voices, including the rejection of unitary theories of progress and scientific rationality." (Gardner/Lewis 1996, xv). Diese philosophische Perspektive der Postmoderne steht in der Tradition von Denkern wie Nietzsche und Heidegger, wie Jürgen Habermas aufgezeigt hat (vgl. Habermas 1998). Eine Entwicklungskritik, die hier anschließt, bezieht sich darüber hinaus stark auf Foucault (Absatz 3.2). Eine der wichtigsten intellektuellen Strategien, den Status und die "Gültigkeit" der "großen Erzählungen" zu unterminieren, kann unter dem Begriff "Poststrukturalismus" zusammengefasst werden (vgl. White 1991, 13).

Poststrukturalismus, auch unter der Bezeichnungen Dekonstruktion[56] bekannt, ist ein Sammelbegriff für diejenigen von Frankreich ausgehenden Forschungsrichtungen, die den "klassischen" Strukturalismus radikal weiterentwickelten, dekonstruierten und in Frage stellten, immer jedoch dessen Terminologie und einige Teilannahmen benutzten, wenn auch zu deutlich anderen Zwecken. Unter dem klassischen Strukturalismus wird im Allgemeinen die erste Saussure Nachfolge verstanden, Lévi-Strauss, Jakobson, der frühe Barthes und andere. Ähnlich der Sprache werden im Strukturalismus literarische Texte als synchrone Systeme von Zeichen betrachtet, wobei die Zeichen aus einem materiellen Zeichenträger (Signifikant) und einer Bedeutung (Signifikat) zusammengesetzt sind. Sie bilden in sich geschlossene, kohärente Strukturen, innerhalb derer die Relation der einzelnen Teile von sinngebender Funktion ist. Die poststrukturalistische Position bezieht sich nicht nur auf Sprache, Text und soziale Systeme, sondern auf die abendländischen Denkkategorien ganz allgemein. Obwohl die Benennung für das Zeichen beibehalten wird, wird die repräsentierende

---

[56] Es gibt eine Reihe von informativen Einführungsbänden zu Poststrukturalismus und Dekonstruktion, die in England und den USA erschienen sind: Harari 1979; Culler 1983; Norris 1990a; Leitch 1983.

Beziehung zwischen Signifikant und Signifikat radikal in Frage gestellt und die Eigenständigkeit des Signifikanten betont. Die philosophischen Konsequenzen dieses grundlegenden Misstrauens gegen das Konzept des Zeichens haben poststrukturalistische Autoren wie Derrida (1967, 1977) und Foucault (1973, 1991) untersucht und immer wieder darauf hingewiesen, dass mit den Annahmen des Strukturalismus Machtverhältnisse impliziert werden, dass die zentralen Signifikanten einen Machtfaktor darstellen, eine strukturierende und kontrollierende Kraft, die Reduktionen, Hierarchisierungen et cetera herbeiführt (vgl. ausführlicher Ecker 1994, 58ff.). Besonders Foucaults historisch orientierte Arbeiten haben die strukturalistischen Annahmen der Universalität und Überzeitlichkeit von Strukturen kritisiert und die Diskontinuität der Geschichte betont.

Der Poststrukturalismus als Reaktion auf den Strukturalismus bezweifelt, dass die Welt auf ein Objekt wissenschaftlicher Analyse reduziert werden kann und soll und lehnt die Vorstellung ab, nach der übergeordnete Strukturen determinierend für die gesellschaftliche Ordnung und den Verlauf der Geschichte sind. Diese Verwerfung des "Objektivismus" hat aber keine neue Subjekt-zentrierte Philosophie begründet[57], sondern hat die Subjekt-Objekt Dichotomie radikal in Frage gestellt, die seit dem 17. Jahrhundert die europäische Philosophie beeinflusst hat. Im Mittelpunkt stand so auch die Dezentrierung des Subjektbegriffs und daraus folgend die Formulierung eines neuen Machtbegriffs (Foucault 1998, 1991, 1978) worauf ich später wieder zurückkommen werde (vgl. Kapitel 3.2).

Bereits der Strukturalismus hatte den "Tod des Autors" verkündet und der Poststrukturalismus hat ihn nicht wieder in der alten Form auferweckt (Foucault 1979). Postmodernes Denken hakt bei der modernistischen Annahme eines autonomen Subjektbegriffs ein; dieses autonome Subjekt (das ein Objekt zu seiner eigenen Konsti-

---

[57] Dies ist von Bourdieu kritisiert worden: Der "falsche" Gegensatz von Subjektivismus und Objektivismus muss überwunden werden, um eine pauschale Delegitimierung sozialwissenschaftlicher Forschung zu vereiden. Der von ihm entwickelten Habitus-Begriff verweist möglicherweise auf eine materialistische Theorie der Erkenntnis, geprägt von intellektueller Anstrengung (Idealismus) als auch durch ökonomische Strukturen (Position der Individuen in der Gesellschaft; Materialismus); der Habitus ist "eine allgemeine Grundhaltung, eine Disposition gegenüber der Welt, die zu systematischen Stellungnahmen führt" (Bourdieu 1993, 31). Die Hauptfunktion des Habitus-Begriffs läge demnach in der Mitte zwischen Althusserianern, für die die subjektlos handelnden Akteur lediglich Träger der Strukturen sind und denjenigen, die ein rationales, bewusst handelndes und kalkulierendes Subjekt voraussetzen, dassich eine eigenen Zwecke setzt (Vgl. Bourdieu 1993, 92 sowie 85-94).

tuierung braucht), wird aber nicht nur als androzentristisch wie in strukturfunktionalistischen Ansätzen kritisiert, sondern es wird als an sich nicht modifizierbar abgelehnt. Es wird dekonstruiert. (Vgl. ausführlicher Rosenberger 1997, 107/108) Dekonstruktivistische Ansätze brechen auch radikal mit der Auffassung eines entfremdeten Subjekts, wie es in der Tradition des Marxismus anzutreffen ist. Der Begriff von der "Dezentrierung des Subjekts" ist deshalb in poststrukturalistischen Ansätzen von zentraler Bedeutung.

Darüber hinaus hat der Poststrukturalismus den Rationalismus und die Annahme universeller Wahrheiten in der europäischen Philosophie kritisiert und knüpft damit deutlich an Denker wie Nietzsche und Heidegger an (vgl. Calhoun 1993, 77ff.; ausführlicher Habermas 1998). Wenn auch wegen der unvermeidlichen Vereinfachung umstritten, so können unter dem Begriff der Postmoderne neben ästhetischen Debatten (Ablehnung der modernen Kunst, Betonung von Populär- und Massenkultur) also auch die poststrukturalistischen Arbeiten von Derrida, Foucault und Lyotard in Literaturwissenschaft, Philosophie und Geschichtswissenschaft gefasst werden (vgl. Boyne/Rattansi 1990, 10ff).

An die Stelle des modernen Denkens tritt die Heterogenität und Fragmentiertheit eines postmodernen Denkens, welches verschiedene Perspektiven und Differenzen betont und die Vernunft als Mittel der Erkenntnis in Frage stellt. Die These der Dezentrierung des Subjekts verwirft nicht nur die idealistische Annahme eines rational handelnden autonomen Subjekts sondern auch die marxistische Annahme einer Determiniertheit des Subjekts durch die Klassengesellschaft. An die Stelle von Gleichheitspostulaten - die "großen Erzählungen" der Geschichte liessen die Differenzen im Ideal der Gleichheit verschwinden - tritt ein Programm der Differenzen ohne eine a priori festgestellte Rangordnung.

Diese Interpretation der Postmoderne ist also viel weitreichender als eine bloße Periodisierung und Ablösung der Moderne durch eine Post-Moderne. In dieser zweiten Dimension lässt sich die Postmoderne negativ definieren als Dekonstruktion der modernen Epistemologie, positiv als die Betonung eines radikalen Konstruktivismus. Postmodernes Denken basiert hier auf der Annahme einer sozialen Konstruktion von Wissen und Erkenntnis und zieht daraus den Schluß, dass die Produktion von Wissen mittels Diskursanalyse dekonstruiert werden kann. Gleichzeitig vertritt postmoderne Philosophie die These einer *diskursiven* Konstitution des Sozialen: soziale Verhältnisse werden durch Diskurse erst konstruiert[58], wobei spezifische Konstruktionen hegemonial werden können - auch diese Konstruktion liesse sich dekonstruieren. Aus dieser Position heraus ergibt sich schließlich die postmoderne Einsicht, dass sowohl Gesellschaft als auch das Subjekt diskursiv konstruiert und heterogen sind. Die Postmoderne betont deshalb Differenzen, Marginalitäten und bisher nicht oder wenig vernehmbare Diskurse und Stimmen, um so die Hegemonie der modernen Metanarrative aufzubrechen. Das Subjekt wird weder als autonom – wie im Liberalismus – noch als strukturell fundiert und einer Klasse zugehörig - wie im Marxismus – angesehen sondern es verliert seine zentrale Rolle in der Gesellschaftstheorie, es wird "dezentriert".

Für das Anliegen dieser Arbeit wird Postmoderne generell im Sinne einer fundamentale Infragestellung der theoretischen Grundlagen der "großen Erzählungen" verstanden. Meine Bezeichnung der untersuchten Ansätze zur Entwicklungstheorie als "postmodern" beruht also auf folgendem (pragmatischerweise etwas eingeschränktem) Verständnis der postmodernistischen Perspektive:
Charakteristisch für eine postmoderne Analyse ist erstens ihre Ablehnung universalisierender Entwürfe und "großer Erzählungen" und die Kritik universell gültigen Aussagen oder Erklärungsansätze sozialer Probleme. Stattdessen geht es nicht nur darum kontextualisierte und historisch spezifische Analysen aufzuzeigen, sondern darüber hinaus auch darum Differenzen anzuerkennen ohne in universalistische Kategorien und totalisierende "große Theorien" zu verfallen. An ihrer Stelle sollen marginale oder lokale "Erzählungen" aufgedeckt werden. Die Postmoderne verwirft insbesondere die universelle Anwendbarkeit modernistischer theoretischer Entwürfe wie etwa den Liberalismus oder den Marxismus.
Zweitens bezieht sich die Postmoderne positiv auf den Poststrukturalismus und auf eine epistemologische Kritik der Moderne (insbesondere auf Foucault). Konzepte wie Wahrheit, Gerechtigkeit und Gleichheit haben in diesem Verständnis keine universell akzeptablen Gültigkeitskriterien sondern sind als Diskurse abhängig von der jeweiligen Ausgestaltung des Diskurses. Eine "Wahrheit" jenseits von Diskursen gibt es nicht, lediglich eine Vielfalt unterschiedlicher Diskurse, die spezifische Formen des Wissens produzieren.

---

[58] Im Extremfall folgt hieraus ein radikaler Relativismus und das völlige Leugnen einer neutralen Beobachterposition (zum Beispiel bei Baudrillard).

Drittens sind diese Diskurse des Wissens untrennbar mit Macht verknüpft. Die soziale Welt ist Effekt diskursiver Macht/Wissen-Komplexe. Die Postmoderne vertritt also die These einer radikalen Konstruiertheit der Gesellschaft (Konstruktivismus). Schließlich ist das vierte Charakteristikum einer postmodernen Perspektive ihr methodisches Vorgehen, das aus Diskursanalyse und Dekonstruktion besteht.

3.2 Foucaults Analyse von Macht, Wissen und Diskurs

Da sich eine postmoderne Entwicklungskritik stark auf die theoretischen Arbeiten Michel Foucaults bezieht, ist es nötig, an dieser Stelle einen Blick auf seine Analysen zu den Fragen nach Macht, Wissen und Diskurs zu werfen. In diesem Kapitel soll vor allem die Machtanalyse Foucaults aus einer politologischen Perspektive problematisiert werden, das heißt es geht um Foucaults Schriften als *politische Theorie*[59] - im Zentrum steht folglich sein Begriff der *Macht*. Dies ist vielleicht ein enger Blick auf sein Werk, wird aber in der Auseinandersetzung mit den postmodernen Kritikern von Entwicklung hilfreich sein, wie ich hoffe. Zudem lautet meine These, dass die Mängel dieses theoretischen Hintergrundes bei der Analyse von Entwicklung als Diskurs wieder auftauchen und überdacht werden müssen, wenn eine postmoderne Entwicklungskritik zu einem genaueren Verständnis der Probleme von Entwicklung und Unterentwicklung beitragen soll. Die Arbeiten von Michel Foucault sind sehr komplex; ich versuche deshalb nur einige Grundzüge seiner Machttheorie zusammenzufassen.

3.2.1 Foucaults Konzept der Macht

Der foucaultsche Machtbegriff knüpft bei Althusser an, der den Prozess der Subjektwerdung der Individuen als einen sich permanent wiederholenden Prozess innerhalb der ideologischen Staatsapparate in den Mittelpunkt seines Denkens stellte. Unter die ideologischen Staatsapparate zählte er die Familie, die Schule, die Kirche, das Recht, die Politik, die Gewerkschaften, die Kultur beziehungsweise die Medien. Nach Althusser haben die ideologischen Staatsapparate die spezifische Aufgabe, die beherrschten Klassen durch freiwillige Unterwerfung an die herrschenden Klasse zu binden. Subjektivität war für Althusser in diesem Kontext nicht etwas Gegebenes

---

[59] Ich denke, dass dies möglich ist, obwohl Foucault selber darauf beharrt hat, keinerlei politische Theorie entwickelt zu haben. Seine Absicht sei "nicht eine globale Systematizität, die alles an seinen Platz stellt, zu formulieren, sondern die Spezifizität der Machtmechanismen zu analysieren (...) nach und nach das Gebäude eines strategischen Wissens zu errichten" (Foucault 1978, 215). Diese Definition von politischer Theorie als eines "Gebäudes strategischen Wissens" mag hier genügen.

oder essentialistisch (wesenhaft) Gedachtes, sondern eher eine Konstruktion. An diesen Gedanken knüpfte Foucault (und später feministische Theoretikerinnen wie Judith Butler) an. Ausgehend von Gramsci betonte Althusser auch die Rolle des Staates, der die Herrschaft über ideologische Formen reproduziert, die eher auf Konsens denn auf Repression ausgerichtet sind und gelangte so – im Gegensatz zu frühmarxistischen Deutungen, in denen die Macht nur als repressiv und negativ gedacht wurde – zu einem erweiterten Machtbegriff (vgl. Zapata Galindo 2000, 18-20).

Foucault greift dies auf und deutet Machtbeziehungen in erster Linie als *produktiv* und *positiv*, das heißt er benutzt einen schöpferischen Begriff der Macht (Foucault 1978, 188). Während Althusser das Ökonomische noch als eine Art Bestimmung des Überbaus 'in letzter Instanz' begreift, verabschiedet sich Foucault von jeglichem ökonomischen Determinismus. Stattdessen versucht er ein eigenes Machtkonzept vorzulegen, mit dem er in den siebziger Jahren die Theorie der Macht grundlegend erneuerte. In Abgrenzung zu einer 'juridischen Konzeption' von Macht,[60] die Macht als unterdrückerisch, repressiv und strukturell begründet interpretiert, beschreibt er Macht als "Vielfältigkeit von Kräfteverhältnissen" (Foucault 1998, 113), die lokal und instabil sind. Diese Vielfalt[61] der Kräfteverhältnisse ist *produktiv*, sie bringt sowohl die Gesellschaft als auch das Politische erst hervor. Für Foucault hat das dialektische Denken die Komplexität von Gesellschaft auf duale Widersprüche reduziert (Macht-Ohnmacht, Herrschende-Beherrschte, Subjekt-Objekt, Gesellschaft-Individuum und so weiter), während er sich dafür interessiert hat, wie die sozialen Verhältnisse sich erst durch diese Vielfalt hindurch konstituieren.

Eine wichtige Arbeitsgrundlage liegt für Foucault deshalb in der Zurückweisung der sogenannten Repressionshypothese – der These der Unterdrückung gegen die sich Befreiung richten müsse – mit der ihr zugehörigen Emanzipationsrhetorik (vgl.

---

[60] Er versteht darunter eine Auffassung von Macht als *Recht* (Foucault 1998, 106), von der er sich distanziert. Er wendet sich explizit gegen eine negative Vorstellung von Macht als sanktionierend und repressiv, die in Begriffe wie Gesetz, Verbot, Souveränität et cetera gefasst werden kann, sowie gegen eine Vorstellung von Macht als Regierungsmacht im Sinne einer Gesamtheit von Institutionen oder Apparaten. Explizit ausgeschlossen aus einer Foucaultschen Machtanalyse bleibt auch die Auffassung von Macht als ein Herrschaftssystem einer Gruppe über eine andere. (vgl. Foucault 1998, 112-113).

[61] Begriffe wie "Vielfalt" sind geradezu zu "Zauberworten" der Postmoderne avanciert. (Vgl. Welsch 1987). Als weiteres Kennzeichen des Poststrukturalismus gilt die von Foucault thematisierte radikale Dezentrierung einheitlicher Strukturen zu einem "offenen Spiel differentieller, das heißt in sich heterogener und diskontinuierlicher Beziehungen" (Fink-Eitel 1997, 66).

Foucault 1998, 25-66). An ihrer Stelle entwickelt er einen anderen Machtbegriffs, der sich nicht in Modellen von Struktur und Ideologie, Metaphern des Eigentums, Vertragstheorien oder weberianischen oder machiavellischen Ansätzen erschöpft (vgl. ausführlicher Foucault 1978, 40). Macht ist für Foucault nicht denkbar als massives und homogenes Phänomen etwa der Herrschaft eines Individuums über andere, einer Gruppe über andere Gruppen oder einer Klasse über andere Klassen, sondern Macht muss aus seiner Sicht analysiert werden als etwas, das zirkuliert. Macht "ist niemals hier oder dort lokalisiert, [die Macht] wird ausgeübt über eine netzförmige Organisation. Und die Individuen zirkulieren nicht nur in ihren Maschen, sondern sind auch stets in einer Position, in der sie diese Macht zugleich erfahren und ausüben." (Foucault 1978, 82). Aus dieser Sicht folgt, dass das Individuum weder Träger noch Opfer der Macht sein kann und auch nicht von Macht befreit werden kann. Das Individuum kann nicht als Gegenüber der Macht auftreten, sondern es ist eine seiner ersten Wirkungen (Foucault 1978, 83), die Macht ist also *konstitutiv* für Individuen und Subjektivität.

Die Macht ist außerdem *omnipräsent*, sie hat keinen Mittelpunkt und kein Zentrum. "Nicht weil sie alles umfasst, sondern weil sie von überall kommt, ist die Macht überall [...] Die Macht ist nicht etwas, was man erwirbt, wegnimmt, teilt, was man bewahrt oder verliert; die Macht ist etwas, was sich von unzähligen Punkten aus und im Spiel ungleicher und beweglicher Beziehungen vollzieht" (Foucault 1998, 114-115). Die Macht existiert für Foucault deshalb nicht in Institutionen, Strukturen oder Herrschenden (das heißt sie ist nicht deren Essenz, Inhalt oder Zweck), sondern Macht ist für ihn die Bezeichnung einer komplexen strategischen Situation in einer Gesellschaft (Foucault 1998, 114). Für Foucault kommt Macht "*von unten*, das heißt sie beruht nicht auf der allgemeinen Matrix einer globalen Zweiteilung, die Beherrscher und Beherrschte einander entgegensetzt und von oben nach unten auf immer beschränktere Gruppen und bis in die letzten Tiefen des Gesellschaftskörpers ausstrahlt" (Foucault 1998, 115 – Hervorhebung von mir). Dabei sind die Machtbeziehungen nicht unabhängig von anderen strukturierenden Verhältnissen wie ökonomische Prozesse, Erkenntnisrelationen, Geschlechterbeziehungen und andere. Sie verhält sich zu diesen Typen von Verhältnissen auch nicht als etwas Äußeres, sondern sie sind ihnen *immanent* (Foucault 1998, 115). Die Macht ist ferner für Foucault *subjektlos*, es gibt kein organisierendes Zentrum. Sie ist auch nicht an interessierte Personen oder Gruppen geknüpft sondern vielmehr *amorph*: "Die Macht ist nicht so sehr etwas, was jemand besitzt, sondern vielmehr etwas, was sich entfaltet; nicht so sehr das erworbene oder bewahrte 'Privileg' einer herrschenden Klasse, sondern vielmehr die Gesamtwirkung ihrer strategischen Positionen" (Foucault 1994, 38). Macht ist also kein souveränes Herrschaftsgesetz, das sich von oben nach unten durchsetzt, Macht ist kein Interesse, keine Potenz, kein Vermögen oder Mittel, das es einem erlaubt, irgendwelche Zwecke durchzusetzen, sondern Macht ist der 'Krieg aller gegen alle'[62], das komplexe, dezentrierte Netzwerk lokaler, verstreuter Kräfteverhältnisse, aus denen sie von unten nach oben aufsteigt, sich zu Strategien verbindet oder verbinden kann. "Alles ist Macht. Foucaults Theorie ist ein Monismus der Macht auf der Basis eines unendlichen, offenen Pluralismus lokaler, ungleicher und instabiler Kraftverhältnisse" (Fink-Eitel 1997, 88).[63]

3.2.2 Die Diskursivität von Macht und Wissen

Von zentraler Bedeutung in Foucaults Theorie der Macht ist der Begriff des Diskurses, den er als "eine Menge von sprachlichen Performanzen" definiert (Foucault 1973, 157), das heisst Diskurse sind alle sprachlichen Systeme, in denen mehrere Aussagen in geregelter Weise miteinander verknüpft sind. Foucaults Verständnis einer produktiven, omnipräsenten, dezentrierten, subjektlosen und amorphen Macht ist untrennbar verknüpft mit Prozeduren der Wissensproduktion, eben mit *Diskursen*. Diese Diskurse bestimmen das Wesen der Macht, Macht bedeutet die Fähigkeit zum Sprechen und demnach die Möglichkeit diskursiv aufzutreten. Diese "Diskursivierung" von sozialen Lagen bedeutet Macht: wer bestimmte Situationen mit Diskursen belegen kann, hat Macht und kontrolliert alles. Auch das Schweigen ist dabei integraler Bestandteil diskursiver Machtstrategien: "Man braucht keine binäre Teilung zwischen Gesagtem und Nichtgesagtem vorzunehmen; man müsste vielmehr die verschiedenen Arten, etwas nicht zu sagen, zu bestimmen versuchen, wie sich die, die darüber sprechen können und die, die es nicht können, verteilen" (Foucault 1998, 40).

---

[62] Man mag hierin auf den ersten Blick eine Analogie zu Hobbes' *homo homini lupus* erkennen, dies täuscht jedoch, da Foucault im Gegensatz zu Hobbes von dezentrierten, fragmentierten Individuen ausgeht, die selbst von Machtwirkungen durchzogen sind. Auf die Frage, welche Subjekte sich denn nun in den verschiedenen Kämpfen gegenüberstehen antwortet Foucault in einem Interview: "Es ist nur eine Hypothese, aber ich würde sagen, jeder jedem [...] Wer kämpft gegen wen? Wir kämpfen alle gegen alle. Und es gibt immer irgendetwas in uns, das etwas anderes in uns bekämpft."; daraus folgt für ihn auch, dass es nur vorübergehende, instabile Bündnisse geben kann (Vgl. Foucault 1978, 141).

[63] Zu der Problematik einer monistischen Konzeption von Macht im Werk Michel Foucaults sowie zu den Verbindungen zu Nietzsche vgl. auch Honneth 1994, 170ff.

Es kommt also nicht so sehr darauf an, ob Diskurse affirmativ oder kritisch beziehungsweise in oppositioneller Absicht geführt werden, für Foucault kommt es nicht darauf an, Wahrheiten oder Lügen zu entlarven, sondern darauf, den 'Willen zum Wissen'[64] freizulegen, der den diskursiven Produktionen und Machtwirkungen gleichzeitig als Grundlage und Instrument dient. (Foucault 1998, 22). Der Diskurs ist also nicht bloß das, was soziale Kämpfe oder Herrschaftssysteme in Sprache übersetzt – etwa im Sinne einer Ideologie – sondern "der Diskurs [...] ist dasjenige, worum und womit man kämpft, er ist die Macht, derer man sich zu bemächtigen versucht." (Foucault 1991, 11).

Die Diskurse in ihrer Gesamtheit einer kohärente Menge von Aussagen und Sprechakten einer bestimmten Zeit bilden die *Diskurspraxis*, deren historisch spezifische Ordnung analysiert werden kann: Foucault spricht hier von 'Episteme', die er als die grundlegenden wissenskonstituierenden Prinzipien bezeichnet, welche in unterschiedlicher Weise festlegen, was 'Wissen' bedeutet und was überhaupt als 'Wissen' gelten kann.[65] In seinen ersten Schriften untersucht Foucault die verschiedenen 'Episteme', die im abendländischen Denken der Neuzeit aufeinander folgten, nämlich die der Renaissance (16. Jahrhundert), die der Klassik (17./18.Jahrhundert) und die der Moderne (19./20. Jahrhundert). Erst Ende des 18. Jahrhunderts gewinnt der Mensch nach Foucault in diesem Diskurs die erkenntnistheoretische Schlüsselposition, da er als Subjekt und Objekt der Erkenntnis fungiert (vgl. Foucault 1973). So wird er nicht nur als Subjekt konstituiert, sondern gleichzeitig zum Gegenstand der Humanwissenschaften und ihrer spezifischen Diskurse in Medizin, Justiz, Pädagogik. Foucault begreift hier die "Entstehung" des modernen Individuums als Folge der aufkommenden Praxis der Überwachung und des Geständnisses. In der verlangten "Offenlegung" konstituiert sich der einzelne als "Ich selbst", das nun zum Gegenstand der Kontrolle werden kann (vgl. Foucault 1994). Die Macht geht dabei dem Subjekt voraus, sie konstituiert das Subjekt, unterwirft es sich aber gleichzeitig auch als Objekt, indem sie sich mit Wissen verknüpft. Macht und Wissen sind deshalb zwei Seiten derselben

---

[64] Foucaults gesamte Theorie ist durchzogen von neonietzeanischen Anspielungen und und Analogien, insbesondere zu Nietzsches Konzept eines "Willens zur Macht" (vgl. dazu Fink-Eitel 1997, Marti 1988).

[65] Zur genaueren Bedeutung von "Episteme" vgl. ausführlicher Foucault 1971, 22-28.

Medaille.[66] Zu diesem wichtigen Aspekt scheint es mir instruktiv, Foucault ausführlicher zu zitieren:

"Es ist wohl anzunehmen, dass die Macht Wissen hervorbringt (und nicht bloß fördert, anwendet, ausnutzt); dass Macht und Wissen einander unmittelbar einschließen; dass es keine Machtbeziehung gibt, ohne dass sich ein entsprechendes Wissensfeld konstituiert und kein Wissen, das nicht gleichzeitig Machtbeziehungen voraussetzt und konstituiert. Diese Macht/Wissen-Beziehungen sind darum nicht von einem Erkenntnissubjekt aus zu analysieren, das gegenüber dem Machtsystem frei oder unfrei ist. Vielmehr ist in Betracht zu ziehen, dass das erkennende Subjekt, das zu erkennende Objekt und die Erkenntnisweise jeweils Effekte jener fundamentalen Macht/Wissen-Komplexe [...] bilden. Es ist also nicht so, dass die Aktivität des Erkenntnissubjekts ein für die Macht nützliches oder gefährliches Wissen hervorbringt; sondern die Formen und Bereiche der Erkenntnis werden vom Komplex Macht/Wissen, von den ihn durchdringenden und konstituierenden Prozessen und Kämpfen bestimmt." (Foucault 1994, 39/40)

Dabei offenbaren sich die Diskurse als Mittel der Durchsetzung von Macht, die das Wissen und die Wissenschaften, die Gesellschaftsordnung aber auch das individuelle Selbstverständnis, die Subjekte gestalten und durchziehen.[67] Die Diskurse führen so nicht nur zur Konstituierung sondern auch zur Disziplinierung, Normierung und Kontrolle der Subjekte. Die Welt der Diskurse ist nicht zweigeteilt in herrschenden und beherrschten Diskurs, sie ist vielmehr wie die Macht vielfältig. Sie sind auch nicht der Macht untergeordnet oder bringen sie erst hervor, sondern sind Machtinstrument und –effekt gleichzeitig. Sie produzieren und unterminieren die Macht, sie sind verstärkend aber auch unterminierend (Foucault 1998, 122). Macht, Wissen und

---

[66] Honneth hat diesen Grundgedanken von Foucaults Machttheorie benannt, "demzufolge die kognitive Erzeugung von Wissen prinzipiell mit der sozialen Herrschaftsausübung über andere Subjekte einhergeht". Die Wissenserzeugung und die Herrschaftsausübung sind demnach nur zwei Seiten desselben Prozesses (vgl. Honneth 1994, 197-198 und auch 171).

[67] Diese Einsichten sind so neu nicht: Dass die Macht Wissen beeinflussen, kontrollieren und zu ihren Zwecken instrumentalisieren kann, war bereits Thema aller "Kritik der instrumentellen Vernunft", nicht nur bei Horkheimer/Adorno, sondern auch schon vorher bei Lukács (und Marx), sowie später bei Habermas. (Vgl. Hauck 1992, 109). Generell bestehen gewisse Ähnlichkeiten zwischen Foucaults Poststrukturalismus und der Kritik der Aufklärung in der Kritischen Theorie, insbesondere in der *Dialektik der Aufklärung* (Horkheimer/Adorno 1988). Dies ist aber ein so weitreichendes und komplexes Thema, dass im Rahmen dieser Arbeit nicht näher darauf eingegangen werden kann (vgl. dazu Honneth 1994).

Diskurs sind also untrennbar verknüpft und Foucaults Untersuchungen zielen nun darauf ab, die spezifischen Funktionsmechanismen dieser Diskurse zu analysieren (er untersucht dies beispielhaft an den gesellschaftlichen Feldern der Justiz und Kriminologie, der Psychiatrie, der Medizin/Sexualwissenschaft, kurz der Humanwissenschaften allgemein) und diejenigen diskursiven Prozesse zu erforschen, die mit diesen Feldern assoziiert werden können, das heißt die Diskurse über Sexualität, Wahnsinn, Gefängnis und so weiter. Foucault ist deshalb davon überzeugt, dass in jeder Gesellschaft die Produktion von Diskursen, die systematische Strukturen haben und kontrollierend, organisierend, normalisierend wirken, mit Machtwirkungen verbunden sind.

Die moderne Gesellschaft ist folglich eine kontrollierte Disziplinargesellschaft, deren Machtmechanismen genau darin bestehen, bestimmte Praktiken der Überwachung, der Untersuchung (zum Beispiel in der Medizin) und der wissenschaftlichen Klassifizierung allgemein zu installieren. Die Machtmechanismen dieser Gesellschaft konstituieren nicht nur einen institutionalisierten Apparat, "der die Wahrheit produzieren soll" (Foucault 1998, 73), sondern bringen gleichzeitig eine spezifische Art der Wissensproduktion hervor. Der 'Wille zum Wissen', der sich als 'Wille zur Wahrheit' manifestiert, ist also eigentlich ein 'Wille zur Macht'. Die Intensivierung der Mächte und die Vermehrung der Diskurse verknüpfen sich deshalb in der Moderne in immer perfekteren Macht/Wissen-Komplexen. In seinen Genealogien[68] hat er diese verborgenen Totalität der Macht[69] in modernen Disziplinargesellschaften dargelegt und ihre Mikropraktiken beschrieben. Diese Praktiken sind allesamt funktional in Bezug auf ein größeres System, das er manchmal Kapitalismus nennt. Viel häufiger jedoch hat er seine Formen mit grausamen Wörtern belegt – Disziplinargesellschaft, Kerker-Archipel, panoptische Gesellschaft, Dressur, Abrichtung, Kerkerstadt.[70]

Ich möchte diese komplexen System (Macht-Wissen-Diskurs) im Folgenden der Einfachheit halber mit dem Wort *Macht* benennen.

---

[68] Vgl. insbesondere "Wahnsinn und Gesellschaft" (1973a), "Die Geburt der Klinik" (1976) und "Überwachen und Strafen" (1994).

[69] Auch hier liegen Analogien zur Kritischen Theorie verborgen. Vgl. Fußnote 67.

[70] Hauck hat darauf hingewiesen, dass Foucaults Schriften aufgrund seiner negativen Rhetorik sowie seiner eigenen Aussagen als eine *Kritik* der Macht interpretiert werden können, auch wenn sie kein Kriterium dazu liefern (Hauck 1992, 111).

3.2.3 Perspektiven des Widerstands: Archäologie und Genealogie

Die dargelegte Machtanalyse hat zunächst einen praktischen Vorteil: sie verdeutlicht, gegen was der Mensch sich zu richten habe. Nämlich gegen alles, weil alles Macht ist.[71] Dieser normativen Bewertung will sich Foucault aber gerade entziehen. Macht ist für ihn unhintergehbares Faktum jeder Gesellschaft - unhintergehbar, aber veränderlich, da seine Formen von Wissen/Macht-Komplexen und diskursivierenden Kontrollmechanismen sich wandeln können. Diese diskursiven Regime von Macht/Wissen können – nach Foucault – mit Hilfe der Archäologie und Genealogie studiert werden, wobei ein archäologisches Studium die verschiedenen Elemente lokaler Diskursivitäten, aus denen ein Diskurs zusammengesetzt ist, erkennen kann und die Genealogie dazu dient, die Herkünfte und die effektive Formierung des Diskurses zu studieren. Die Genealogie zielt also darauf ab, die zeitgenössischen Techniken der Macht und den zeitgenössischen Zusammenhang von Wissen und Macht in ihrer Entstehungsgeschichte zu *analysieren;* Foucault zielt auf eine politische "Anatomie" der Macht.

Aus dem Monismus von Foucaults Machttheorie folgt, dass es innerhalb der Matrix der Macht zahllose Widerstände gibt: "Wo es Macht gibt, gibt es Widerstand. Und doch oder vielmehr gerade deswegen liegt der Widerstand niemals außerhalb der Macht" (Foucault 1998, 116). Statt eines "Innen" und "Außen" der Macht beziehungsweise einer Auffassung von Macht und Gegen-Macht gibt es für Foucault nur "Widerstandspunkte, die überall im Machtnetz präsent [sind]. Darum gibt es im Verhältnis zur Macht nicht den einen Ort der Großen Weigerung – die Seele der Revolte, den Brennpunkt aller Rebellionen, das reine Gesetz des Revolutionärs" (Foucault 1998, 116). So wie die Macht ein dichtes Gewebe bildet, das alle Institutionen, Individuen und Gesellschaftsordnungen durchzieht, so sind auch die Widerstandspunkte quer durch alle gesellschaftlichen Schichten und Bereiche verstreut. Da zum Beispiel der Staat auf der institutionellen Integration der Machtbeziehungen beruht, könne die strategische Verknüpfung von Widerstandspunkten zur Revolution führen (Foucault 1998, 118).

Widerstand hat also keine Substanz, er geht der Macht nicht voraus sondern koexistiert gleichzeitig mit und in ihr. Widerstand ist sozusagen das Spiegelbild der

---

[71] In diesem Charakteristikum von Foucaults Machtanalyse wird manchmal ein anarchistischer Zug gesehen, zum Beispiel von Walzer (Walzer 1997, 275).

Macht,[72] er ist ihr der Form nach gleich: "Denn der Widerstand muss sein wie die Macht: genauso erfinderisch, genauso beweglich, genauso produktiv wie sie. Muss sich organisieren und stabilisieren. Muss wie sie 'von unten' kommen und sich strategisch verteilen." (Foucault 1978, 195/196). Da die Macht "immer schon da" ist, omnipräsent existiert und kein "Außen" mehr zulässt, existieren deshalb zwischen ihren fein gewebten Maschen keine "Zonen elementarer Freiheit" mehr (Foucault 1978, 210), sondern es existieren zu den verstreuten, heterogenen und lokalen Machtformen lediglich die entsprechenden analogen Widerstandsformen.

Es ist deshalb nicht verwunderlich, wenn Foucault mit seiner Analyse der Mikroformen der Macht und seiner Aufmerksamkeit für die "Mikrophysik der Macht" (Foucault 1994, 38) zum Vordenker von minoritären Politiken und von marginalisierten Widerstandsformen geworden ist. Die von ihm vorgeschlagene Machtanalyse und ihre Methoden der Archäologie und Genealogie liefern hier deutliche Anknüpfungspunkte. Für ihn geht es nicht darum, die Macht in ihren Zentren zu analysieren geschweige denn anzugreifen, sondern darum die Macht an den äußersten Punkten und feinsten Verästelungen zu erfassen, die Macht also in ihren regionalen und lokalsten Formen anzugehen. Es geht also um die *lokalen Praktiken* der Macht. Es geht ihm darum, von den peripheren Formen der Macht aus aufsteigende Analysen anzufertigen um so zu einem "strategischen Wissen" zu gelangen, in dem sich vielfältige Widerstandsformen verknüpfen können. Noch am deutlichsten hat er diese Perspektive unter dem Titel "Historisches Wissen der Kämpfe und Macht" formuliert (Foucault 1978, 55-74). Hier skizziert er eine Standpunkt-Epistemologie der unterdrückten, disqualifizierten Wissensarten, die sich zunehmend als Kritik an gültigem Wissen äußern. Dieses "lokale Wissen" kann zusammen mit der Genealogie ein "historisches Wissen" der Kämpfe ermöglichen, der Widerstand gegen die Macht ist folglich als unterdrücktes, lokales Wissen gekennzeichnet. Fraglich ist aber, ob dieser Widerstand nicht selbst Effekt und Instrument der Macht ist, Widerstand also diejenige Macht bezeichnet, die einer früheren Macht entgegentritt. An diesem Punkt hakt eine Kritik an Foucault ein, die im folgenden Kapitel (vgl. Absatz 5.3.1) in Anwendung auf eine postmoderne Entwicklungskritik überprüft werden soll. Das "historische Wissen" ist in dem Sinne "strategisch", als Foucault darauf zu hoffen scheint, es für Widerstand instrumentalisierbar zu machen. Seine politische Theorie, sagte er einst,

---

[72] Bernard-Henri Lévy hat in einem Interview mit Foucault darauf hingewiesen, dass die Begriffe Macht und Widerstand also eine Tautologie darstellen. (vgl. Foucault 1978, 196/197)

sei ein "Werkzeugkasten" – nicht für die Revolution, sondern für lokalen Widerstand. (zit. nach Walzer 1997, 268). Doch zu welchem Zwecke, mit welchen Zielen, für oder gegen wen sich dieser Widerstand zu richten habe, sagt er nicht. Es scheint also, als habe sich seine Machttheorie in einer Sackgasse verrannt[73]: entweder, sie ist insgeheim doch der dualistischen Repressionstheorie der Macht verhaftet geblieben, so dass Widerstand die Macht überwinden kann, oder Foucaults Machttheorie "sitzt in dem Käfig fest, den sie sich selbst gebaut hat, scheint doch selbst noch der mögliche Widerstand der Subjekte gegen die Macht nichts weiter als deren Produkt oder Korrelat zu sein." (Fink-Eitel 1997, 102). Es stellt sich dann die Frage, ob das panoptische Regime überhaupt gestürzt werden soll? Und wenn ja, wie kann dieser Umsturz überhaupt gelingen? (vgl. Walzer 1997, 273).

Die Schwierigkeit dieser letztlich offenen Frage wird in der Kritik postmoderner Ansätze in der Entwicklungstheorie wieder zu berücksichtigen sein.

Auf dem Hintergrund sowohl einer postmodernen Kritik der "Metaerzählungen" der Moderne als auch auf der Basis einer foucaultschen Machtanalyse kann nun der Ansatz einer postmodernen Entwicklungskritik besser verstanden werden. Anlass für diese Kritik war die "Krise der Entwicklungstheorie" und das Scheitern vieler Entwicklungsanstrengungen im "verlorenen Jahrzehnt" der 80er Jahre. An der "Krise" und dem "Scheitern von Entwicklung" möchte ich jetzt wieder anschließen, bevor ich kurz auf weitere Faktoren eingehe, die das Aufkommen einer postmodernen Entwicklungskritik begünstigt haben.

---

[73] Foucault selber war diese Gefahr durchaus bewusst, er hat deshalb in seinen späteren Werken der 80er Jahre versucht, die Möglichkeiten für Widerstand neu zu denken, indem er einen neuen Subjektivitätsbegriff (vgl. Fink-Eitel 1997, 97ff) und einen "Ethik der Intellektuellen" einführte (vgl. Marti 1988, 145ff und 155ff), sowie von einem "Wille, nicht regiert zu werden" sprach (Foucault 1992, 52) – freilich wurde damit seine Machttheorie in wichtigen Punkten hinfällig.

4 DIE "POSTMODERNISIERUNG" DER ENTWICKLUNGS-THEORIE

4.1 Das "Scheitern" von Entwicklung als Anlass einer postmoderne Kritik

Die postmodernen Kritiker nehmen das "Scheitern" vieler Entwicklungs-anstrengungen und die "Krise" der Entwicklungstheorie zum Anlass einer radikalen Infragestellung von Entwicklung als universellem Konzept. Die postmoderne Skepsis gegenüber Entwicklung hat deshalb eine praktische und eine theoretische Dimension.

Auf der praktischen Ebene geht es einer postmodernen Entwicklungskritik zunächst um die in den 80er Jahren beobachteten Krisentendenzen in vielen Ländern der Drit-ten Welt, um die Folgen von Verschuldung und SAPs, um zunehmende Verelendung und Armut. Arturo Escobar etwa zählt zu den Indizien für das Scheitern von Ent-wicklung in der praktischen Dimension sowohl das Aufkommen sozialer Bewegun-gen, die sich gegen Entwicklungsprojekte und –strategien richten (Escobar 1995a, vii), als auch die Tatsache, dass die Versprechungen einer modernisierungs-theoretisch beziehungsweise neoliberal fundierten Entwicklungspolitik nicht einge-halten wurden. Statt eines "kingdom of abundance" sei das Gegenteil herbeigeführt worden: massive Unterbeschäftigung und Verelendung, nie da gewesene Ausbeutung und Unterdrückung (Escobar 1995a, 4). Von Gustavo Esteva werden die Aus-wirkungen sogar als so verheerend eingestuft, dass er Entwicklung sofort stoppen will: "'Stellt Hilfe ein!' und 'Stoppt Entwicklung!' könnten wohl die Slogans für eine weltweite Kampagne sein. Die Zeit ist reif, es immer klarer und unzweideutiger aus-zusprechen. Keine Hilfe kann berechtigt sein, zuallererst aus der Sicht und aus den Interessen derer, die sie erhalten. Nicht einmal im Fall schwerer Katastrophen. Was genug ist ist genug." (Esteva 1995, 84). Es ist aber fraglich, ob diese Aussage in der hier gebotenen Pauschalisierung und Radikalität aufrechtzuerhalten ist, doch dazu später (Kapitel 6.2).

Zunächst wird also von einer postmodernen Entwicklungskritik das praktische Scheitern vieler Entwicklungsanstrengungen konstatiert. Belege für diese Formen praktischen Scheiterns vieler Entwicklungsanstrengungen sind Legion und müssen hier nicht weiter ausgeführt werden.

Auf der theoretischen Ebene- und im Kontext dieses Buches ist das der wichtigere Punkt - wird das Scheitern von Entwicklung als tiefgründiger und weitreichender ge-

wertet als bloße Misserfolge spezifischer Entwicklungsstrategien auf der Projektebene. Banuri konstatiert "[a] widespread feeling of a crisis in development theory" und
argumentiert deshalb, dass die Gesamtheit der Modernisierungs- und Entwicklungstheorie kritisiert werden müsse, anstatt sich auf problematische Einzelaspekte ihrer
Implementierung zu fokussieren (Banuri 1990b, 73ff.) Entwicklung wird also insgesamt in Frage gestellt, wobei mir bemerkenswert erscheint, dass eine postmoderne
Entwicklungskritik in diesem Punkt als Echo der neoliberalen Kritiker von Entwicklung aus den 80ern fungiert. Damals hatte Deepak Lal auf ganz ähnliche Weise das
"Scheitern" von Entwicklung konstatiert und ihr Ende verkündet (vgl. Absatz 2.7
oben). Der Post-Development-Ansatz möchte nun Entwicklung ebenfalls beerdigt
wissen: "the concept of development has been declared dead. It has become a non-
word, to be used only with the inverted commas of the deconstructed 90s." (Gard-
ner/Lewis 1996, 1).

Die Krise offenbart nicht nur problematische Annahmen bestimmter Entwicklungskonzepte (zum Beispiel der Annahme eines trickle-down-effects in Modernisierungstheorien) sondern delegitimiert die Idee der Entwicklung schlechthin (vgl. exempl.
Rahnema 1997a, 379ff.) und überantwortet sie einer vergangenen Ära: "Die Idee der
'Entwicklung' steht heute als geistige Ruine in der intellektuellen Landschaft. Sie
überschattet unser Denken, aber gehört doch unübersehbar einer vergangenen Epoche
an." (Sachs 1992, 19). Für Jayawardena (1990, VI) stellt sich deshalb die Frage, ob
entwicklungspolitische Probleme wie fortgesetzte Armut, ökologische Katastrophen,
ethnische und religiöse Konflikte lediglich auf gescheiterte Strategien zurückzuführ-
ren sind, oder vielmehr im "Projekt der Entwicklung" inhärent enthalten sind. Er kritisiert damit nicht nur modernisierungstheoretische Annahmen des entwicklungspolitischen Mainstream sondern auch radikale oder alternative Herausforderungen etwa
aus dependenztheoretischer Sicht. Auch diese hätten nicht die Gleichung von Entwicklung, Modernität und Verwestlichung durchkreuzt. "In contrast, scholars draw-
ing on postmodernist perspectives have challenged the very essence of mainstream
and radical development discourse [...] Above all, they question the universal preten-
sions of modernity, and the Eurocentric certainty of both liberal and Marxist development studies. They point out that much of the discourse and practice of development has exaggerated Western knowledge claims, dismissed and silenced knowledge

from the South and perpetuated dependence on Northern 'expertise'." (Parpart/Marchand 1995:12)[74]

Diese grundlegende Skepsis gegenüber dem Konzept und der Idee von Entwicklung gleicht stark der Lyotardschen Skepsis gegenüber den "Metaerzählungen" der Moderne. Wenn nun neuere Ansätze zur Entwicklungstheorie eine ebensolche Skepsis gegenüber *Entwicklung* formulieren, dann zeigt sich darin der postmoderne Charakter dieser Ansätze. Nicht nur wird Entwicklung teilweise einer vergangenen Ära zugeschrieben, an die sich nun eine neue Zeit – eben die des Post-Development – anschließe, sondern die Grundlagen von Entwicklungspolitik werden mit Hilfe einer postmodernen theoretischen Vorgehensweise kritisiert. Die solcherart "postmodernisierte" Entwicklungstheorie reagiert damit sowohl auf die philosophische Debatte über Postmoderne und Poststrukturalismus als auch auf die krisenhafte Situation der Entwicklungstheorie zu Beginn der 90er Jahre.

Für die grundlegende Ablehnung gegenüber dem Konzept und der Idee von Entwicklung schlechthin können meines Erachtens außer dem beschriebenen "Scheitern von Entwicklung" noch weitere Faktoren und Ursachen identifiziert werden, die das Aufkommen der postmodernen Entwicklungskritik begünstigt haben. Der Prozess, den ich als die "Postmodernisierung" der Entwicklungskritik bezeichnen möchte, entsteht durch eine Verknüpfung von Faktoren und Trends, die in den 80er Jahren entstanden sind, auch wenn die wichtigsten hier untersuchten Arbeiten der postmodernen Entwicklungskritik erst in den 90er Jahren veröffentlicht wurden.

4.2 Faktoren für die "Postmodernisierung" der Entwicklungskritik

Der wichtigster Faktor für die Postmodernisierung von Entwicklungskritik ist natürlich das Aufkommen der *Postmoderne-Debatte in den Sozialwissenschaften*, wohin sie aus dem Bereich der Literaturwissenschaft und Linguistik übergetreten ist.[75] Die postmoderne Entwicklungskritik ist stark von diesen Debatten geprägt und greift ins-

---

[74] Escobar drückt sich poetischer aus: "It is as if the elegant discourses of the 1960s – the high decade of both development and revolution – have been suspended, caught in mid-air as they strove toward their zenith, and, like fragile bubbles, exploded, leaving a scrambled trace of their glorious path behind." (Escobar 1995b, 211)

[75] Richard Rortys "The linguistic turn" erscheint 1970, ebenso erscheinen die wichtigsten Texte der französischen Poststrukturalisten in den 70er Jahren. Im "linguistic turn" wandelt sich Philosophie von einer Auseinandersetzung mit Phänomenen zu einer solchen mit den Sätzen, die über die Phä-

besondere auf die Arbeiten Foucault zurück, die Ende der 70er und Anfang der 80er Jahre erschienen sind.[76] Edward Said hat als erster mit seiner einflussreichen und häufig zitierten Studie *Orientalism* (1979) im Kontext der Nord-Süd-Beziehungen Foucault einer breiteren englischsprachigen Leserschaft nahegebracht. Eine postmoderne Entwicklungskritik entsteht im Anschluss daran in den 80er Jahren im englischsprachigen Bereich der Entwicklungstheorie, zum Beispiel erscheinen in dieser Zeit erscheinen die ersten Arbeiten von Escobar (1984, 1988), der als wichtigster Vertreter des Post-Development-Ansatzes gelten kann.

Außerdem greift die postmoderne Entwicklungskritik die Auseinandersetzung um neue Themen in der Entwicklungstheorie auf. In den 80er Jahren beginnen die Debatten um Umwelt und Nachhaltigkeit, später greifen neuere Analysen im Bereich *gender and development* auf postmoderne Konzepte zurück (Marchand/Parpart 1995), schließlich befördert die Auseinandersetzung mit kulturellen Faktoren der Entwicklung eine "cultural critique" von Entwicklung mit ethnologischen Methoden. Banuri hat in diesem Kontext die Bedeutung von zunehmenden "anti-Western social and political movements of cultural revival" hervorgehoben (Banuri 1990a, 59).

Die neuen sozialen oder häufiger noch kulturellen Bewegungen werden von einer postmodernen Entwicklungskritik gerne als Opposition zum Entwicklungs-Paradigma schlechthin interpretiert, sie sind der Bezugspunkt einer postmodernen Politik. (Sachs 1992, 79; Escobar 1995, Esteva 1995, Esteva/Prakash 1998). Es mag vorerst dahingestellt sein, ob sich hier Menschen organisieren um auf die Folgen von neoliberaler Politik und Strukturanpassungsprogrammen zu reagieren, oder auf den "kulturellen Imperialismus" der westlichen Moderne mit ihren Vorstellungen eines säkularen, materialistischen und konsumorientierten Lebensstils. Mir scheint, dass die postmoderne Entwicklungskritik eher letzteres im Sinne hat (vgl. dazu Kapitel 5.8.4).

Die Postmodernisierung der Entwicklungstheorie verbindet also mehrere Faktoren. Erstens greift sie die Postmoderne-Debatte in Philosophie und Sozialwissenschaften

---

nomene formuliert werden. An die Stelle einer Kritik der Vernunft (etwa im Sinne Kants) tritt eine Kritik der Sprache (im Sinne der französischen Poststrukturalisten). (Vgl. Müller 1999, 77)

[76] Die wichtigsten Arbeiten für diese Debatte sind *The Archeology of Knowledge* (1972, auf französisch 1969), *The Order of Things* (1973, auf französisch 1966) *Discipline and Punish* (1979, französisch 1975) und *History of Sexuality* (1980, auf französisch 1976). Eine Sammlung wichtiger Aufsätze von Michel Foucault erschient 1980 ausschließlich auf Englisch (*Power/Knowledge* 1980).

auf (Kapitel 3). Zweitens konstatiert sie eine "Krise der Entwicklungstheorie" und formuliert eine dezidierte Skepsis gegenüber "Großer Theorie", was sie als "theoretisches Scheitern" der Entwicklungstheorie interpretiert (Absatz 2.8 und 4.1). Drittens konstatiert sie das "praktische Scheitern" vieler Entwicklungsanstrengungen in den 80er Jahren (Absatz 2.7). Viertens lenkt sie die Aufmerksamkeit auf soziale Bewegungen, die sich explizit gegen Entwicklungsprojekte und –strategien richten und als Antwort auf dieses Scheitern interpretiert werden. Fünftens stützt sie sich auf Untersuchungen diskursiver Machtmechanismen im Bereich feministischer Entwicklungsforschung und postkolonialer Theorie *(postcolonialism)*. Und sechstens beschäftigt sie sich stark mit kulturellen Faktoren von Entwicklung, die zu kulturvergleichenden Studien unterschiedlicher Wissenssysteme und zu einem affirmativen Bezug auf lokale Kulturen und Gemeinschaften führen .

Die dezidierte Kritik an Entwicklung, die in den 80er Jahren einsetzt, hat sich seither als "postmoderne Kritik an Entwicklungstheorie und –praxis" oder auch als "Post-Development-Ansatz" in Form einer *academic sub-comunity* fest etabliert. Auch wenn es vielfältige Überschneidungen gibt und eine Abgrenzung verschiedener Ansätze unter anderem deshalb schwer fällt, weil ein Bezug auf postmoderne Theoriebildung schon von der Vielfältigkeit dieser Theorien sich notwendigerweise ausdifferenzieren muss, lassen sich mehrere Gruppierungen analytisch unterscheiden, die im Umfeld des Nord-Süd-Verhältnisses mit postmodernen Konzepten arbeiten. Dabei stellt nur eine Gruppe den Begriff der Entwicklung ins Zentrum ihrer Analysen – diese postmodernen Untersuchungen in der Entwicklungstheorie sind Thema dieses Buches, auf sie wird in den folgenden Kapiteln ausführlich eingegangen. Diese Gruppe unter dem Oberbegriff "Post-Development" umfasst vor allem die Autoren des von Wolfgang Sachs herausgegebenen *Development Dictionary* (Sachs 1997), unter denen viele bereits in den 80er Jahren begonnen hatten, statt von "alternativer Entwicklung" von "Alternativen zu Entwicklung" zu sprechen. Sie verbindet eine grundlegende Skepsis gegenüber Entwicklungsprojekten, ein Interesse an lokaler Kultur und lokalen Gemeinschaften sowie die Verteidigung pluralistischer Graswurzelbewegungen.[77]

---

[77] Es gibt eine große Zahl von Studien lokaler Graswurzelbewegungen, die häufig die Form von Feldstudien annehmen. In entwicklungskritischer Absicht wurden lokale Protestbewegungen unter-

Das Hauptaugenmerk meiner Untersuchung richtet sich insbesondere auf die Texte von Arturo Escobar, der eine Schlüsselfigur im wachsenden Forschungszweig ist, der den Entwicklungsdiskurs dekonstruiert (Gardner/Lewis 1996, 72). Escobar erscheint als "major figure in the Latin American movement to find 'alternatives to development', often termed 'antidevelopment' school of thought." (Klak/Conway 1998, 275). In jedem Fall bildet seine 1995 erschienenen Dissertation zum Entwicklungsdiskurs das unumstrittene Standardwerk für diese kritische Auffassung von Entwicklung (Escobar 1995a).

Da in einem kurzen Buch nicht das gesamte Feld postmodern orientierter Entwicklungskritik bearbeitet werden kann, möchte ich in Bezug auf die theoretische Analyse von Entwicklung als Diskurs den Schwerpunkt auf die Arbeiten Escobars legen. Ich ziehe außerdem die Texte von Gustavo Esteva heran, um die Praxis einer solchen Kritik, also die politischen Konsequenzen und Strategien, zu veranschaulichen. Dies erscheint mir sinnvoll, da die Beschäftigung der beiden Autoren sich jeweils genau um die genannten Aspekte handelt. Wenn Escobar unumstritten der geistige Kopf einer solchen Kritik ist, so ist Esteva meines Erachtens der pragmatische Aktivist und taktische Vordenker einer Anti-Entwicklungs-Bewegung.[78]

4.3 Kultur, Gender und Postkolonialismus im Umfeld postmoderner Entwicklungskritik

Weitere postmodern geprägte Analysen, auf die ich aber im Rahmen dieser Arbeit nicht detailliert eingehen kann, zentrieren sich um die Begriffe von *Kultur*, *Gender* sowie *Postkolonialismus*. Ich möchte diese Arbeiten im Folgenden nur kurz streifen, um die postmoderne Entwicklungskritik in ein Gesamtbild der wissenschaftlichen Diskussion einzureihen, die mit postmodernen Konzepten arbeitet und um wenigstens die Bezüge des Post-Development-Ansatzes zu verwandten Themen benannt zu haben.

Am Begriff der *Kultur* orientiert sich eine Gruppe von Forschern, die unter der Leitung von Apffel-Marglin/Marglin (1990; 1996) eine postmodern geprägte Kritik an westlicher Wissenschaft und Rationalität erarbeitet hat. Sie thematisiert bisweilen

---

sucht von Esteva 1987, Kothari 1988, Nandy 1987 und 1989, Shet 1987, Fals Borda 1988, Rahnema 1988a und 1988b, Shiva 1988, Ferguson J. 1990, und Parajuli 1991.

[78] Gemeint ist die Formierung einer wissenschaftlichen Bewegung, die die grundlegenden Ideen und Konzeptualisierungen der Entwicklungsidee kritisiert, weniger eine politische oder soziale Bewegung in organisierter Form.

auch entwicklungspolitische Fragen, arbeitet aber stärker kulturbezogen und argumentiert aus der Tradition der Kulturwissenschaften heraus. Die Gruppe um Apffel-Marglin bezeichnet Escobar als "systems-of-knowledge approach" (Escobar 1995a, 15). Sie gehen davon aus, dass verschiedene Kulturen nicht nur durch Regeln und Werte unterschieden werden können, sondern auch durch die ihnen eigenen Wissenssysteme. Ihre These ist, dass Entwicklung einseitig auf dem modernen westlichen Wissenssystem beruht, was zur Folge hat, dass nicht-westliche Wissenssysteme marginalisiert und entwertet werden. Ihrer Schlussfolgerung nach liegen in nicht-westlichen Wissenssystemen alternative Ansätze verborgen, die rationales Handeln jenseits von einem reduktionistischem Denken in ausschließlich ökonomischen Kategorien möglich machen. (vgl. ausführlicher Apffel-Marglin 1990). Im Zentrum steht hier die Kritik an westlichen Wissenssystemen, die alternative Handlungsoptionen erschließen soll. Der Entwicklungsbegriff wird zwar bisweilen beispielhaft als *ein* Feld der Wissensproduktion behandelt, die einzelnen Studien sind aber sehr detailliert und oft nur auf Teilaspekte von Entwicklung bezogen (vgl. die Beiträge in Apffel-Marglin/Marglin 1996). Diese Gruppe fällt aus dem Rahmen meiner Untersuchung insofern heraus, als ihr Hauptaugenmerk einer Kritik kartesianischer Vernunft und moderner Formen von Wissen und Wissenschaft insgesamt gilt und der Bezug auf Entwicklung deutlich schwächer ausgeprägt ist, auch wenn einige Artikel quasi Fallstudien zur Anwendung von Wissens-Formen in Ländern des Südens darstellen. Es handelt sich hier meines Erachtens stärker um eine *wissenschaftstheoretische* Herangehensweise und weniger um eine theoretisch begründete dezidierte *Entwicklungskritik*.

Ein weiterer Zweig postmodern geprägter, entwicklungspolitischer Diskussionen zentriert sich um den Begriff *Gender* und findet sich in der Literatur zum Zusammenhang von Geschlechterverhältnis, Feminismus und der Darstellung (engl.: *representation*) der Dritten Welt beziehungsweise der Frauen aus der Dritten Welt wieder (vgl. Mohanty 1991a und 1991b, Mohanty/Russo/Torres 1991, Ong 1988, Marchand/-Parpart 1995). Aus feministischer Sicht wird die These vertreten, dass eine postmoderne Kritik, wie sie bereits feministische Debatten zu Differenz und Gleichheit (Benhabib et al 1993) oder zum Verhältnis von Postmoderne und Feminismus (Nichsolson 1990) geprägt haben, sich gut auf eine Kritik von Entwicklung anwenden ließe. Auch diese Arbeiten tragen das Wort "postmodern" bereits im Titel (Marchand/Parpart 1995; Parpart 1995b) und beziehen sich auf Entwicklungstheorie und – praxis. Um diese Arbeit nicht zu überladen, wird auch dieser Zweig nur am Rande berücksichtigt, da er das Geschlechterverhältnis in den Vordergrund stellt. Das soll nicht heißen, dass die Analyse der Schnittstellen von postmoderner Theorie, Entwicklung und Geschlechterverhältnis nicht interessant wäre, sondern ist nur ein realistisches Eingeständnis an die Limitiertheit jeder wissenschaftlichen Arbeit. Darüber hinaus wird in den feministischen Texten keineswegs eine generelle Kritik an Entwicklung formuliert, vielmehr geht es dort darum, inwieweit eine postmoderne Kritik die Debatten um Geschlechterverhältnis und Entwicklungszusammenarbeit *voranbringen* kann.[79]

Schließlich möchte ich kurz auf das Feld postkolonialer Theoriebildung und postkolonialer Kritik hinweisen. Postkolonialismus bedeutet die kritische Analyse des Neokolonialismus insbesondere in seiner kulturellen Form. Das schließt andere Bestandteile neokolonialer Machtverhältnisse nicht unbedingt aus, aber im Zentrum steht häufig die Fokussierung kultureller Aspekte und diskursiv vermittelter Machtverhältnisse. Für einen deutschsprachigen Überblick über diese sehr neue, komplexe und differenzierte Forschungsrichtung vgl. Kerner (1999, 32ff.) und kritisch dazu Grimm (1997). Eine Sammlung grundlegender Texte auf englisch findet sich in Ashcroft/Griffiths/Tiffin 1995. Eine kritische Einführung gibt Loomba 1998. Neben Edward Said (1978, 1985, 1994) sind weitere oft genannte Autoren Homi K. Bhabha (1990, 1997), Stuart Hall (1997, 2000), Gayatri C. Spivak (1988, 1990) und andere. An der Schnittstelle von Postkolonialismus und Feminismus vgl. etwa Minh-ha (1989). Auch diese Debatten sind stark von postmodernen und poststrukturalistischen Debatten geprägt,[80] insbesondere von den Arbeiten Foucaults. An diesem Punkt gebührt besonders Edward Saids einflussreicher Studie *Orientalism* (1978) die Ehre, die Arbeiten von Foucault zum ersten Mal für Themen des Nord-Süd Verhältnisses fruchtbar gemacht zu haben. Said gilt seither, zusammen mit Fanon (1966) als geistiger Begründer postkolonialer Theorie. Auch dieses Theoriefeld ist viel zu weitläufig, um in dieser Arbeit umfassend berücksichtigt zu werden, zudem steht der Entwicklungsbegriff nur selten im Zentrum postkolonialer Analysen. Entwicklung erscheint eher als Instrument postkolonialer Unterdrückung, welche die direkte politische und wirtschaftliche Beherrschung des modernen Kolonialismus nach der formellen Unab-

---

[79] Zu verschiedenen Konzepten, die Rolle von Frauen und das Geschlechterverhältnis in der Entwicklungspolitik zu berücksichtigen, vgl. zum Beispiel Rathgeber 1990, Elson 1993, Scott 1995, Jackson/Pearson 1998.

hängigkeit der Kolonien durch die indirekte soziale und kulturelle Beherrschung ab-gelöst hat.

---

[80] Die Ähnlichkeiten beziehungsweise Unterschiede zwischen Postkolonialismus und Postmoderne werden analysiert von Appiah 1991 und 1995, sowie von Kerner 1999, 34-36.

5 POST-DEVELOPMENT UND POSTMODERNE KRITIK VON ENTWICKLUNG

5.1 Begriffsklärung: Was ist eine "postmoderne Kritik von Entwicklung"?

Unter einer "postmodernen Entwicklungskritik" wird im Sinne dieser Arbeit eine grundlegende Ablehnung gegenüber dem Konzept von Entwicklung schlechthin verstanden, die sich auf postmoderne und poststrukturalistische Theorieansätze stützt, insbesondere die Entwicklungidee als eine jener "großen Metanarrative" der Moderne ablehnt und sich in der Analyse von Entwicklung auf die theoretischen Arbeiten von Michel Foucault zu Wissen, Macht und Diskurs bezieht.

Wird das komplette Scheitern von Entwicklung vor allem auf deren grundlegende theoretisch-philosophische Annahmen zurückgeführt, so ergibt sich daraus die Folgerung den entwicklungspolitischen Diskurs selbst ins Zentrum der Kritik zu stellen und zu dekonstruieren (Kapitel 5.8, insbesondere Absatz 5.8.2). Die Krise der Entwicklungspolitik kann deshalb auch als "crisis of representation" (Boyne/Rattansi 1990, 12) interpretiert werden, das heißt als Krise der Konzepte der Darstellung und Interpretation sozialer Realitäten in der Dritten Welt. Statt neue Ansätze zur Entwicklungspolitik (alternative Modelle, neue Strategien) zu produzieren oder die Schwächen bekannter Theorien zu überwinden, begreift eine postmoderne Entwicklungskritik Entwicklung im Anschluss an Foucault nicht nur als *Diskurs,* den es zu dekonstruieren gilt, sondern sie setzt sich weitreichendere Ziele: "Es ist an der Zeit, sich an eine Archäologie dieser Idee zu machen und ihre Grundmauern mitsamt den zahlreichen Überbauungen freizulegen, um sie als Denkmal einer abdankenden Ära würdigen zu können." (Sachs 1992, 19).

Die Bezeichung "postmodern" wird bisweilen von den AutorInnen auch selbst gewählt. Parpart hat überblicksartig darauf hingewiesen, dass die gesamte postmoderne Kritik an Entwicklung auf "postmodernist conceptions of power and knowledge, particularly the role of disourse in the construction of power/knowledge systems" beruht und sich dabei explizit auf Foucault beruft (Parpart 1995b, 253). Der Bezug auf die Arbeiten von Foucault wird auch von anderen hier analysierten Autoren hervorgehoben, insbesondere von Arturo Escobar, dessen Dissertation das Standardwerk einer postmodernen/poststrukturalistischen Entwicklungskritik darstellt (Escobar 1995a). Er bezieht sich an verschiedenen Stellen direkt auf Foucault (Escobar 1995a, vi, ix, 5, 52ff, 82, 143, 153ff, 230 Anm. 21, 235 Anm. 8). Die Beiträge in Sachs (1997) tragen schon im Untertitel die Formulierung "A Guide to Knowledge as Power", ebenso bezieht sich Esteva an vielen Stellen auf Foucaults Konzept diskursiver Macht (Esteva 1995, 33ff, 106-107, 182ff). Die vorgestellten Analysen bezeichnen sich oft als "histories of development", als "anthropology of development" (Escobar 1995b) oder selbst als "Archäologie der Entwicklung" (Sachs 1992), allesamt deutliche Anspielungen auf Foucault.

Würde eine möglichst kurze Definition davon verlangt, was unter einer *postmodernen Entwicklungskritik* zu verstehen sei, so würde man also sagen: eine Kritik, die Entwicklung als *Diskurs* begreift. Eine solche Kritik verfolgt ein Machtkonzept, in dem Macht diskursiv ausgeübt wird und untrennbar mit spezifischen Formen des Wissens und der Wissensproduktion verknüpft ist. Im Folgenden soll es also darum gehen, diese Analyse von Entwicklung als Diskurs darzustellen, um sie dann im Folgenden Kapitel (vgl. Kapitel 6) zu problematisieren. Dabei möchte ich einen Schwerpunkt auf die theoretischen Probleme einer Konzeption von Entwicklung als Diskurs und das darin enthaltene Machtkonzept legen. Dieses Vorgehen erscheint mir sinnvoll, weil ich die größten Schwierigkeiten einer postmodernen Entwicklungskritik in ihrem theoretischen Hintergrund vermute: theoretische Inkonsistenz, Relativismus, mangelnde Positionierung u.a. Darüber hinaus werde ich auf die praktischen Konsequenzen eingehen: problematische Handlungsperspektiven, Transformationsstreit, mangelnde Normativität, undifferenzierte Machtanalyse und unvollständige Gesellschaftsanalyse.

5.2 Post-Development: Entwicklung als "Diskurs"

Die postmoderne Kritik an Entwicklung, die hier untersucht werden soll, schließt an die postmoderne/poststrukturalistische Debatte an und versucht eine foucaultsche Analyse auf den Kontext der Dritten Welt und der Entwicklungszusammenarbeit zu übertragen. Foucault hat seine Analysen darauf beschränkt die Entstehungsbedingungen und –mechanismen der *modernen westlichen* Gesellschaften, das heißt der europäischen Gesellschaften zum Beginn der Moderne, zu analysieren. Dass eine Übertragung auf die Dritte Welt also problematisch sein muss, ist der postmodernen Kritik durchaus bewusst. Escobar argumentiert aber wie folgt: Erstens sei durch den in Foucaults Arbeit selbst angelegte totalisierenden Charakter der Macht ein Moment angelegt, dass für eine globale Ausweitung dieser Analysen spricht. Zweitens stelle die Dritte Welt heute den Bereich von Machtausübung in allen ihren Schattierungen *par excellence* dar und drittens bestünde in der Dritten Welt ein Zusammenhang zwischen den Formen der Machtausübung und den Widerständen, die sich dagegen formieren (vgl. Escobar 1984, 378). Eine ähnliche Einstellung zur Übertragbarkeit foucaultscher Ansätze vertritt Spivak, obwohl sie darauf verweist, dass Foucault sich nicht zu Fragen imperialer Herrschaft oder des Kolonialismus geäußert hat (Spivak 1987, 289-291).Sie interpretiert Entwicklung als Diskurs, mittels dem die westlichen Länder in der Lage waren und sind Kontrolle über die Dritte Welt auszuüben:

"Foucault's insights into the control of the production of discourse and the workings of power and knowledge enable us to conduct a radical reinterpretation of development theory and practice. The overall contention of such reinterpetation can be stated as follows: that without examining development as discourse we cannot understand the systematic ways in which the Western developed countries have been able to manage and control and, in many ways, even create the Third World politically, economically, sociologically and culturally" (Escobar 1988, 384).

Foucault erscheint hier zunächst hilfreich, da er untersucht hat, wie bestimmte Darstellungen sozialer Realität dominant werden und die Art und Weise beeinflussen, wie Menschen sich in ihr verhalten. Foucaults Arbeiten zur Dynamik von Diskurs und Macht in dieser Darstellung sozialer Realität sei ganz besonders geeignet, die Mechanismen aufzudecken, durch die ein ganz spezifischer Diskurs allgemein gültige Normen des Seins und Denkens produziert, während andere Vorstellungen unmöglich gemacht werden (Escobar 1995a, 5).

Für Escobar ist Entwicklung ein "historically produced discourse" (Escobar 1995a, 6), mittels dem Macht ausgeübt wird: Im Entwicklungsdiskurs wird die dritte Welt zunächst konstituiert, produziert, normalisiert und verwaltet, und dadurch beherrscht.[81] Diskurs wird dabei definiert als der Prozess, durch den soziale Realität überhaupt erst entsteht. Als Artikulation von Wissen und Macht schafft er eine diskursive Praxis, deren Regeln bestimmen, wer was von welcher Perspektive aus sagen kann und darf. Der Diskurs reguliert dabei sogar, was überhaupt vorstellbar wird (Escobar 1995a, 39ff). In der Kritik an Entwicklung ist dies meines Erachtens das herausstechende Charakteristikum für eine postmoderne/poststrukturalistische Herangehensweise: die Konzeptualisierung von Entwicklung als *Diskurs*. Neben anderen Autoren (vgl. die Beiträge in Sachs 1997, Crush 1995, Rahnema/Bawtree 1997) hat

---

[81] Der Entwicklungsdiskurs ist demnach verwandt mit anderen kolonisierenden Diskursen, wie sie etwa Edward Said beschrieben hat (Said 1978).

vor allem Arturo Escobar diese Konzeptualisierung am weitesten ausgebaut (Escobar 1984, 1995a, 1995b).

5.3 Die Konstituierung der Dritten Welt im Entwicklungsdiskurs

Zunächst wird durch den Entwicklungsdiskurs die Dritte Welt überhaupt erst konstituiert.[82] Eine postmoderne Kritik folgt hier sehr eng postkolonialen und feministischen Analysen der diskursiven Herstellung eines konstitutiven 'Anderen' (engl.: *other*) als Mechanismus von Herrschaft. Der Entwicklungsdiskurs ist dabei eingebettet in ethnozentrische und destruktive koloniale und postkoloniale Diskurse, welche die Hierarchien zwischen Nord und Süd eher verfestigen als transformieren. Der Entwicklungsdiskurs definiert die Dritte Welt als das konstitutive 'Andere', das mit all jenen negativen Charakteristika (primitiv, rückständig, traditionell und so weiter) bezeichnet wird, die angeblich in den modernen, westlichen Gesellschaften nicht mehr anzutreffen sind (vgl. Said 1978, Escobar 1984, Spivak 1990).

Diese Darstellung (engl.: *representation*)[83] der Dritten Welt als das konstitutiv 'Andere' bedeutet eine Abgrenzung zum reichen, wohlhabenden, rationalen, aufgeklärten Westen und folgt der Darstellung Mohantys, die in ihrer Kritik des westlichen Feminismus auf diesen Mechanismus hingewiesen hat. In ihrer Analyse der Schriften westlicher Feministinnen über Frauen in der Dritte Welt wirft sie den Feministinnen vor:

"[they] discursively colonize the material and historical heterogenities of the lives of women in the third world, thereby producing/re-presenting a composite, singular 'third-world-woman' – an image which appears arbitrarily constructed but nevertheless carries with it the authorizing signature of western humanist discourse [...] assumptions of privilege and ethnocentric universality on the one hand, and inadequate self-consciousness about the effect of western scholarship on the 'third world' in the

---

[82] Dabei wird von Escobar die Kritik des Entwicklungsdiskurses in den Kontext einer Kritik der westlichen Moderne gestellt, was ebenfalls dafür spricht, die so formulierte Kritik als postmodern zu bezeichnen: "The making of the Third World through development discourse and practices has to be seen in relation to the larger history of Western modernity, of which development seems to be one of the last and most insidious chapters." (Escobar 1995a, 213)

[83] Spivak unterscheidet zwischen zwei verschiedenen Bedeutungen des Wortes *representation* anhand der deutschen Begriffe *Darstellung* und *Vertretung*. (Vgl. Kerner 1999, 49). Im Rahmen dieser Arbeit wird der Mechanismus des Diskurses generell im ersteren Sinne der *Darstellung* verstanden, da damit die Produktion von Bildern, Vorstellungen und Annahmen besser bezeichnet ist.

context of a world system dominated by the west on the other, characterize a sizeable extent of western feminist work on women in the third world." (Mohanty 1991b, 53). Ähnliches gilt nach Mohanty auch für die Darstellung der Dritten Welt als Ganzes, die nur von der privilegierten Position des Westens aus als "unterentwickelt" und "ökonomisch abhängig" definiert werden kann: ohne diesen determinierenden Diskurs, der die Dritte Welt erst kreiert, würde es auch keine Erste Welt geben (Mohanty 1991b, 74).

Diese Auffassung diskursiver Macht von Entwicklung ähnelt –wie Escobar vermerkt (1995a, 6) – in hohem Maße der bekannten Studie von Edward Said zur diskursiven Herstellung eines Orientbildes, das dem westlichen Kolonialismus dienlich war (Said 1978). Über dieses Diskursregime – den Orientalismus – schreibt er:

"Orientalism can be discussed and analyzed as the corporate institution for dealing with the Orient – dealing with it by making statements about it, authorizing views of it, describing it, by teaching it, settling it, ruling over it: in short, Orientalism as a Western style for dominating, restructuring, and having authority over the Orient [...] My contention is that without examining Orientalism as a discourse we cannot possibly understand the enormously systematic discipline by which European culture was able to manage – and even produce – the Orient politically, sociologically, ideologically, scientifically, and imaginatively during the post-Enlightenment period." (Said 1978, 3).

Ganz ähnlich will nun die postmoderne Kritik von Entwicklung den Entwicklungsdiskurs verstehen, um die Mechanismen zu entlarven, mit denen eben nicht der Orient, sondern die Dritte Welt durch diesen Diskurs hergestellt, diszipliniert und kontrolliert worden ist. Eine Ausweitung von Foucaults Untersuchungen auf koloniale und postkoloniale Situationen durch Autoren wie Edward Said, V.Y. Mudimbe, Chandra Mohanty und Homi Bhabha, unter anderen, hat erst diese neue Konzeptualisierung des Denkens über die Dritte Welt möglich gemacht (vgl. dazu Kapitel 4.3). Dies ist die zentrale These und der zentrale Untersuchungsgegenstand einer postmodernen Kritik an Entwicklung: Entwicklung als denjenigen Prozess zu begreifen, vermittels dem die Dritte Welt als Konstrukt des Westens systematisch organisiert und nach westlichen Vorstellungen transformiert werden soll. Dabei sind die Darstellungen (engl.: *representations*) von Asien, Afrika und Lateinamerika als Dritte Welt als Genealogie westlicher Konzepte von diesen Gegenden zu analysieren (Escobar 1995a, 7).

In der entwicklungspolitischen Literatur wird – so die postmoderne These – ein Bild der Länder des Südens entworfen, das aus Bezeichnungen wie Unterentwicklung, Armut, Machtlosigkeit, Passivität, Ignoranz und Düsternis heraus eine "Dritte Welt" überhaupt erst *konstruiert*, die nur darauf wartet von weißen, westlichen Helfern aus einem Zustand von Hunger, Analphabetismus, Mangel und repressiven Traditionen herausgeführt zu werden. Entsprechend dieser Haltung habe der Westen einen kolonisierenden Diskurs initiiert, der ähnlich Bhabhas Definition von *colonial discourse*[84] ein Objekt wissenschaftlicher Untersuchung und machttechnischer Unterwerfung geschaffen habe: die Dritte Welt offenbart sich als diskursive Produktion, die konstatierte Unterentwicklung erscheint einer postmodernen Kritik als "fictitious construct" (Escobar 1984, 389).

Die postmoderne Entwicklungskritik interpretiert deshalb Entwicklung als den historisch einmaligen Versuch ein Diskurs-Regime über die Dritte Welt zu installieren. Escobar identifiziert drei Achsen, die in diesem diskursiven Regime Entwicklung definieren. Die erste Achse bilden die Formen von Wissen, die sich auf Entwicklung beziehen, die Entwicklung erschaffen und dafür Konzepte, Theorien und Strategien formulieren. Die zweite Achse ist das Machtsystem, das Entwicklung in der Praxis reguliert und die dritte Achse besteht aus den Formen von Subjektivität, die diskursiv hergestellt werden und in denen sich Menschen als entwickelt oder unterentwickelt wahrnehmen (Escobar 1995a, 10).

Die Einrichtung dieses diskursiven Regimes von Macht und Wissen geschieht in der unmittelbaren Nachkriegszeit (1945-1955) und hat mehrere Ursachen.

5.4 Die "Erfindung" von Entwicklung

Als Fluchtpunkt der Konzeptualisierung von Entwicklung als Diskurs dient der postmodernen Kritik die Inaugural-Rede des damaligen US-Präsidenten Truman am 20. Januar 1949, die im postmodernen Verständnis nicht nur eine "Entwicklungsära" [85] eingeleitet sondern auch ihre diskursiven Grundmuster vorgegeben hat. Die Vorläufer

---

[84] "[Colonial discourse] is an apparatus that turns on the recognition and disavowal of racial/cultural/historical differences. Its predominant strategic function is the creation of a space for a 'subject peoples' through the production of knowledges in terms of which surveillance is exercised [...] The objective of colinial discourse is to construe the colonized as a population of degenerate types on the basis of racial origin, in order to justify conquest and to establish systems of administration and instruction." (Bhabha 1990, 75).
[85]

des Nachkriegs-Entwicklungsbegriffs sehen Escobar und andere nicht, obwohl es ein Leichtes wäre die historische Entstehung dieses schillernden Begriffs nachzuzeichnen. Einen Versuch, der bis in die Mitte des 17. Jahrhunderts zurückreicht, unternimmt zum Beispiel Kößler (1998, 15ff.). Menzel verweist als Vorläufer der beiden großen paradigmatischen Theorieströmungen (Modernisierungs- und Dependenztheorie) auf Ricardoschen Universalismus, Listschen Nationalismus, Marxschen Sozialismus, Weberschen Rationalismus und Parsonschen Strukturalismus, alles deutliche Vorläufer moderner Entwicklungstheorie und –praxis (Menzel 1992, 70 und 78-97). Bisweilen wird von postmoderner Seite der Britische Colonial Development Act von 1929 erwähnt (zum Beispiel Escobar 1995a, 73): hier war aber von Entwicklung "nur im transitiven Sinn die Rede (…) Nur Ressourcen konnten entwickelt werden, keine Menschen und Gesellschaften" (Sachs 1992, 27). Eine Ausnahme davon sind Cowen/Shenton (1995, 29ff.), die auf ältere Ursprünge des Begriffs Entwicklung verweisen.

Aus postmoderner Sicht ist in Trumans Rede die Entwicklungstheorie und -politik der folgenden Jahrzehnte – quasi von oben per Dekret – festgelegt worden, indem Truman den größten Teil der Welt zu 'unterentwickelten Gebieten' erklärte und den Begriff der Entwicklung einführte, "jener folgenträchtige Begriff, der die unermessliche Vielfalt der Lebensumstände auf dem Süden des Globus in eine einzige Klassifikation zusammenfasste: 'unterentwickelt'" (Sachs 1992, 25-26). Truman klassifizierte damals die Lebensbedingungen der Hälfte der Menschheit als "conditions approaching misery" und vertrat die Ansicht, dass diese Bedingungen durch das Wissen und die Fähigkeiten der Menschheit geändert werden könnten. Um Unterentwicklung zu überwinden stellte er sich ein "program of development based on the concepts of democratic fair dealing" vor und plädierte dafür die Vorzüge der Wissenschaft und der Industrialisierung friedliebenden Völkern zur Verfügung zu stellen (Truman [1949] zit. nach Esteva 1997a, 9). Truman hat also gleichzeitig den Weg vorgegeben auf welchem "die Völker sich auf einer gemeinsamen Bahn bewegen und in ihren Aspirationen hin konvergieren: dem der 'Entwicklung'" (Sachs 1992, 26) Als Ziel legte Truman implizit das gesellschaftliche Modell der USA fest.

Damit habe Truman den Beginn der Entwicklungs-Ära eingeleitet: "The Truman doctrine initiated a new era in the understanding and management of world affairs [...] The intent was quite ambitious: to bring about the conditions necessary to replicating the world over the features that characterized the 'advanced' societies of the time (...) Within a few years the dream was universally embraced by those in power."

(Escobar 1995a, 4). Escobar verweist auch darauf, dass durch die Armuts-Definition[86] der Weltbank quasi über Nacht zwei Drittel der Welt zu Armen transformiert worden seien, Armut somit zum organisatorischen Konzept der neuen Ära und zum Objekt von Entwicklung wurde (Escobar 1995a, 23/24). Diese Konzeptualisierung von Armut als Mangel, der durch Wirtschaftswachstum und Entwicklung zu beheben sei, wurde nun zum essentiellen Merkmal der Dritten Welt, die "Lösung" in Form von Entwicklung wurde zur offensichtlichen, notwendigen und universellen Wahrheit (Escobar 1995a, 24) und somit Zielscheibe einer postmodernen anti-essentialistischen Kritik. Eine postmoderne Entwicklungskritik argumentiert hier, dass sich die Auffassung von Armut[87] qualitativ gewandelt habe. Während zu Zeiten des Kolonialismus Armut als unvermeidbar hingenommen wurde, da eine Entwicklung der kolonisierten Gesellschaften sinnlos erschien, wird durch die zunehmenden Risiken durch Armut und Unruhen auch für die entwickelte Welt die Bekämpfung dieser Armut zum vorrangigen Ziel von Entwicklung (Sachs 1990, Rahnema 1991 und 1997, Escobar 1995a, 21ff.). Doch Ziel der Kritik ist noch mehr: Auf welchen weiteren Annahmen beruhte Trumans Rede?[88] Er gab ein lineares Geschichtsverständnis vor, wonach sich verschiedene Länder auf einer geraden Bahn in verschiedenen Stadien befänden, er definierte die Position der USA als modellhaft und anstrebenswert und er bezog sich positiv auf Wissenschaft und Technik als die wichtigsten Mittel, auf dieser Bahn voranzukommen. Gleichzeitig hat er Armut als Problem definiert[89] und auch hierfür Lösungen vorgeschlagen, die alle auf dem wissenschaftlichen und technologischen Potential der entwickelten Länder beruhten (Hobart 1993, 2) sowie vor allen Dingen auf ökonomischem Wachstum. Er hat damit quasi die Grundlage für klassische Modernisierungskonzepte und –strategien gelegt,

---

[86] Als "arm" wurde ein Land damals definiert, wenn es ein Jahreseinkommen von weniger als US$ 1oo pro Kopf und Jahr aufwies (zit. nach Escobar 1995a, 23/24).

[87] Für einen Überblick über postmoderne Konzeptualisierungen zu Armut vgl. Yapa (1996). Eine eher wirtschaftshistorische Perspektive vertritt demgegenüber Schinzinger (1994).

[88] Die Rede wurde auch unter dem Stichwort "Point Four Program" bekannt.

[89] "One of the many changes that occured in th early post-World War II period was the 'discovery' of mass poverty in Asia, Africa and Latin America [...] this discovery was to provide the anchor for an important restructuring of global culture and political economy The discourse of war was displaced onto the social domain and to a new geographical terrain: the Third World." (Escobar 1995a, 21)

wie sie nicht viel später auch formuliert wurden (Absatz 2.3). Die Grundlage für Modernisierungstheorie und Wirtschaftswachstum[90] war gelegt.

5.5 Historische Entstehungsbedingungen des Entwicklungsdiskurses

Die Entstehung des Entwicklungsdiskurses wird durch bestimmte *historische Rahmenbedingungen* determiniert. Escobar zählt die wichtigsten auf: (1) *Der Niedergang des Kolonialismus.* Er machte es notwendig, eine neue Strategie zur Einflusssicherung in Afrika, Asien und Lateinamerika zu entwickeln, da die westliche Dominanz durch antikoloniale Kämpfe (Afrika und Asien) und wachsenden Nationalismus (Lateinamerika) sowie den "leftist nationalism of the Bandung Conference of 1955 and the strategy of nonalignment" (Escobar 1995a, 31) zunehmend in Frage gestellt wurde. (2) *Die veränderten Machtbeziehungen des Kalten Kriegs.* Hier liegen für Escobar die historischen Wurzeln des Entwicklungsdiskurses: in der Auseinandersetzung zwischen West und Ost wurde Entwicklung zur großen Strategie, diese Rivalität auf dem Gebiet der Dritten Welt auszuführen. Die Konfrontation legitimierte die Anstrengungen von Modernisierung und Entwicklung: Einflusssphären zu sichern wurde zum eigentlichen Ziel. Hier sind nicht nur die zahlreichen Stellvertreterkriege zu nennen, welche die Dritte Welt zu einem zentralen Schauplatz der Konfrontation der Supermächte machten (zum Beispiel Korea, Vietnam, später dann Angola, Afghanistan u.a.). Diese Bedingungen zwangen die USA als aufstrebende Weltmacht dazu eine neue Ordnung der Welt zu "erfinden", die gleichzeitig ihren weiteren Einfluss sichern würde. Dieses Herrschaftsprojekt sehen die postmodernen Kritiker im Projekt der Entwicklung verwirklicht. (3) Das (US-amerikanische) Interesse, *neue Märkte* zu erschließen und Investitionsmöglichkeiten zu eröffnen (hier dient der Marshallplan als Vorbild, auch wenn im Vergleich nur sehr geringe Summen in der Dritten Welt umgesetzt wurden). (4) Der *Glaube an Wissenschaft und Technologie*, seit dem 19. Jahrhundert das deutliche Merkmal von Zivilisation schlechthin, fand im Entwicklungsdiskurs einen neuen und enthusiastisch verfolgten Anwendungsbereich.

---

[90] Sachs sieht mit der Truman-Rede überhaupt erst den Beginn der "Welt als Wirtschaftsarena" gekommen (Sachs 1992, 26). Dies erscheint jedoch ziemlich absurd, da seit Jahrhunderten Wirtschaften zur menschlichen Interaktion gehört, was zum Beispiel durch die ausgedehnten Handelsketten der Antike aber auch des Mittelalters belegt werden kann. Der moderne Welthandel bildet sich im 19. Jahrhundert heraus und unterscheidet sich von seinen Vorläufern in Antike, Mittelalter und frühen Neuzeit vor allem dadurch, dass er auf Industrialisierung, fossilen Rohstoffen, sowie modernen Verkehrsmitteln (Eisenbahn, Schiff, Flugzeug) beruht (vgl. Seifert 1995, 205).

(5) Der *Glaube an die Planbarkeit sozialer Prozesse* schließlich, befördert vor allem durch die Erfahrungen mit staatlicher Planung und Keynesianischen Wirtschaftskonzepten im Unterschied zu einem *laissez-faire* Ansatz. (Vgl. zu den Entstehungsbedingungen ausführlicher Escobar 1995a, 26-39)

Im globalen Kontext des beginnenden Ost-West-Konfliktes wird Entwicklung darüber hinaus als politische Strategie des Westens (und insbesondere der USA) zur Sicherung von Einfluss in denjenigen Regionen der Welt begriffen, die absehbar in die Unabhängigkeit entlassen wurden. "There was an important connection between the decline of the colonial order and the rise of development. In the interwar period, the ground was prepared for the institution of development as a strategy to remake the colonial world and restructure the relations between colonies and metropoles." (Escobar 1995a, 26).[91] Diese Auffassung von Entwicklung als Fortsetzung von Kolonialismus mit anderen Mitteln wird von Sachs betont: in seiner Sicht entwarf das Entwicklungskonzept den Globus als einheitlichen Raum, der nicht mehr wie zu Kolonialzeiten durch politische Herrschaft sondern durch ökonomische Abhängigkeit zusammengehalten war.

"Daher hatte die Weltmachtposition der USA nichts mehr mit dem Besitz von Territorien zu tun, alles kam hingegen auf deren ökonomische Öffnung an. Und auf der anderen Seite ließ sich die Unabhängigkeit der jungen Nationen unterlaufen, die sich automatisch in den Schatten der USA stellten, als sie sich als Subjekte der 'ökonomischen Entwicklung' proklamierten. 'Entwicklung' war das konzeptionelle Vehikel, das den USA erlaubte, sich als Herold nationaler Selbstbestimmung zu gebärden und gleichzeitig eine neue Sorte weltweiter Hegemonie zu begründen: nämlich einen antikolonialen Imperialismus." (Sachs 1992, 28)

Die Verbindungen und Kontinuitäten zwischen Kolonialismus und der postkolonialen Situation ökonomischer Abhängigkeit zu Entwicklungsprogrammen aufzuzeigen ist freilich kein Privileg einer postmodernen Entwicklungskritik. Bereits die dependenztheoretische Literatur ist voll von Untersuchungen zu diesem Gegenstand. Dass insbesondere die Entwicklungspolitik der USA bei allen programmatischen und rhetorischen Kurskorrekturen ein Produkt der Ost-West-Konfrontation ist und seither auch neokoloniale Ziele wie Rohstoffsicherung und Exportförderung von Industriegütern sowie politischer Flankenschutz für die Operationen des Privatkapitals beinhaltet, ist

---

[91] Escobar sieht dies am deutlichsten in Afrika verwirklicht. Er verweist im Folgenden aber auch auf die Unterschiede zum Beispiel zu Lateinamerika (ebd., 27ff)

ebenfalls so neu nicht (vgl. Nohlen 1993, 231-232; dort auch weitere Literaturverweise).

Zusammenfassend kann formuliert werden: Die Entstehung des Entwicklungsdiskurses liegt aus postmoderner Sicht in der Zeit zwischen 1945 und 1955 im Rahmen der weltweiten Transformationen; als Auftakt gilt allgemein die Truman-Rede von 1949. Entwicklung als diskursives Regime beinhaltet eine komplett neue Strategie, um mit den Problemen derjenigen Weltgegenden umzugehen, die fortan als 'unterentwickelt' galten. Die Entwicklung ganzer Gesellschaften erschien in diesem Kontext als "Ingenieursaufgabe", die sich in wenigen Jahrzehnten erledigen ließe (Sachs 1992, 29).

5.6 Merkmale und Struktur des Entwicklungsdiskurses

Nachdem der Entwicklungsdiskurs in dieser Zeit eingeführt und gefestigt worden war, stellt sich für eine postmoderne Kritik die Frage nach seinen charakteristischen Merkmalen und seiner Struktur.

Wie bereits dargelegt wurde ist ein zentraler Mechanismus dieser Strategie die Herstellung/Darstellung (*representation*) einer bestimmten Realität, in diesem Fall der sozialen Realität der Dritten Welt. Diese Produktion bedarf aber der Institutionalisierung, Professionalisierung und der Einrichtung eines Apparates der Wissensproduktion:

"The invention of development necessarily involved the creation of an institutional field from which the discourses are produced, recorded, stabilized, modified, and put into circulation This field is intimately imbricated with processes of professionalization; together they constitute an apparatus that organizes the production of forms of knowledge an the deployment of forms of power, relating one to the other. The institutionalization of development took place at all levels, from the international organizations and national planning agencies in the Third World to local development agencies community development committees, private voluntary agencies, and nongovernmental organizations."(Escobar 1995a, 45)

Diese Prozesse der Objektivierung, der Professionalisierung und der Institutionalisierung müssen also beleuchtet werden.

5.6.1 Objektivierung des "Entwicklungsproblems" und Inkorporierung von Zielgruppen

Zunächst befördert der Entwicklungsdiskurs die Herstellung spezifischer "Abnormalitäten". In Abgrenzung zu einer vordefinierten Norm werden die dazugehörigen Deviationen gebildet: eben die der Ungebildeten, Armen, Unterentwickelten, Unterernährten, der ländlichen Bauern und so weiter. Diese können nach und nach in den Entwicklungsdiskurs inkorporiert werden. Die Objekte der Entwicklungsanstrengungen werden dabei kategorisiert und spezifiziert und damit zum Ziel der neu eingeführten Entwicklungsstrategie. Entwicklung wird also im postmodernen Verständnis interpretiert als der Versuch, immer neue soziale und politische Probleme - mit der zunehmenden Dekolonisation zum Beispiel der Staatsbildung - zu analysieren, aufzunehmen, zu vermessen und zu bearbeiten, so dass eine "true political anatomy of the Third World" (Escobar 1995a, 42) entsteht, deren Ziel es nicht so sehr ist Probleme zu beleuchten und Lösungen vorzuschlagen sondern im postmodernen Verständnis vielmehr eine sichtbare Realität zu schaffen, die verwaltbar und behandelbar erscheint, aber durch diskursive Anstrengungen als solche erst geschaffen wird.

Der Einsatz des Diskurses setzt eine Kategorisierung voraus, mit der die strategische Formierung eines Interventionsfeldes gelingt (vgl. Escobar 1984, 387). Diese Kategorisierung macht es möglich, dass sich der Diskurs im Verlauf immer weiter ausdifferenziert, was Escobar an Beispielen zu zeigen versucht: immer neue Kategorien werden geschaffen, mittels derer immer neue "Objekte" (engl.: *targets*) in den Diskurs integriert werden können.

Escobar nennt drei Phasen dieser fortschreitenden Verbreitung (engl.: *deployment*) der Entwicklungsidee. Im Verlauf der Entwicklungsdekaden wird den jeweils neu inkorporierten Zielgruppen ein bestimmtes Entwicklungsprobleme und eine entsprechende Entwicklungsstrategie zugeordnet. Zunächst wurden die Bauern als Zielgruppe identifiziert und eine Strategie ländlicher Entwicklung *(Green Revolution)* entworfen. Auf Frauen ausgerichtet waren die Konzepte von *Women in Development (WID)* und *Gender and Development (GAD)*. Dem "target" Umwelt entsprach die Strategie nachhaltiger Entwicklung (vgl. Escobar 1995a, Kapitel 5). Escobar betont aber, dass durch diese Transformationen hinweg die grundlegenden Mechanismen des Diskurses unverändert geblieben seien. Der Entwicklungsdiskurs durchläuft somit lediglich verschiedene Systeme der Transformation, auf der allgemeinen Diskursebene ändert sich aber nichts. Die genannten Verzweigungen des Diskurses im Hinblick auf immer neue Zielgruppen von Entwicklungsprojekten und –strategien reflektieren lediglich das Auftauchen neuer Probleme. Die Vorstellung von Entwicklung als diskursives Konzept bleibt unverändert (vgl. Escobar 1984, 387 und 1995a, 210). Zu diesem Aspekt äußert sich Escobar genauer: "In other words, although the discourse has gone through a series of structural changes, the architecture of the discursive formation laid down in the period 1945-1955 has remained unchanged, allowing the discourse to adapt to new conditions. The result has been the succession of development strategies and substrategies up to the present, always within the confines of the same discursive space." (Escobar 1995a, 42)

Die postmoderne Entwicklungskritik vertritt also eine relativ starke *These der Unwandelbarkeit* des Diskurses, da der Diskurs auch durch Inkorporierung neuer alternativer Strategien (zum Beispiel der paradigmatische Wechsel der Weltbankpolitik hin zur sog. Grundbedürfnisstrategie der 70er Jahre) und neuer Zielgruppen (zum Beispiel ländliche Produzenten, Frauen) sich nicht grundlegend ändert. *Entwicklung* besteht als grundlegendes Ziel fort und die Überwindung diskursiv hergestellter Konzeptualisierungen wie 'unterentwickelt', 'arm', 'traditionell' oder 'abhängig' ebenfalls. Dennoch gelingt es durch die fortschreitende Inkorporierung neuer Probleme, eine dynamische Qualität des Diskurses zu sichern, deren Ergebnis immer neue 'Entwicklungsstrategien' sind, "always within the confines of the same discursive space in which we are still encapsulated" (Escobar 1984, 387). Der Entwicklungsdiskurs kann sich demnach dynamisch entwickeln und neue Probleme inkorporieren, Strategien entwickeln und sich dabei selbst reproduzieren, ohne dass die Grundfeste des diskursiven Feldes dabei geändert würden. Wenn der Diskurs auch dynamisch ist, so sind im postmodernen Verständnis seine Grundlagen doch statisch.

5.6.2 Produktion spezialisierten Wissens (Professionalisierung)

Der Entwicklungsdiskurs schafft sich nicht nur einen effizienten Apparat aus Planungsstäben, Regierungsorganisationen und Entwicklungshilfeagenturen, sondern auch einen Apparat der Wissensproduktion in Universitäten und Forschungseinrichtungen, der wiederum funktional für den Diskurs ist, da er geeignet ist Macht über die Dritte Welt auszuüben (Escobar 1995a, 9). Dieser Apparat entsteht durch die Professionalisierung der Wissensproduktion, vor allem im Sinne einer Entstehung der Entwicklungsdisziplin und ihrer Subdisziplinen wie Entwicklungsökonomie, Entwicklungssoziologie, Bevölkerungswissenschaft und so weiter Dieser Prozess zieht

eine postmoderne Kritik auf sich, weil er starke normative und teleologische Kompo-
nenten aufweist, anhand von Klassifizierungen von Problemen und Beurteilung der
Strukturen Vorschläge für die Zukunft macht. Seine Aufgabe ist es "to produce, in
short, a regime of truths and norms about development." (Escobar 1984, 387/88).

Der Prozess der Professionalisierung ist aber noch mehr, nämlich ein umfassender
Prozess menschlicher Wissensproduktion und wird als solcher von einer post-
modernen Entwicklungskritik als diskursives Regime der Wahrheitsproduktion im
Rahmen westlicher Wissenschaft kritisiert:

"The concept of professionalization refers mainly to the process that brings the Third
World into the politics of expert knowledge and Western science in general. This is
accomplished through a set of techniques, strategies, and disciplinary practices that
organize the generation, validation, and diffusion of development knowledge, including the academic disciplines, methods of research and teaching, criteria of expertise, and manifold professional practices; in other word, those mechanisms through
which a politics of truth is created and maintained, through which certain forms of
knowledge are given the status of truth. This professionalization was effected through
the proliferation of development sciences and subdisciplines. It made possible the
progressive incorporation of problems into the space of development, bringing problems to light in ways congruent with the established system of knowledge and
power." (Escobar 1995a, 45).

Die Professionalisierung der Wissensproduktion findet in den Sozialwissenschaften
im vorherrschenden empirischen Ansatz des Positivismus – dominant speziell in den
USA und Großbritannien seit dem Ende der 40er Jahre – ein geeignetes Instrument.
Gleichzeitig wirkt sie verstärkend auf die Bemühungen die Dritte Welt im Entwicklungsdiskurs zu erfassen. Gleichzeitig werden so die Universitäten und Forschungseinrichtungen der Dritten Welt restrukturiert und auf die Mittel und Ziele von
Entwicklung festgelegt; es entsteht so ein Feld der Wissens*kontrolle*. In postmoderner
Sicht liegt hier die Macht des Diskurses begründet: in der Fähigkeit, ganz bestimmte
spezifische Wissensformen zu produzieren und – so die Annahme – gleichzeitig an-
dere zu unterdrücken oder ganz zum Verstummen zu bringen. Aus Sicht einer postmodernen Entwicklungskritik ist dieser Effekt verheerend. Escobar beschreibt diese
Produktion von Wissen als "unprecedented will to know everything about the Third
World" – Foucaults "Wille zum Wissen" taucht hier in expliziter Form wieder auf.
Escobar geht aber noch weiter und mystifiziert Entwicklung gar als "virus" (Escobar

1995a, 45), der Landung der Alliierten in der Normandie im Jahr 1944 vergleichbar.[92] Als Gegenstrategie wird deshalb vorgeschlagen, lokale, traditionelle und nicht-akademische Formen von Wissen wieder zu beleben, worauf weiter unten eingegangen wird (vgl. Kapitel 5.8.4).

Mit der Kritik der Etablierung professionalisierten Wissens in Institutionen wie Universitäten und internationalen Forschungseinrichtungen (zum Beispiel in der OECD, Weltbank und IWF, bei der UN und anderen) geht deshalb eine Kritik an "Expertentum" einher, insbesondere bei Parpart (1995a) und Esteva (1995), der sich selbst als "deprofessionalisierten Intellektuellen" bezeichnet. Parpart weist darauf hin, dass im Rahmen linearer Entwicklungsauffassungen davon ausgegangen wird, dass der entwickelte und moderne Norden auch das Wissen und die fachliche Qualifikation besitze, die für eine erfolgreiche Entwicklung nötig seien. Ein Partizipations-Ansatz, wie ihn etwa viele Nichtregierungsorganisationen vertreten und in dessen Rahmen die Beteiligung lokaler Zielgruppen auch schon im Planungsprozess vorgesehen ist, wird dabei aber verworfen (Esteva 1985, Rahnema 1997a).

5.6.3 Installation eines Apparates (Institutionalisierung)

Die "Erfindung" von Entwicklung, die Etablierung einer Strategie ihrer Durchsetzung und die Professionalisierung von Wissen und Wissensproduktion bedurfte ganz offensichtlich eines Apparats, der durch die Institutionalisierung von Entwicklungsorganisationen auf allen Ebenen[93] und in allen Bereichen (ökonomisch, sozial, politisch, gesundheitlich, bildungspolitisch, stadtplanerisch und so weiter) entsteht.

Nach der 'Erfindung von Entwicklung' in der unmittelbaren Nachkriegszeit und der Herstellung eines Feldes von Institutionen ist nun die Möglichkeit gegeben Diskurse zu produzieren, auszurichten, zu stabilisieren, zu modifizieren und zu zirkulieren.

---

[92] In der gesamten Literatur postmoderner Entwicklungskritik ist dies vielleicht das schönste, weil versteckteste und verräterischste Beispiel normativer Verwirrung: während mit Ausnahme der faschistischen Perspektive kein Zweifel daran bestehen kann, dass diese Landung moralisch notwendig, deshalb normativ sinnvoll und zur militärischen Unterwerfung des deutschen Nationalsozialismus unerlässlich war, wirft der Vergleich mit der Proliferation der Entwicklungsidee ein bezeichnendes Licht auf ihre Kritiker: wer Entwicklung mit der Landung der Alliierten in der Normandie vergleicht und ersteres verwirft, verwirft auch letzteres.

[93] Internationale Organisationen wie Weltbank, UNDP, u.a.; Nationale Entwicklungsorganisationen wie Ministerien, staatliche Entwicklungsgesellschaften wie GTZ u.a., regionale Entwicklungsorganisationen wie Stiftungen, länderspezifische Büros etc., und lokale Organisationen der stattlichen und nichtstaatlichen Entwicklungszusammenarbeit, hier in letzter Zeit vor allem NGOs

Zusammen mit dem Prozess der Professionalisierung bilden diese Institutionen einen "apparatus that organizes the production of forms of knowledge and the deployment of forms of power" (Escobar 1995a, 46).

Neben den schon benannten Ebenen schafft sich die Produktion von Wissen im akademischer Bereich in Form von *development studies programs* und Regionalstudiengängen, die in den meisten westlichen Universitäten institutionalisiert[94] werden, ein Netzwerk von neuen Machtpolen, die zusammengenommen den Apparat der Entwicklung bilden (vgl. Escobar 1984, 388).

Dieses diskursive Feld mit seinen Apparaten der Wissensproduktion und Institutionalisierung produziert wiederum "myriad local centers of power, in turn supported by forms of knowledge that circulate at the local level." (Escobar 1995a, 46). Die Strategie dieser Streuung von lokalen Macht-/Wissen-Zentren resultiert aus einem Machtbegriff, der wie bei Foucault die Multiplizität und Vielfältigkeit der Macht betont, der Entwicklung als disziplinierendes System auf allen Ebenen begreift (vgl. Escobar 1984, 388) und zwischen Macht und Wissen kaum mehr differenziert. Die Macht des Entwicklungsdiskurses liegt demnach auch in seinen *lokalen Formen* begründet.

Mittels dieses Apparates gelingt es, den Entwicklungsdiskurs durch die diskursiven Felder von Entwicklungsprogrammen, Konferenzen, internationalen Beratergremien, Feldforschungen, lokalen Entwicklungsprogrammen et cetera zu artikulieren und zu zirkulieren, was ein immer weiter anwachsendes "development business" zur Folge habe. Mit der Etablierung von wissensproduzierenden Institutionen verfestigt sich so das diskursive Feld, auf dem die Erforschung, Vermessung und Erfassung der verschiedensten Aspekte und Probleme der Dritten Welt vonstatten gehen kann. Die Macht dieses Diskurses ist dabei nahezu überall gegenwärtig; hiermit ist die *These der Omnipräsenz* des Diskurses verknüpft: durch die Institutionalisierung und Professionalisierung der Wissensproduktion auf allen Ebenen und in allen Bereichen wird der Diskurs quasi auf die gesamte Forschung und Schulung im Umfeld von Entwicklungsinstitutionen ausgeweitet. Der Diskurs ist somit überall wirkungsmächtig, es gibt nichts Jenseitiges dazu und auch nichts, was dem Diskurs äußerlich wäre. In den Texten postmoderner Entwicklungskritik finden sich keine Hinweise auf Institu-

---

[94] Escobar scheint nicht zu wissen, dass dies keineswegs der Fall in allen westlichen Ländern gleichermaßen ist. Zum Beispiel etabliert sich der akademische Diskurs in der BRD erst in den 60er Jahren, das heutige Bundesministerium für wirtschaftliche Zusammenarbeit (BMZ) wird 1961 gegründet (zur Institutionalisierung in der BRD vgl. Minhorst 1996, 14ff)

tionen oder Apparate eines vorstellbaren Gegendiskurses oder Widerstands gegen die vorherrschende Entwicklungsidee. Die *Multiplizität* dieser Macht ist nicht mehr hintergehbar; statt dessen schlägt die postmoderne Entwicklungskritik vor, diejenigen Orte aufzusuchen, die der Entwicklungsdiskurs noch nicht erreicht habe, sie schlägt vor, an den äußersten Rändern und Marginalitäten Punkte des Widerstands zu erforschen (Absatz 5.8).

Aus den genannten drei Faktoren (Objektivierung, Professionalisierung, Institutionalisierung) wird schließlich gefolgert, dass Entwicklung nicht so sehr auf der Ebene akuter oder langfristiger Problemlösung erfolgreich war. Der eigentliche 'Erfolg' des Entwicklungsdiskurses liegt in seiner Macht in verschiedene Länder vorzudringen, diese Länder und ihre Bevölkerungen zu integrieren, zu normieren, zu verwalten und damit zu kontrollieren und zwar auf immer detailliertere und umfassendere Art und Weise: "If [development] has failed to solve the problems of underdevelopment, it can also be said, perhaps with greater pertinence, that it has succeeded well in creating a type of underdevelopment which has been until now, for the most part, politically and economically manageable." (Escobar 1984, 388).

5.7 Die Macht des Entwicklungsdiskurses

Zusammenfassend lässt sich die Macht des Entwicklungsdiskurses im postmodernen Verständnis wie folgt beschreiben: Entwicklung wird konzeptualisiert als ein diskursives Regime, das eine bestimmte soziale Realität (die Dritte Welt) erst schafft, indem es sie benennt, das heißt die Macht des Entwicklungsdiskurses ist nicht repressiv sondern *produktiv*; sie funktioniert durch Normierung, Disziplinierung und Kontrolle der Dritten Welt, die durch 'Projekte der Lesbarkeit' zum Objekt westlicher Herrschaft im Sinne einer wissenschaftliche Erfassung anderer Gesellschaften und Länder für ein westlich-wissenschaftliches Verständnis werden kann.[95] Das Motiv der Unterdrückung der Dritten Welt, die durch fremdbestimmte Zuschreibung als "das Andere" entsteht und legitimatorisch abgesichert wird (da der Dritten Welt als den "Anderen" der Subjektstatus verweigert und sie zum Objekt von entwicklungspolitischen Zuschreibungen und Herrschaft reduziert wird) ist relativ alt. Simone de Beauvoir hat diese These in Bezug auf das Geschlechterverhältnis vertreten (1951), Frantz Fanon

---

[95] 'Projekte der Lesbarkeit' sind im Rahmen einer foucaultschen Machttheorie wichtige Instrumente der Herrschaft, zum Beispiel die rationale und 'wissenschaftliche' Erfassung der Bevölkerung zum

in bezug auf den Kolonialismus (Fanon 1966). Die Lösung sahen beide in einer traditionellen Identitätspolitik, die darauf zielt, die "Imaginären Wurzeln" sich wieder anzueignen/auszugraben. Diese Identitätspolitiken sind wegen ihrer essentialistischen Ausformungen kritisiert worden (die eventuell nicht intendiert waren), worauf eine postmoderne Kritik verweist: durch rigide Identitäten werden wiederum andere Gruppen marginalisiert und ausgeschlossen; außerdem wird die Kategorie von Identität als überhistorisch kritisiert (vgl. Butler 1991, Hall 1994, 1997) Das Gegenargument lautet, der Vorteil von Identitätspolitik liege darin, dass negative fremdbestimmte Zuschreibungen positiv umgedeutet werden und so als ideologische Grundlage emanzipatorischer Bewegungen dienen können, wie dies zum Beispiel in vielen nationalen Befreiungsbewegungen der Fall war.

Weiterhin ist die Macht *diffus*, sie diffundiert geradezu durch alle Ebenen politischer Macht, aber auch quer durch alle Politikfelder. Durch die Inkorporierung neuer Themen, Zielgruppen und Probleme ist sie extrem *ausdifferenziert und heterogen*. Selbst die kleinste Entwicklungs-NGO beteiligt sich demnach noch am Diskurs der Entwicklung genauso wie die großen UN-Konferenzen oder die staatlichen Entwicklungsinstitutionen der westlichen Industrieländer. Die Macht des Diskurses ist auch deshalb diffus, weil sie kein Zentrum hat, keine geordnete Struktur von Akteuren, sondern ein Netz aus Myriaden kleinerer und größerer Machtknoten und Verstrickungen bildet. Die Macht verteilt sich auch an den Rändern und Marginalitäten, sie ist folglich auch *lokal verteilt*. Aus dieser Perspektive ist es natürlich sehr schwer, nämlich nur mit gewaltigem Aufwand, eine genaue Beschreibung oder gar Hierarchisierung von Machtverhältnissen vorzunehmen.

Schließlich ist die Macht des Diskurses *subjektlos*, sie kennt keine Protagonisten oder Träger von Macht, sie ist nicht an Akteure oder sozial Handelnde geknüpft, sie ist daher *impersonal* und *amorph,* sie wird schwer greifbar und noch viel schwerer angreifbar sein als zum Beispiel die Macht eines tyrannisch herrschenden Feudalherren, aber auch schwerer als jede andere Form zentralisierter, verkörperter und an Subjekte geknüpfter Macht. In direkter Anlehnung an Foucault formuliert Escobar: "development must be seen as a 'strategy without strategists', in the sense that nobody is explicitly masterminding it" (Escobar 1995a, 232, Anm. 26). Eine Ausnahme könnte darin gesehen werden, dass sie institutionalisierte Formen etwa in den Organisationen

---

Zwecke der Rekrutierung in modernen Armeen. Vgl. zu unterschiedlichen Formen von 'Lesbarkeit' Scott 1998 und 2000.

von Bretton-Woods annimmt. Dass der Entwicklungsdiskurs sich in institutionalisierten Formen realisiert und reproduziert ist meines Erachtens aber keine Einschränkung sondern vielmehr Bekräftigung des dargestellten postmodernen Arguments, da diese Organisationen nicht *Subjekt* der Macht sind, sondern vielmehr ihr ureigenstes *Produkt*. Auch hierin liegt eine deutliche Parallele zu Foucault: er hat diese Formen institutionalisierter Macht genau als ihr *Mittel* und ihren *Ausdruck* beschrieben, und zwar in seinen Untersuchungen der Macht/Wissen-Komplexe, die normierend, disziplinierend und damit kontrollierend wirken.

Die Macht des Diskurses ist deshalb nur beschränkt *zielgerichtet*. Sie ist kein Mittel, das auf einen bestimmten Zweck gerichtet ist, der ihr äußerlich wäre. Die Macht von Entwicklung dient demnach nur sich selbst, sie reproduziert nur sich selbst vermittels des Diskurses, der sie gleichzeitig schafft: die systematischen Zusammenhänge von Macht und Wissen sind analytisch kaum trennbar und tendenziell unauflösbar.

Insgesamt kann also gesagt werden: "The forms of power that have appeared act not so much by repression as by normalization; not by ignorance, but according to carefully regulated knowledge [...] As the conditions that gave rise to it become more pressing, it can only increase its hold, refine its methods, extend its reach even further." (Escobar 1984, 388)

Dies mag sich zunächst wie aussichtsloser Nihilismus anhören; interessant verspricht demnach zu werden, was für Vorschläge eine postmoderne Entwicklungskritik macht und welche Gegenstrategien sie verfolgt.

5.8 Ziele und Strategien einer postmodernen Entwicklungskritik

Da vom völligen Scheitern von Entwicklung ausgegangen wird (vgl. Absatz 4.1), mag es hier legitim sein, davon auszugehen, dass der Entwicklungsdiskurs und seine Effekte kritisch betrachtet und negativ beurteilt werden. Die Frage, *ob* eine Form von Widerstand oder Protest überhaupt nötig oder sinnvoll ist, erübrigt sich also, und es kann gefragt werden, was die Ziele einer postmodernen Kritik des Entwicklungsdiskurses sind? Wie soll die Gegenstrategie aussehen?

Als Absicht einer postmodernen Entwicklungskritik kann allgemein gelten, dem Entwicklungsdiskurs entgegenzutreten und Entwicklung als Herrschaftsprojekt zu beenden. Die Ziele, die eine postmodernen Entwicklungskritik verfolgt und die Strategien, die sie zur Überwindung des Diskurses und der Praxis von Entwicklung anführt, sind vielfältig. Erstens wird der Entwicklungsdiskurs schlichtweg negiert. Zweitens wird eine Dekonstruktion des Entwicklungsdiskurses und eine anschließende

"Archäologie der Entwicklung" verfolgt. Drittens werden diskursive Gegenstrategien (engl.: *counterdiscourse*) mobilisiert und viertens werden Lokalität und Marginalität in Form von lokalem Wissen, lokalen Kulturen und lokale Bewegungen betont. Für die Analyse der vorgeschlagenen Strategien wird im Folgenden auch auf das Werk von Gustavo Esteva herangezogen, der sich sehr konkret mit Widerstandsformen gegen den Diskurs und die Praxis der Entwicklung befasst hat und am deutlichsten Vorschläge zur Überwindung der Krise "gescheiterter" Entwicklung gemacht hat. Ich gehe davon aus, dass sich bei Esteva quasi die programmatische Zusammenfassung postmoderner Entwicklungskritik findet. Während die Arbeiten von Escobar sehr eng an foucaultschen Überlegungen angelehnt sind und sich darauf beschränken, den Entwicklungsdiskurs in seinen Feinheiten zu analysieren und zu dekonstruieren, wendet sich Esteva stärker lokalen Bewegungen und Widerständen gegen das Projekt der Entwicklung zu. Die Ziele und Absichten einer postmodernen Entwicklungskritik könnten entsprechend in eine theoretische und in eine praktische Seite eingeteilt werden, oder auch in eine reaktive und proaktive Bewegung. Erstere kann lose mit den Strategien der Negation und Dekonstruktion, letztere mit der Suche nach Gegendiskursen und der Betonung von Lokalität und Marginalität assoziiert werden.

5.8.1 Negation des Entwicklungsdiskurses

Das erstes Ziel von postmoderner Entwicklungskritik ist die *Negation* des Entwicklungsdiskurses schlechthin. Um der Gefahr einer Inkorporierung und Kooptierung durch die Mechanismen der Wissensproduktion und Professionalisierung zu entgehen, wie dies bereits bei früheren 'alternativen' Konzepten geschehen ist, wird vorgeschlagen, den Diskurs insgesamt zurückzuweisen (Absatz 5.8.1). Voraussetzung für eine Strategie der Negation gegen die Macht des Entwicklungsdiskurses ist zunächst eine konsequente Verweigerungshaltung: "It is only by saying no to development (i.e. to the power it creates and the language that supports it) that Third World countries can fruitfully attack adverse conditions with new discourse and knowledge, new ways of fulfilling basic needs, of realizing the possibilities of human beings" (Escobar 1984, 394).

In Estevas Formulierung geht es noch um viel mehr: Entwicklung und Hilfe stoppen. "'Entwicklung' bedroht uns weiterhin schwer [...] Deshalb ist es Zeit, zum Angriff überzugehen. Es ist allerdings höchste Zeit, 'Entwicklung' und 'Hilfe' einzustellen" (Estevsa 1995, 79/80, vgl. auch S. 66 und 84) Auf der theoretischen Ebene heißt das für ihn, "dem Diskurs über die allgemeine Ordnung eine vollkommene Absage [zu erteilen], um eine Sprache, eine Ausdrucksweise, Kategorien und Systeme der Wahrheitsfindung zu erneuern." (Esteva 1995, 96).

Es zeigt sich jedoch, dass die Strategie völliger Negation nicht konsistent durchgezogen wird, da dann die Gefahr bestünde, keinerlei Alternativen anbieten zu können. Aus der Perspektive postmoderner Entwicklungskritik wird es sehr schnell nötig, andere Gegenstrategien zu entwickeln – dies zeigen die vielen Verweise auf alternative Wissensformen, Gegendiskurse, "Neue Sprache" und ähnliches. Neben der deutlich polemischen Perspektive Entwicklung völlig zu stoppen, ergibt sich deshalb eine zweite Möglichkeit: die Dekonstruktion des Entwicklungsdiskurses, die im wesentlichen versucht, die Mechanismen und Wirkungsweisen zu analysieren, in der Hoffnung, *innerhalb oder außerhalb* des Diskurses Gegendiskurse zu entwickeln und diskursive Freiräume zu bewahren.

5.8.2 Dekonstruktion des Entwicklungsdiskurses und "Archäologie der Entwicklung"

Dekonstruktion wird häufig als die wichtigste Methode oder Vorgehensweise einer postmodernen Kritik betrachtet (Boyne/Rattansi 1990: 32). Dies ist deutlich der Fall auch für die postmodern orientierte Entwicklungskritik: *Dekonstruktion* meint hier den Versuch, die Formierung des Entwicklungsdiskurses, seine Artikulation als generelle Strategie und seine von ihm in Gang gesetzten Praktiken zu analysieren, in ihrer Konstruiertheit sichtbar zu machen und dabei vor allem zu zeigen, "how the 'Third World' has been produced by the discourses and practices of development since their inception in the early post-World War II period." (Escobar 1995a, 4) Eine postmoderne Entwicklungskritik versucht dabei, die produktiven Mechanismen und Wirkungsweisen des Entwicklungsdiskurses aufzuzeigen, insbesondere die Formen von Wissen und Macht, die dieser Diskurs produziert und die ihn wiederum stützen. Die produktive Kraft des Diskurses liege gerade in der Entwicklung eine historische Konstruktion, die als solche auch auf dem Feld diskursiver Produktion analysiert werden müsse. Da der Entwicklungsdiskurs bestimmte Formen von Macht/Wissen annimmt und durch spezifische Mechanismen zu einer aktiven, realen Kraft wird, kommt es darauf an, diese Mechanismen zu analysieren (Escobar 1995a, 44/45).

In Anlehnung an Mohanty wird erwartet, dass eine Dekonstruktion der Regime der Darstellung und Normierung der Dritten Welt durch den Entwicklungsdiskurs "Kartographien" dieser diskursiven Struktur herstellen könne, die in Mohantys Sicht auch "cartographies of struggle" sind (Mohanty 1991a). Escobars Ziel ist es, die Grundlagen des Entwicklungsdiskurses und seine grundlegenden Wirkungsmechanismen aufzuzeigen – eigentlich ein klassisch aufklärerisches Programm! Ein dekonstruktivistisches Vorgehen soll dabei allerdings nicht eine "falsche" Darstellung (engl.: *representation*) durch eine wie auch immer geartete "Wahrheit" ersetzen, sondern es wird die Hoffnung verfolgt, dass eine Dekonstruktion vielmehr im Sinne einer "Erschütterung" des Diskurses Möglichkeiten biete, eine emanzipatorische "Strategie des Wissens" zu entwerfen, mittels derer die kontrollierenden und unterwerfenden Mechanismen der Macht/Wissen-Komplexe in der Entwicklungszusammenarbeit überwunden werden können. Analog zu Foucaults Konzepten von Widerstand setzt auch eine postmoderne Entwicklungskritik hier auf die Option zu einem "strategischen Wissen" zu gelangen, indem die Funktionsweisen des Entwicklungsdiskurses studiert werden (Absatz 5.8). Absicht einer postmodernen Entwicklungskritik ist folglich, "to examine the foundations of an order of knowledge about the Third World, the ways in which the Third World is constituted in and through representation. Third World reality is inscribed with precision and persistence by the discourses and practices of economists, planners, nutritionists, demographers, and the like, making it difficult for people to define their own interests in their own terms." (Escobar 1995b, 214) Die Dekonstruktion des Entwicklungsdiskurses wird als notwendig erachtet, damit die Länder des Südens einen eigenen Entwicklungsweg gehen können.

Darüber hinaus besteht die Hoffnung, dass durch eine Dekonstruktion des Diskurses der Entwicklungsmythos entmystifiziert und durch weitere Forschung ein genaueres Verständnis der "Kultur der Entwicklung" enthüllt werden kann. Dies entspricht exakt dem, was Foucault eine "Archäologie des Wissens" genannt hätte. Auch Gustavo Esteva fordert dies: eine "Archäologie der Entwicklung" könne "den Weg erhellen" und "denen, die ideologisch und praktisch noch immer in das Konzept von Entwicklung verstrickt sind, die kritische Bewusstwerdung fördern." (Esteva 1995, 89) – hier tritt eine eklatante Widersprüchlichkeit zutage, da Esteva nur zehn Seiten später schreibt: "Die Herausforderung liegt in der Erschütterung: Es geht nicht darum, zu verändern, zu entwickeln, *bewusst zu machen*, Prozesse oder ein *Erwachen* auszulösen" (Esteva 1995, 96 – Hervorhebung von mir). An anderem Ort hat er aber eine postmoderne Politik eben gerade dadurch charakterisiert, dass sie sich explizit von abstrakten Ideologien trennt (Esteva 1997b, 304). Das Ziel der Dekonstruktion ist deshalb eher im postmodernen Sinne einer 'Erschütterung' des Diskurses zu sehen. Damit verknüpft sich die Hoffnung auf eine 'Neue Sprache' (Rahnema 1997b), wobei allerdings unklar bleibt, inwiefern diese Sprache nicht mit eben genau jenen Problemen behaftet sein sollte, wie es auch schon der Entwicklungsdiskurs ist. Um nicht in die Falle eines wenig postmodernen aufklärerischen Projektes zu gehen, kann die Dekonstruktion somit eigentlich ernsthaft nur verstanden werden als der Versuch, die Mechanismen eines bestimmten Diskurses zu erforschen: Dekonstruktion bezeichnet demnach ein Forschungsprogramm. Aus der Perspektive einer ethnologischen Sicht auf Entwicklung schreiben Gardner/Lewis: "one of the must important functions of the anthropology of development is its ability to deconstruct the assumptions and power relations of development, a task which has been gathering momentum over the last decade or so" (Gardner/Lewis 1996, 77). Die Dekonstruktion präsentiert sich so als Methode der Wahl, um den Diskurs und die mit ihm verknüpften und diskursiv erzeugten Formen von Macht und Wissen zu analysieren. Hiermit sind meines Erachtens massive Probleme verbunden, die im folgenden Kapitel diskutiert werden sollen.

Eine weitere Möglichkeit, die eine dekonstruktivistische Vorgehensweise aufzeigen kann, besteht darin, gewissermaßen 'eigene Diskursräume' oder Strukturen *jenseits* des hegemonialen Entwicklungsdiskurses aufzuzeigen. Mudimbe glaubt, dass infolge eines dekonstruierten Entwicklungsdiskurses eine größere Autonomie über die Darstellung (engl.: *representation*) von südlichen Gesellschaften erreicht werden könne und dass 'eigene' soziale und kulturelle Modelle entwickelt werden können, die nicht von westlichem Wissen (engl.: *episteme*) und Geschichtlichkeit (engl.: *historicity*) beeinflusst werden. (vgl. Mudimbe 1988). Dies führt gewöhnlich zu einer genaueren Betrachtung derjenigen widerständigen Bewegungen und Macht/Wissen-Formen, die sich dem Entwicklungsdiskurs, seinen Institutionen und Projekten entgegenstellen. Es handelt sich hierbei um traditionelle Kulturen, lokale Bewegungen und die von ihnen formulierten Diskurse, die als diskursive Gegenstrategien interpretiert werden.

5.8.3 Diskursive Gegenstrategien: "counterdiscourses"

Eine naheliegende Gegenstrategie, die sich bereits bei Michel Foucault findet (Absatz 3.2.3), besteht in der Analyse von Gegendiskursen, quasi Widerständigkeiten, die sich innerhalb des diskursiven Feldes finden. Auf vergleichbare Weise hat auch der Entwicklungsdiskurs mehr oder weniger zwangsläufig seine eigenen Gegendiskurse geschaffen. Die postmoderne Entwicklungskritik denkt hier zunächst an dependenztheoretische Interventionen ins modernisierungstheoretische Paradigma und an alternative Entwicklungsansätze, betrachtet diese aber skeptisch: "These counterdiscourses (some more or less accommodating or susceptible to co-optation some more or less radical than others) operated for the most part within the same discursive space and within the same field of power of the dominant strategy." (Escobar 1984, 388). Genau dies ist in Foucaults Machtkonzept bereits angelegt: der Diskurs der Macht ist allgegenwärtig und in Myriaden von Machtpunkten vertreten. Die Gefahr der Kooptierung besteht also real und hat laut Escobar bereits die Gegendiskurse der Grundbedürfnisstrategie, der ländlichen kooperativen Entwicklung, den der "popular education and literacy programs" und den der Partizipation ereilt. (Escobar 1984, 388-89). Dennoch vertreten zum Beispiel Gardner/Lewis die Ansicht, dass es möglich ist, den Diskurs zu unterlaufen und zu Fall zu bringen, so dass er schließlich in einen "Post-Entwicklungsdiskurs" transformiert werden kann (Gardner/Lewis 1996, 75). Sie vertreten damit eine Strategie des Agierens auch innerhalb des Diskurses, eine Strategie der Veränderung des Diskurses durch Einführung neuer Praktiken und Wissen (im englischen Original im Plural: *knowledges*). Auf diskursive Gegenstrategien wird also eine gewissen Hoffnung gesetzt, obwohl sie der beständigen Gefahr ausgesetzt sind, durch Kooptierung in den dominierenden Entwicklungsdiskurs ihr Potential zu verlieren. Um dies zu vermeiden, sucht die postmoderne Entwicklungskritik gegenläufige Diskursivitäten vor allem auf der lokalen Ebene. Da sowohl die Gegendiskurse als auch die Protestbewegungen gegen Entwicklung lokal stattfinden, betont die postmoderne Entwicklungskritik lokale Kulturen, lokales Wissen und lokale Bewegungen, die für ein "strategischen Wissen" von Bedeutung sind. Erst durch die Vernetzung lokaler Widerstandspunkte kann sich auf dem diskursiven Feld dieses Wissen bilden, das in der Lage sein soll, den Entwicklungsdiskurs und seine Mechanismen - und damit Entwicklung insgesamt - zu beenden. In diesem vierten Punkt, der *Betonung von Lokalität und Marginalität* findet sich die foucaultsche Machtanalytik insofern wieder, als die Macht in einer foucaultschen Sicht von den Rändern her, von den Marginalitäten und 'von unten' her analysiert werden muss. Die Widerstände gegen Normierung, Disziplinierung und Kontrolle, die im Entwicklungsdiskurs entstehen, müssen demnach ebenfalls lokal und marginal sein. Eine postmoderne Entwicklungskritik versucht konsequenterweise diese Widerstände aufzudecken und bezieht sich positiv auf lokale Formen von Wissen, Kultur und auf lokale Bewegungen.

5.8.4 *Lokalität und Marginalität: Die Bedeutung von lokalem Wissen, lokaler Kultur und lokalen Bewegungen*

Da die Strategie der Dekonstruktion und die Suche nach Gegendiskursen mit bestimmten Problemen der Alternativlosigkeit und der Gefahr der Kooptierung beladen

ist, vertreten postmoderne Entwicklungskritiker häufig die These, dass in lokal agie-
renden sozialen Bewegungen und lokalen Widerständen gegen Entwicklungsdiskurse
und –projekte ein Ansatz für eine Überwindung von Entwicklung gegeben sei. Damit
wird ein Eintreten in die angestrebte "Post-Entwicklungs-Ära" möglich (diese Hoffnung hegt insbesondere Esteva 1995, 1997a sowie Escobar 1995b). Auch Escobar beschreibt in einem Text zu sozialen Bewegungen diese als Hoffnung für Veränderung;
sie seien essentiell wichtig für die Schaffung von alternativen Visionen von Demokratie, Ökonomie und Gesellschaft (Escobar 1995b, 212). In einem älteren Aufsatz
hat er sie noch ganz direkt mit der von Foucault erwähnten "insurrection of subjugated knowledges" in Verbindung gebracht, das heißt er zielt auf ein lokales Wissen, eine Vielzahl von "popular knowledges", die gegen die Autorität des Entwicklungsdiskurses angeführt werden könnten: "At the center of this genealogical
project is an investigation of these subjugated knowledges in such a way that their
critical contents are tactically released in local struggles. Besides the local character
of these struggles, what matters is their autonomous, non-hierarchical character and
the fact that their validity has ceased to depend on the approval of the established regimes of thought." (Escobar 1984, 392-93). Voraussetzung hierfür sind diejenigen
Bereiche kultureller Bedingungen und Praktiken, die noch nicht unter den Einfluss
des westlichen Entwicklungsdiskurses gefallen sind, was allerdings ein Äußeres des
Entwicklungsdiskurses impliziert. Neben der Betonung von Lokalität und der Betonung vernakulären Wissens[96] ist dies also auch ein Plädoyer für eine neue, genauere
Betrachtung der sog. Tradition und traditionellen Kultur. Die Bezugnahme auf 'Kultur' ist ein sehr komplexes Feld und würde – genauer ausgeführt - den Rahmen dieser
Arbeit sprengen. Eine Analyse dieser oft sehr versteckten Bezugnahme auf Kultur
müsste sich unter anderem damit befassen, ob hier eine Essentialisierung traditioneller Gesellschaften stattfindet (wie zum Beispiel bei Shiva 1988), oder ob die Bezugnahme auf 'Kultur' nicht selbst wiederum der Dekonstruktion bedarf. Daran anschließend stellt sich allerdings die Frage, wohin eine solche Kulturalisierung von Entwicklungskritik führen kann. Zu all diesen Themen vgl. die breit gefächerte Literatur
im Bereich Kultur und Entwicklung (exempl. Atteslander 1993, Braun/Rösel 1993),
in der Ethnologie und im Bereich der Kulturwissenschaften (vgl. auch Kapitel 4.2).

---

[96] Zu vernakulären Formen des Wissen vgl. zum Beispiel Scott 2000.

Doch zunächst lässt sich diese Strategie anschaulich darstellen anhand von Estevas Bild der "Hängematte", die er in Abgrenzung zu klassischen NGOs[97] und zu Netz-werken[98] als die große Alternative zu Entwicklung feiert (vgl. Esteva 1995, 11). Und obwohl er explizit kein neues Modell, Paradigma oder soziales Experiment vorschla-gen will (Esteva 1995, 9), vermittelt er mit dem Bild der Hängematte eben dies. Das Bild der Hängematte artikuliert für ihn die Vorstellung des Horizontalen und das Fehlen eines Zentrums, und steht für Pluralität und Pluralismus, für die Abwesenheit von Zugangskriterien und für das grundlegende Prinzip von "Freundschaft und Ver-trauen".[99] Die Hängematte ist also faktisch ein loser, aber nicht-institutionalisierter und auch nicht-organisierter Zusammenschluss verschiedener Initiativen, Gemeinden, Freundesgruppen, Nachbarschaftsinitiativen. Die Hängematte passt sich laut Esteva dem Benutzer an und verbindet Aktivitäten, die sich zu einem "Heilmittel" gegen Entwicklung verknüpfen (Esteva 1995, 21). Da mit den Krisen des freien Marktes als auch mit der Krise sozialstaatlicher öffentlicher Fürsorge die Versorgung vieler Men-schen nicht gesichert ist, stellt die Hängematte außerdem Teil einer Überlebens-strategie[100] dar, vor allem für diejenigen, die für den Markt und seine Entwicklung entbehrlich geworden sind. (Esteva 1995, 18). Dies ist eine beliebte Perspektive postmodern argumentierender Kritiker von Entwicklung. Sie lässt sich in der These zusammenfassen, "that indigenous systems have a coherence and logic of their own, that they constitute effective systems of production and consumption which maintain ecological harmony while ensuring the social and cultural cohesion of the group." (Jayawardena 1990, v). Moderne, wissenschaftlich begründete Entwicklungs-

---

[97] Er kritisiert an NGOs (Nichtregierungsorganisationen) den "versteckten Paternalismus" und die Unterbindung von "lebendigen und kreativen Impulsen" durch Institutionalisierung (Esteva 1995, 11)

[98] Auch diese kritisiert Esteva. Ihm widerstrebt das "integrative Prinzip, das als Tendenz innerhalb eines jeden Netzes auftaucht, weil es Homogenisierung und Heteronomie impliziert und zu An-hänglichkeit, Unterwürfigkeit und Zugehörigkeit verleitet" (Esteva 1995, 11).

[99] Es mag dahingestellt sein, ob es sich hierbei nicht auch um Zugangskriterien handelt.

[100] Es bestehen deutliche Analogien zu den Untersuchungen zum Informellen Sektor als Über-lebenssektor, allerdings wird dieser Effekt von Esteva positiv gewertet, auch Escobar sieht in Pro-zessen der Informalisierung die Chance, sich vom Entwicklungsdenken zu befreien und größere Autonomie zu erlangen (Escobar 1995a, 217). In der kritischen Literatur der ILO hingegen wird dieser Effekt negativ bewertet, da auch der informelle Sektor in weltwirtschaftliche Prozesse inte-griert bleibt und demnach Zwängen unterliegt. (Vgl. auch den Absatz zum Informellen Sektor in Kapitel 2.5).

strategien, die nicht in der Lage sind diese kulturellen Formen ernst zu nehmen, sind für diese "indigenen Systeme" zerstörerisch und scheitern an den selbst gestellten Problemen (ebd. v-vi).

Die starke Betonung traditioneller Wertsysteme und indigener Kulturen ist aber auch stark umstritten. "An emphasis on traditional value systems might be interpreted as 'backward-looking' and a denial of the very notion of development- Alternatively, it may be taken to imply that it is possible to distinguish between traditional values worth preserving and those other equally traditional, values which should be discarded or at least questioned." (ebd., v) – ein Punkt auf den später noch einzugehen sein wird (Absatz 6.3 und 6.4).

Vorläufig kann aber festgehalten werden, dass der Bezug auf lokale Widerstände und soziale Bewegungen, allgemein der Bezug auf Marginalität und Lokalität, für die postmoderne Kritik an Entwicklung einen der wichtigsten Ausgangspunkte für denkbare Gegenstrategien darstellt. Meines Erachtens liegen hier einige Widersprüche verborgen, die im folgenden Kapitel (vgl. insbesondere Absatz 6.4) wieder aufgegriffen werden.

5.9 Die Konzeption einer Post-Entwicklungs Ära

Ein letzter wichtiger Punkt einer postmodernen Entwicklungskritik ist die axiomatische Behauptung einer paradigmatischen Schwelle zwischen "Entwicklung" und "Post-Entwicklung" (engl.: *post-development*), diese Schwelle wird selbstreferentiell mit dem Auftreten der genannten Autoren festgelegt (80er und frühe 90er Jahre) und ist somit meines Erachtens nur mangelhaft begründet. Strukturell wird sie begründet mit dem "Scheitern der großen Theorien" und dem "Ende von Entwicklung", nach dem logischerweise die Post-Entwicklung kommen muss. Hierin liegt eine bezeichnende Parallele zur periodisierenden Post-Moderne, die ähnlich anti-universalistisch und epochal argumentiert. Fraglich ist jedoch, ob diese Schwelle nur behauptet wird oder ob die fortgesetzten Entwicklungsprogramme von Weltbank, regierungsabhängigen Entwicklungsagenturen und regierungsnahen NGOs schlicht nicht mehr zur Kenntnis genommen werden. Die proklamierte Abkehr von Entwicklung wird so zum "Heilsversprechen" und gleichzeitig als erfolgreich verklärt, zum Beispiel bei Esteva (1995, 57/58 und 64).

Eine neue Ära beginnt auch für Escobar: "We may be aware of regions or fragments of our era, but only a certain distance from it will enable us to attempt the critical description of its totality as an era which has ceased to be ours. We may be approaching this point in relation to the post-war order of development [...] We may now be approaching the point at which we can delimit more clearly the past era. Perhaps we are beginning to inhabit a gap between the old order and a new one, slowly and painfully coming into existence. Perhaps we will not be obliged to speak the same truths, the same language, and prescribe the same strategies." (Escobar 1995b, 215)

Dieser neue Diskurs muss in Escobars Augen vorsichtig gegen Versuche geschützt werden, Entwicklung dadurch zu retten, dass sie durch die modischen Begrifflichkeiten von *nachhaltiger Entwicklung, grassroots development* und andere ersetzt wird. Abgesehen davon, dass hier sehr verschiedene Konzepte und Ansätze in einen Topf geworfen werden, wird die Aufgabe eines kritischen Denkens schliesslich nur vage darin gesehen, "to help in visualizing some possible paths along which communities can move away from development into a different domain, yet unknown, in which the 'natural' need to develop is finally suspended, and in which they can experiment with different ways of organizing societies and economies and of dealing with the ravages of four decades of development." (Escobar 1995b, 215)

Anstatt von "alternativer Entwicklung" zu sprechen, wäre jetzt die Zeit gekommen, "Alternativen zu Entwicklung" zu vertreten. In selten direkter Widersprüchlichkeit zitiert Escobar sogleich selbst die "historische Möglichkeit", die sich nun in dieser Post-Entwicklungs-Ära biete und knüpft nahtlos bei den "innovative grassroots movements" an, die er eben noch so skeptisch beäugt hatte (Escobar 1995b, 215).

6 REFLEXION UND DISKUSSION POSTMODERNER ANSÄTZE IN DER ENTWICKLUNGSTHEORIE

Ich weiß sehr wohl, wie widersprüchlich man sein muss, um wirklich konsequent zu sein.

–Pier Paolo Pasolini[101]

Die postmoderne Entwicklungskritik des Post-Development-Ansatzes geht davon aus, dass Entwicklung weder das modernisierungstheoretische Konzept kapitalistischen Wachstums, der Überwindung von Tradition und das Modell nachholender Industrialisierung bezeichnet, noch die dependenztheoretische Sicht einer prinzipiellen Unmöglichkeit solcher Entwicklung im Weltsystem. Vielmehr wird unter Entwicklung schlicht die diskursive Konstituierung der Länder der Dritten Welt verstanden, die durch den Entwicklungsdiskurs gleichzeitig normiert, kontrolliert und somit unterworfen werden, wie im vorigen Kapitel aufgezeigt worden ist. Sie bezieht sich dabei deutlich auf postmoderne epistemologische Überlegungen und auf eine foucaultsche Machttheorie. In diesem Sinne wird der Entwicklungsdiskurs als Herrschaftsform über die Dritte Welt interpretiert, die soziale Realität in den Ländern des Südens überhaupt erst produziert, die Dritte Welt dabei zum Objekt von Entwicklungsproblemen reduziert, und mit einem feinmaschigen Netz aus Macht/-Wissen-Komplexen in Form von Spezialistenwissen und Entwicklungsapparaten reguliert, normiert und kontrolliert.

Aus einem Verständnis von Entwicklung als Diskurs im oben beschriebenen Sinne einer foucaultschen Analyse ergeben sich aber deutliche theoretische Aporien, die zwangsläufig zu massiven Problemen führen, wenn man an die postmoderne Entwicklungskritik Fragen nach ihrem *politischen Potential* heranträgt. Ein Verständnis dieser Aporien kann dazu beitragen, diese fragwürdigen politischen Konsequenzen zu beleuchten. Abgesehen davon möchte ich einige kritische Anmerkungen zur Plausibilität zusammentragen. Das Vorgehen der postmodernen Entwicklungskritik hat allerdings auch Vorteile, auf die ich zunächst hinweisen möchte.

6.1 Vorzüge einer postmodernen Entwicklungskritik

Die Analyse der Diskurse rund um entwicklungspolitische Probleme ist generell geeignet, die Verstrickungen entwicklungspolitischer Forschung in Machtstrukturen zu

---

[101] Pasolini, Pier Paolo (1981): Chaos. Gegen den Terror, Berlin (Medusa), S. 8.

entlarven. So ist zum Beispiel die von Escobar durchgeführte Analyse wirtschafts-
wissenschaftlicher Theorien und Strategien der frühen fünfziger Jahre ein exzellentes
Beispiel dafür, wie Wirtschaftswissenschaften und neokoloniale Kontroll- und Herrschaftsinteressen (in diesem Fall der USA) Hand in Hand gehen können. Eine Kritik
an den grundlegenden Annahmen der Modernisierungstheorie und an ihren normativen Vorstellungen ist allerdings auch schon früher geleistet worden, etwa von dependenztheoretischen Ansätzen (Absatz 2.5). Dennoch bietet die postmoderne Entwicklungskritik einen originellen und intellektuell anspruchsvollen Ansatz, die ko-
gnitiven Konzepte von Entwicklung in der ersten Entwicklungsdekade zu interpretieren.

Auch die formulierte Kritik an der Darstellung eines bestimmten Bildes über die
Dritte Welt erscheint zunächst plausibel. Die stereotypen Darstellungen armer Länder
als von Hunger und Katastrophen gebeutelte Chaosregionen - immer wieder in Nach-
richtensendungen zu sehen - sind nur zu bekannt. In diesem Kontext kann eine Analyse des Entwicklungsdiskurses dazu beitragen, die Konstruktion dieses Negativbilds
aufzudecken und die spezifischen Produktionsverhältnisse einer medialen und diskursiven Re-*Präsentation* von Realität in den Ländern des Südens zu entlarven.

Die postmoderne Entwicklungskritik ist potentiell in der Lage, die Differenz zwischen generalisierenden Diskursen von Entwicklung und Unterentwicklung mit der
vorgefundenen Vielfalt zwischen Ländern und innerhalb Ländern und Regionen
deutlich zu machen. Sie ist darüber hinaus brauchbar um die Interessen, die an Diskurse geknüpft sind und sich in Apparaten, Bürokratien und anderen Institutionen
kristallisieren, zu benennen. So gesehen kann die postmoderne Entwicklungskritik als
Ideologiekritik verwendet werden. Für Escobar ist das Konzept von Entwicklung eingebettet in eine neokoloniale Konstruktion der Welt und könnte deshalb als wichtiges
ideologisches Instrument in globalen Machtbeziehungen verstanden werden (Escobar
1988; 1995). Sachs spricht von der "ethnocentric and even violent nature" (Sachs
1997, 6) der Entwicklung. In diesem Fall wäre daran aber ein aufklärerisches Motiv
geknüpft, insofern eine ideologiekritische Analyse machtförmiger Diskurse der Darstellung und Repräsentation von Entwicklungsgesellschaften die Hoffnung auf Zerstörung der ideologischen Funktion hegt. Ideologiekritik wird aber von postmodernen
Ansätzen abgelehnt, da sie auf einem Begriff von Wahrheit beharrt und eine deutliche
Trennung von Realität und Text vornimmt. Das Wort "ideology" wird deshalb von
der postmodernen Entwicklungskritik gemieden; es ist weder in Escobars Index zu

finden (Escobar 1995a) noch unter den Stichwörtern in dem von Sachs herausgegebenen Sammelband (Sachs 1997).

Ein anderer Vorteil der postmoderne Entwicklungskritik besteht darin, die generalisierende Tendenz von Universaltheorien durch lokale und marginale Aspekte zu ergänzen. In der Aufmerksamkeit für Lokalitäten liegt die Chance, zu einem sehr viel genaueren Verständnis vielfältiger sozialer, gesellschaftlicher und kultureller Situationen zu gelangen. Der Blick auf Lokales kann neue Ideen freisetzen und stärkt die Ansicht, dass die kontextuelle und historische Spezifizität in jeder Analyse gewährleistet sein muss – ein Aspekt, der zum Beispiel in der Geschichtswissenschaft seit langem bekannt ist. Dieses Bemühen ist in postmodernen Untersuchungen deutlich ausgeprägt. Es stellt sich aber die Frage, inwiefern hier Fallstudien beziehungsweise regionalspezifische Untersuchungen unternommen werden, die in größere Theoriegebäude eingefügt werden könnten. Eventuell liegt hier das noch verborgene Potential und der wirklich innovative Beitrag postmoderner Entwicklungskritik verborgen. Durch genaue Betrachtung vielfältiger Unterschiede in den Ländern der Dritten Welt, sowohl zwischen als auch innerhalb der Länder und sogar innerhalb bestimmter Regionen, könnte zu einer genaueren Theorie der Ursachen von Entwicklung und Unterentwicklung beitragen. Dazu müsste die Betrachtung von Lokalitäten und Marginalitäten aber mit einem übergreifenden Theoriegebäude rückgekoppelt werden, das eine solche "Metaerzählung" nicht von vornherein ausschließt. Es scheint, als müsste die postmoderne Entwicklungskritik dafür eine ihrer wichtigsten theoretischen Positionen zumindest relativieren.

In ihrer Aufmerksamkeit für Lokalität, Marginalität und spezifische Kontexte kritisiert die postmoderne Entwicklungskritik zu recht die Homogenisierungen und Pauschalisierungen der modernisierungstheoretischen und in eingeschränktem Maße auch der dependenztheoretischen Analysen. Die Dependenztheorien hatten bereits in den 70er Jahren in Abgrenzung zu den simplifizierenden Annahmen der Modernisierungstheorie mit dem Begriff der "Strukturellen Heterogenität" ein Analyseinstrument eingeführt, mit dessen Hilfe die Differenzen zwischen einzelnen Ländern als auch Differenzen innerhalb der Länder im Rahmen einer global anwendbaren Theorie gefasst werden können (vgl. Absatz 2.5). In der Konzipierung der Dritten Welt als einheitliches Gebilde, als konstitutives "Andere" zu einer als Norm gesetzten westlichen Industriegesellschaft liegt sicherlich ein Manko der früheren Theorieansätze. Es dürfte heute unumstritten sein, dass eine Theorie der Entwicklung und

Unterentwicklung in der Lage sein muss, sehr verschiedene gesellschaftliche Verhältnisse in den Blick zu bekommen, ohne die Differenzen vorschnell zu planieren. Der Begriff des Diskurses ist hierbei hilfreich, da er sowohl frühere vornehmlich ökonomische Vereinfachungen aufhebt als auch in der Lage ist, den sehr dogmatisch geführten Streit zwischen Modernisierungs- und Dependenztheorie aufzubrechen. Die postmoderne Entwicklungskritik erlaubt hier eine neue Sicht der Dinge und öffnet die Diskussion für vielfältigere, kleinteiligere und pluralistischere Ansätze als das früher der Fall war.

Bei all dem stellt sich aber die grundlegende Frage, inwieweit die reale Situation in der Dritten Welt und auch in den westlichen Ländern durch den Diskurs der Entwicklung und ihr reales politisches Programm beeinflusst worden ist. Wie plausibel ist die postmoderne Entwicklungskritik? Wie zutreffend ist ihre Analyse von Entwicklung als *Diskurs* am Beginn des neuen Millenniums?

6.2 Bedeutung und Plausibilität postmoderner Ansätze

Der diskursive Konstruktivismus, den die postmoderne Entwicklungskritik vertritt, muss zunächst auch auf seine Plausibilität hin überprüft werden. In diesem Kapitel sollen die grundlegenden Thesen der postmodernen Entwicklungskritik überprüft werden. Zunächst stellt sich die Frage nach der empirischen Haltbarkeit des postulierten "Scheiterns von Entwicklung". Zweitens muss geklärt werden, wie wirkungsmächtig der Entwicklungsdiskurs in der Tat ist. Kann es sein, dass der Entwicklungsdiskurs wirklich so allmächtig ist, wie von der postmodernen Kritik behauptet wird? Leuchtet die grundlegende Annahme der diskursiven Konstruiertheit der Dritten Welt überhaupt ein? Drittens wird die Plausibilität postmoderner Entwicklungskritik durch bestimmte Reduktionismen innerhalb der Theorie eingeschränkt. Viertens scheinen dabei Universalismen zutage zu treten, die eigentlich der postmodernen Skepsis gegenüber Metaerzählungen und universalistischen Kategorien widersprechen. Schließlich können kritische Fragen an die vorgenommene Periodisierung einer Entwicklungsära gestellt werden.

6.2.1 Zur These des "universellen Scheiterns von Entwicklung"

Die These des vollständigen 'Scheiterns von Entwicklung' scheint mir nicht sehr plausibel zu sein. Es ist sicherlich zutreffend, dass Reichtum und Armut im globalen Maßstab heute weiter auseinander klaffen als jemals zuvor, mehr Menschen in Armut leben als jemals zuvor und sich auch die ökonomische und politische Abhängigkeit vieler Entwicklungsländer vom Weltmarkt und von den westlichen Staaten insbesondere seit dem Ende der Systemkonfrontation verschlechtert hat, wie dies in den jährlich erscheinenden *Human Development Reports* des Entwicklungsprogramms der Vereinten Nationen (UNDP) nachgelesen werden kann (vgl. zum Beispiel UNDP 1995, 1998, 1999).

Dennoch kann von einem *universellen* "Scheitern von Entwicklung" keine Rede sein. Erfolge und Misserfolge von Entwicklung sind zumindest umstritten. "Die These, während der ersten drei Entwicklungsdekaden von 1960 bis 1990 seien die jahrzehntelangen Entwicklungsanstrengungen völlig erfolglos geblieben, ist nicht aufrechtzuerhalten." (Holtz 2000, 485). Gemäß der drei wichtigsten UNDP-Indikatoren für eine "Menschliche Entwicklung"[102] bilanziert Holtz die Ergebnisse der ersten drei Entwicklungsdekaden wie folgt: Als Erfolg kann sowohl die Steigerung der Alphabetisierungsrate von 43% (1970) auf 76% (1997) als auch die Steigerung der durchschnittlichen Lebenserwartung um mehr als ein Drittel von 1960 bis 1997 gelten. Die Lebenserwartung liegt 1997 bei 83% der des Nordens. Auch die Steigerung des durchschnittlichen Pro-Kopf-Einkommens in der Zeit von 1965-1980 um ca. 3% jährlich interpretiert er als Erfolg. Seither verläuft die Entwicklung zwiespältig: das PKE sinkt in den 80er Jahren in Sub-Sahara-Afrika um 2,4% jährlich und in Lateinamerika um 0,7% jährlich. In den 90er Jahren erfolgt wieder eine leichte Verbesserung. Dennoch leben am Ende des Jahrhunderts 1,5 Mrd. Menschen in "absoluter Armut"[103] (vgl. ausführlicher Holtz 2000, 485-486). Diese zum Positiven tendierende Bilanz ist noch bemerkenswerter, wenn man das enorme Bevölkerungswachstum in dieser Zeit berücksichtigt.

Das UNDP bilanziert, dass zwischen 1975 und 1997 die meisten Entwicklungsländer substanzielle Fortschritte bei der menschlichen Entwicklung erzielten, wenngleich 16 Länder seit 1990 Rückschläge erlitten, v.a. in Sub-Sahara Afrika.[104]

Zudem geht die postmoderne Entwicklungskritik überhaupt nicht auf häufig zitierte und gut dokumentierte Entwicklungserfolge ein, die häufig auf alternativen Ent-

---

[102] Die Indikatoren sind Alphabetisierungsrate, durchschnittliche Lebenserwartung und das reale Pro-Kopf-Einkommen. Vgl. UNDP 1994, Kapitel 5 (S. 90-107) zu Neuerungen und Modifikationen des 1990 eingeführten Human Development Index (HDI).

[103] Das heißt sie verfügen über weniger als US$ 1 pro Tag und Kopf.

[104] Vgl. dazu die *Berichte über menschliche Entwicklung* , hrsg. von der Deutschen Gesellschaft für die Vereinten Nationen (Bonn) aus den Jahren 1995 (S. 18), 1998 (S. 152 ff.) und 1999 (S. 26 und S. 205), im Folgenden UNDP 1995, 1998 und 1999.

wicklungswegen etwa durch die Anwendung angepasster Technologien, die Förderung von Bildung und Gesundheit sowie durch gezielte Investitionen einiges erreichen konnten. Gerade mit alternativen Entwicklungsansätzen sind bisweilen Erfolge erzielt worden, die von der postmodernen Entwicklungskritik vorschnell bei Seite geschoben werden. Ein häufig genannter *case in point* ist der südindische Bundesstaat Kerala, der auf unkonventionelle Art Erfolge im Bereich von Kindersterblichkeit, Bevölkerungswachstum und Lebenserwartung trotz geringen Wirtschaftswachstums verzeichnen konnte (vgl. zu den Faktoren Parayil 1996, 950/951). Bereits in Zeiten, in denen eine postmoderne Kritik an Entwicklung geradezu in Mode war, beschrieb Albert Hirschman Ende der 80er Jahre in einem Aufsatz die Entwicklungserfolge Lateinamerikas gerade zwischen 1945 und dem Ausbruch der Schuldenkrise, und vermerkt positiv, dass es in dieser Zeit gelungen sei einen enormen Bevölkerungszuwachs zu verkraften und trotzdem den Lebensstandard zu steigern und die Lebenserwartung zu erhöhen. Darüber hinaus verweist Hirschmans Artikel aber darauf, dass sehr verschiedene Entwicklungsstrategien der verschiedenen Jahrzehnte zu unterschiedlichen Resultaten geführt haben. Nicht umsonst analysiert er die Phase keynesianisch orientierter Politik und endet mit Ausbruch der Schuldenkrise, die den Beginn einer neoliberalen Marktorthodoxie markiert (vgl. Absatz 2.7).Unabhängig von der Frage relativer Verteilung von Wohlstand haben die ärmsten Bevölkerungsschichten außerdem vom Rückgang sowohl der Säuglingssterblichkeit als auch des Analphabetismus profitiert (Hirschman 1996, 174 ff.). Hirschman spricht deshalb im Falle Lateinamerikas von einer *Disjunktion* von wirtschaftlichen und sozialen Indikatoren Das bedeutet, dass sozialer Fortschritt auch in Phasen wirtschaftlicher Rezession erreicht werden kann. Dies gilt nach Hirschman vor allem für Verbesserungen im Bereich der Säuglingssterblichkeit, des Analphabetismus und der Geburtenrate (Hirschman 1996, 175-177).

Eine genauere Analyse der Erfolge und Misserfolge von Entwicklung müsste diese Disjunktion berücksichtigen und darüber hinaus zwischen den Netto- und Brutto-Effekten von Entwicklung differenzieren. Stattdessen verschenkt sich die postmoderne Entwicklungskritik in ihrer harschen Ablehnung des Entwicklungsgedankens schlechthin die Möglichkeit, zu einem genaueren Verständnis der Faktoren zu gelangen, die für positive wie negative Entwicklungsprozesse ausschlaggebend sind. Betrachtet man *sowohl* die Erfolge *als auch* die Rückschläge von Entwicklung und folgt man darüber hinaus für einen Moment der These, dass viele negative Entwicklungen in den Ländern des Südens auch *anderen* Faktoren als der Entwicklungszusammenarbeit und ihren -projekten geschuldet sind, wird schnell ersichtlich, dass von einem so pauschalen "Scheitern" von Entwicklung nicht die Rede sein kann. Notwendig wäre vielmehr die genaue Analyse, wo genau positive und negative Entwicklungen der menschlichen Lebensbedingungen in verschiedenen Ländern auf welche Faktoren zurückzuführen sind. Dass dabei einige Entwicklungsstrategien mehr als schlecht abschneiden dürften, wird niemanden überraschen. Ob deshalb die Hoffnung auf eine prinzipiell mögliche menschliche Entwicklung im Weltmaßstab – auch wenn dazu radikale Veränderungen der globalen Machtstrukturen nötig sein sollten – aufgegeben werden muss, bleibt ebenso fragwürdig. Hier scheitert die postmoderne Entwicklungskritik an der Aufgabe eine detaillierte Analyse der Brutto- und Netto-Effekte von Entwicklungszusammenarbeit zu leisten. Es steht zum Beispiel zu vermuten, dass die Erfolge entwicklungspolitischer Anstrengungen in den südostasiatischen "Tigerstaaten" durch die Finanzkrisen der letzten Jahre wieder zunichte gemacht worden sind. Auch bei den Themen Verschuldung, Strukturanpassungsprogramme, wirtschaftliche Liberalisierung und Deregulierung wäre genau zu prüfen, welche Faktoren entwicklungshemmend wirken und damit den Bruttoeffekt von Entwicklung absenken. Durch die pauschale Ablehnung von Entwicklung als Idee und als Konzept dürfte eine solchermaßen abwägende Analyse kaum gelingen. Es erscheint mir deshalb wenig sinnvoll den Entwicklungsgedanken insgesamt abzulehnen, wie dies die postmoderne Kritik tut. Samir Amin hat dies für den Fall Kerala formuliert: "It is incorrect to think that nothing can be done until revolution, and that until then 'the worst is the best'. On the contrary, there is room for progressive reforms (...) which therefore has to be spelled out." (Amin 1991, 28)

6.2.2 Die Marginalität des Entwicklungsdiskurses

Im Kontext deutlich unterschiedlicher Entwicklungswege und –erfolge erscheint die postmoderne These der zentralen Bedeutung des Entwicklungsdiskurses wenig plausibel. Die Wirkung des Entwicklungsdiskurses in Relation zu anderen nicht-diskursiven Herrschaftsformen (zum Beispiel des Weltmarkts), aber auch im Vergleich mit anderen nicht-entwicklungspolitischen Diskursen müsste dazu genauer untersucht werden. Meine These lautet hier, dass die Bedeutung des Entwicklungsdiskurses heute schlicht *marginal* ist. Den wichtigste Grund dafür vermute ich im Ende des Kalten Krieges. Während die postmoderne Entwicklungskritik die bedeutende Rolle von Entwicklung und ihrer ideologischen Propagierung insbesondere während der Hochphase des Kalten Kriegs (1945-55), mit der sich zum Beispiel Escobar schwerpunktmäßig beschäftigt, zu Recht betont hat, scheinen die Veränderungen der weltpolitischen Lage durch die Ereignisse der Jahre 1989-91 durch die postmoderne Entwicklungskritik nicht berücksichtigt worden zu sein.

Entwicklungspolitik als Instrument der Systemkonkurrenz hat heute an Bedeutung verloren. Als Indizien hierfür sei auf den gewöhnlich marginalen Stand entwicklungspolitischer Ministerien in Regierungen westlicher Industriestaaten verwiesen. Auch die finanziellen Mittel, die für die "Mobilisierung" des Entwicklungsdiskurses und seine Implementation in konkreten Projekten zur Verfügung stehen, sind marginal und sinken seit Jahren. Die Gesamtausgaben öffentlicher Entwicklungszusammenarbeit (ODA) der im Development Assistance Committee (DAC) der OECD zusammengefassten Staaten beträgt an die Länder der Dritten Welt[105] in den 90er Jahren weniger als 0,3% des BSP dieser Staaten pro Jahr (BMZ 1999, 63). Im Vergleich zum Bundeshaushalt beträgt der Etat des Bundesministeriums für wirtschaftliche Zusammenarbeit (BMZ) in der gesamten Zeit seit 1964 nie mehr als 2,6% des Gesamthaushalts der Bundesregierung und ist seit 1985 kontinuierlich auf 1,65% im Jahr 1998 gesunken (BMZ 2000). Der Entwicklungshilfeanteil am BSP sank damit auf ein Tief von 0,28% des BSP. Halbiert wurde auch der deutsche Beitrag für das UN-Entwicklungsprogramm (UNDP) von 80 auf 42,5 Millionen DM im Jahr 2000 (vgl. Strutynski 2000). Die im Rahmen der "Kölner Schuldeninitiative" verabredete Schuldenreduzierung einzelner Länder - die sogenannte HIPC-Initiative – wird zum Beispiel durch Kürzungen im Entwicklungshaushalt der Bundesrepublik wieder aufgehoben (vgl. WEED 2000).Die Marginalität entwicklungspolitischer Institutionen und Apparate ist schon fast ein Gemeinplatz. Das soll nicht heißen, dass Entwicklung keine Auswirkungen auf die Länder der Dritten Welt hätte – im Gegenteil: manche dieser Länder weisen einen hohen Anteil von finanzieller Entwicklungshilfe am Staatshaushalt auf – aber es stellt sich die Frage, *in welchem Verhältnis* Entwicklungszusammenarbeit und –diskurs zu anderen Faktoren stehen, die ebenfalls auf das Nord-Süd-Verhältnis als globale Machtrelation wirken wie zum Beispiel die Liberalisierungspolitik der WTO, die Schuldentransfers, die Militärhilfe, die Strukturen von Welthandel und die Prozesse der Globalisierung.

Die Bedeutung ausgerechnet des Entwicklungs*diskurses* wird demnach wahrscheinlich dramatisch überschätzt. Die Auswirkungen von Entwicklung, Entwicklungs-

---

[105] Dies umfasst die Staaten auf der sog. "Liste I" des DAC, das heißt alle Staaten ohne mittelosteuropäische Staaten und wenige Schwellen- und Transformationsländer.

diskurs und ihren Agenten auf die Länder des Südens *im Vergleich zu anderen Fakto-*
ren wie Weltmarkt, Rohstoffpreise, Schuldentransferzahlungen et cetera sind äußerst
gering. Wenn es darum gehen soll, die Auswirkungen westlicher Diskurse, Wissensformen und kultureller Einflüsse auf die Länder der Dritten Welt zu bestimmen,
scheinen mir die Auswirkungen einer globalisierten Kulturindustrie und ihrer Produkte von Madonna bis Coca-Cola deutlich mehr Einfluss zu haben als Entwicklungstheorien und –strategien kleiner sozialwissenschaftlicher Fachbereiche und
marginaler Ministerien (vgl. Turner 1994, 10). Eine Einordnung des Entwicklungsdiskurses in ein globales System des Warentauschs, der längst den Tausch kultureller
Waren mit einschließt und in dem auch Diskurse unter Konkurrenzbedingungen stehen, findet aber keinen Raum in postmodernen Entwicklungskritiken. Nach Bourdieu
steht auch die Sprache als übergreifende Kategorie aller Diskurse unter Konkurrenzbedingungen. Der Diskurs trifft auf einen Markt, das heißt auf ein System von
Preisbildungsgesetzen, welche die "sprachliche Produktion" lenken. Zu untersuchen
wäre demnach, unter welchen Produktionsbedingungen Diskurse entstehen (Bourdieu
1993, 54).

Die postmoderne Entwicklungskritik ist hier in ihrer Argumentation sehr auf die
Textualität globaler Darstellungsverhältnisse beschränkt. Inwiefern die *Materialität*
globaler ökonomischer Verhältnisse von einer postmodernen Entwicklungskritik berücksichtigt werden könnte, ist unklar. Es stellen sich hier also wichtige Fragen nach
der *materiellen Basis* des Entwicklungsdiskurses, auf welche die postmoderne Entwicklungskritik genauer eingehen müsste um an Plausibilität zu gewinnen. Es wird
sich im Folgenden noch zeigen, dass das postmoderne Schweigen über ökonomische
und soziale Verhältnisse in ihrer eigenen These der diskursiven Konstituierung sozialer Realität begründet liegt (Absatz 5.3). Es kann aber jetzt schon festgehalten
werden, dass der Entwicklungsdiskurs nur über wenig Mittel verfügt, um in der real
existierenden Welt seine Wirkung zu entfalten.

6.2.3 Reduktionismen der postmodernen Entwicklungskritik

Aus der These des Scheiterns leitet eine postmoderne Entwicklungskritik, wie oben
dargelegt worden ist, die Dekonstruktion des Entwicklungsdiskurses ab. Entwicklung
wird dabei primär als diskursive Konstruktion der Dritten Welt und ihrer sozialen
Realität verstanden. Es ist sicher richtig, dass Entwicklung häufig eine totalisierende,
eurozentristische 'Erzählung' der westlichen Moderne ist. Jedoch greift diese Annahme zu kurz, da Entwicklung ebenso ein häufig heterogener, 'hybrider' Diskurs ist, der

von den unterschiedlichsten Strömungen sowohl westlicher Provenienz, als auch lateinamerikanischer, afrikanischer und asiatischer Einflüsse bestimmt wird. Die postmoderne Kritik an Entwicklung neigt somit selbst dazu totalisierende und ausschließende Annahmen zu vertreten und eine ontologische Kondition zu konstruieren, in der es auf der einen Seite nur 'Entwicklung' und einen homogenen Entwicklungsdiskurs gibt und auf der anderen Seite der Dritten Welt pauschal die Erfahrung des 'Scheiterns' und das Bedürfnis einer Überwindung von Entwicklung angeheftet wird. Differenzen zwischen verschiedenen Entwicklungswegen werden dabei geglättet; die Beiträge nicht-europäischer Denker und Wissenschaftler sowie nicht-europäischen Wissens werden ignoriert.

Diese Konzeptualisierung von *developmentalism* als weitgehend homogen ist jedoch selbst reduktionistisch und reduziert die Heterogenität und Vielfalt von Ansätzen in der Entwicklungstheorie und –praxis. Neben den beschriebenen paradigmatischen Ansätzen der Modernisierungs- und Dependenztheorie - auf die beide gesondert einzugehen wäre[106] - gab es eine Vielzahl unterschiedlicher Ansätze, darunter auch solche, die keine primär westlichen Konzepte vorschlugen, zum Beispiel Gandhis Vorstellungen oder das Konzept von *ujamaa* in Afrika um nur zwei allgemein bekannte Konzeptionen zu nennen. Auch ohne Gandhis stark am Hinduismus orientierte Vorstellungen von Entwicklung[107] zu berücksichtigen, war die Bekämpfung der Armut - *garibi hatao* - das explizites Ziel aller wichtigen Parteien in allen acht Fünf-Jahres-Plänen Indiens (vgl. Jamal 1996, xi)

Auf der *politischen Ebene* existieren wichtige Unterschiede zwischen politischen Systemen und Wertgemeinschaften, die ihre Ausprägungen in divergierenden Entwicklungsdiskursen und -strategien gefunden haben. Das politische System und die Staatsform sind keineswegs ohne Bedeutung für entwicklungspolitische Diskurse. Es ist zum Beispiel für Afrika gezeigt worden, dass unterschiedliche politische Ideolo-

---

[106]Es sei hier nur auf die weitreichenden Differenzen zu Fragen der endogenen oder exogenen Ursachen, der Weltmarkt- oder Binnenorientierung, der Möglichkeit oder Unmöglichkeit von Entwicklung im Weltmaßstab verwiesen. Vgl. dazu ausführlicher das Kapitel 2.

[107] Gandhi war wahrscheinlich einer der ersten, der eine zu den frühen Modernisierungstheorien radikal andere Entwicklungsperspektive vertrat, die stark an den Ideen der Selbstverwirklichung und der Gewaltfreiheit orientiert war. "Ausgehend von dem obersten Gebot der Selbstverwirklichung forderte Gandhi für sein Land so wenig Regierung und Staat wie irgend möglich und eine Wirtschaftstruktur, die sich an den primären Bedürfnissen des einzelnen zu orientieren hätte" (Kantowsky 1986, 143; vgl. dort auch ausführlicher zu Gandhis Überlegungen S. 126-145).

gien in verschiedenen Staaten zur Adaption unterschiedlicher politischer Entwicklungskonzeptionen geführt haben,[108] in deren Verlauf deutliche Differenzen zutage traten und die zu unterschiedlichen Ergebnissen führten, obwohl alle den Prä-
missen von "Entwicklung" im postmodernen Verständnis unterworfen waren. Welche
Ausprägung von Entwicklungsdiskurs in den gerade unabhängig gewordenen Staaten
angenommen wurde, war keineswegs egal: "Ideological preference does influence, in
significant ways, the matrix of policy. At the time of independence, there was little to
differentiate Ivory Coast and Guinea or Kenya and Tanzania. The cumulative impact
over two decades of sharply divergent visions of the future has made Ivory Coast and
Kenya very different from Guinea and Tanzania." (Young 1982, 326; zit. nach Deng
1998, 13).

Das Beispiel Chile liefert eine weitere Ebene diskursiver Differenzen, nämlich die
zeitliche Ebene. Entwicklungspolitische Diskurse in Chile gleichen sich keineswegs.
Die Ära von Nationalisierung großer Betriebe unter der demokratisch gewählten Regierung der *Unidad Popular* von Salvador Allende und die späteren neoliberalen
Konzepte der *Chicago Boys,* die von der Pinochet-Diktatur durchgeführt wurden, liegen weiter auseinander als klassische modernisierungstheoretische und dependenztheoretische Konzepte.

Der reduktionistische Fehler der postmodernen Entwicklungskritik liegt in der mangelnden Differenzierung und Bewertung dieser deutlichen Unterschiede zwischen
konkurrierenden Entwicklungskonzeptionen. Im geschichtlichen Ablauf von Entwicklungsdiskursen treten also Unterschiede und Differenzen auf, die gegen eine
homogenisierende Interpretation von Entwicklung sprechen. Auf der *zeitlich-histori-*
schen Ebene müsste die Tatsache weit auseinanderliegender Unabhängigkeitsdaten

---

[108] Young (1982) hat für Afrika ein Analyseraster vorgeschlagen, nach dem Entwicklungspolitik
und ideologische Orientierung des Staates in Bezug gesetzt werden können, indem er Staaten ein-
teilte nach "three streams of development philosophy categorized as Afro-Marxism, populist socia-
lism, and market-economy capitalism." (1982, 297).
Auch Bjorn Hettne (1990) hat eine Klassifikationen von vier verschiedenen afrikanischen politischen Systemen vorgelegt, die unterschiedliche Entwicklungswege eingeschlagen haben: Afro-
marxistische Staaten (die marxistisch-leninistische Vorstellungen verfolgten), moderat-sozialis-
tische Staaten (die sozialistische Planwirtschaft mit Auslandsinvestitionen verbinden, zum Beispiel
Kenya unter Kenyatta und Zambia unter Kaunda), pro-westliche sozialdemokratische Staaten (zum
Beispiel Senegal unter Senghor) und schließlich agrarisch-sozialistische Systeme (die sozialistische
Modelle verfolgen, die sich aus traditionellen Afrikanischen Werten und Institutionen ableiten, zum
Beispiel Tanzania unter Nyerere).

der Staaten der Dritten Welt berücksichtigt werden,[109] was gleichzeitig eine *geographische* Differenzierung mit einschließt. Die "Erfindung" von Entwicklung, so wie sie von der postmodernen Kritik mit der Truman-Rede und dem Ende des Zweiten Weltkriegs konzipiert wird, müsste differenzierter betrachtet werden. Auf der zeitlichen Schiene wären dabei auch alternative Perspektiven jenseits des entwicklungspolitischen Paradigmenstreits mit einzubeziehen. "If we journey backwards to the hour of African independence, in 1960, we may summon from remote corners of our collective memory perspectives and visions of radically different content." (Young 1982; zit. nach Deng 1998, 1). Diese Unterschiede müssten Eingang in eine Analyse des Entwicklungsdiskurses finden. Erst dann kann geklärt werden, ob der Diskurs wirklich so homogen und allumfassend ist, wie von der Postmoderne behauptet wird.

Die Konzeptualisierung des Entwicklungsdiskurses als universell und gleichmäßig wirksam reduziert so unnötigerweise die Vielfalt und Differenzierungen in der Dritten Welt. Die Unterschiede auf der *zeitlich-historischen, geographischen, politischen* und *ökonomischen Ebene* werden damit negiert. Damit verfängt sich die postmoderne Entwicklungskritik durch ihre vorschnelle Pauschalisierung des Entwicklungsgedankens in der Paradoxie einer reduktionistischer Analyse der Realität in der Dritten Welt einerseits und der universalistischen Ablehnung sämtlicher Vorstellungen von Entwicklung andererseits. Sie scheint sich im Wesentlichen auf eine bestimmte Interpretation von Entwicklung – nämlich die Konzepte der Modernisierungstheorien – zu beziehen, dabei aber alle anderen Konzepte mit zu verwerfen. In dieser pauschalen Ablehnung von Entwicklung überhaupt übersieht sie, dass das Konzept von Entwicklung niemals eindeutig definiert oder universell akzeptiert war. Auch in den fünfziger Jahren bestand keine Einigkeit: "on the contrary, consensus has never prevailed – either then or now – on what development is or should be." (Martinussen 1997, 35)

6.2.4 Universalismen der postmodernen Entwicklungskritik

Mit dem Reduktionismus im Blick auf die Dritte Welt geht ein Universalismus im Blick auf *den Westen* und auf *den* Entwicklungsdiskurs einher – ebenfalls unzulässige Generalisierungen. In ihrer Konzeptualisierung des Entwicklungsdiskurses wird von

---

[109] Die meisten lateinamerikanischen Staaten erlangten die politische Unabhängigkeit bereits im 19. Jahrhundert, der südasiatische Subkontinent im Jahr 1947, die meisten afrikanischen Staaten erst in den 60er und 70er Jahren.

einem einheitlichen Bild des Westens und seiner Wissensformen und Wissens-
produktionen ausgegangen. Dies läuft Gefahr, eine merkwürdige Form von Okziden-
talismus zu konstruieren, in der ein monolithischer und homogener "Westen" konstruiert wird, der die Welt mit einem ebensolchen Entwicklungsdiskurs überziehe.
Die universelle "Allgemeinheit", auf die sich eine postmoderne Entwicklungskritik
ständig bezieht, ist eben *der* Diskurs. Auch der "Westen" wird als universell eindeuti-
ges Phänomen gedeutet. Analog der oben dargelegten Reduktionismen ist aber die
Konzeptualisierung des Westens als homogen ebenso falsch. Zum Beispiel bildete die
Spaltung in Ost und West während der Blockkonfrontation deutlich unterschiedliche
Entwicklungskonzepte aus, aber auch innerhalb der Lager gab es deutliche Differenzen zwischen unterschiedlichen Entwicklungskonzepten und entwicklungspolitischen
Diskursen. Was von Entwicklungshilfeministerien, der Weltbank und Solidaritäts-
gruppen angestrebt und diskursiv geäußert wird, sind sehr unterschiedliche Vorstellungen und damit – folgt man der postmodernen Wissenskritik – auch unterschiedliche Wissensformen. Darüber hinaus existieren *innerhalb* des Westens unterschiedliche Kulturen,[110] so dass es notwendigerweise oberflächlich und ungenau erscheint,
wenn Escobar von *dem* westlichen Entwicklungskonzept oder *dem* Entwicklungsdiskurs spricht. Edward Said hat darauf hingewiesen, dass Differenzen primär *innerhalb* Kulturen bestehen und nicht *zwischen* Kulturen; dies ist unter anderem hilfreich,
um sich gegen die "kulturkämpferischen" Konzepte eines Samuel Huntington abzu-
grenzen. Said beharrt auf der Einsicht der Kulturwissenschaften, dass Kulturen oder
Zivilisationen komplex sind und viel mehr als nur eine Qualität oder diskursive Dimension haben und er betont damit, dass alle Kulturen Mischungen sind und zum
Beispiel die Kultur des antiken Griechenlands, die oft als Ursprung europäischer
Kultur interpretiert wird, eine "Vermengung von jüdischer afrikanischer, phöni-
zischer, aramäischer und natürlich lokaler Kulturen war." (Said 1998, 35). Auch in
der Moderne existieren deutliche Differenzen. Ein Beispiel mag hier genügen: was
sind die USA anderes als eine *hybrid culture*, eine Kultur von instabilen und sich
vermischenden Einflüssen aus den unterschiedlichsten Erdteilen? Gleichzeitig bieten
sie das beste Beispiel dafür, dass eine *hybrid culture* allemal vermachtet, hässlich,
imperialistisch, rassistisch und unsozial sein kann und dass eine Gruppe dominant ihre Interessen durchsetzen kann. Es käme also genau darauf an, diese Formen von Hybridität zu analysieren und sich gegen homogenisierende und verallgemeinernde In-

---

terpretationen zu verwahren. Dass Escobar auf das Konzept der Hybridität seine politischen Hoffnungen setzt (vgl. Escobar 1995a, 218ff), mag deshalb nicht so recht überzeugen. Warum Hybridität notwendigerweise in Subversion umschlagen soll, beziehungsweise warum es überhaupt mit Widerstand gleichgesetzt wird, muss erst noch belegt werden. Es ist auch deutlich umstritten, wie eine Hybridisierung von Kulturen der Kapitalisierung der Welt entgegenstehen soll. (vgl. Grimm 1997, Dirlik 1994, Hutnyk 1997, Kurz 1998).

Die postmoderne Entwicklungskritik übersieht auch, dass nicht alle Entwicklungskonzeptionen den westlichen Blick reproduziert haben. Die dependenztheoretischen Auffassungen entstanden in Lateinamerika: sie argumentierten lang vor postmoderner und postkolonialer Kritik aus der Perspektive der von "Entwicklung" betroffenen Länder und sie thematisierten die Konsequenzen der europäischen Expansion von Kolonialismus und Imperialismus für die Länder der Dritten Welt. All diese Diskurse sind natürlich auch Teil des Entwicklungsdiskurses gewesen, allerdings nie hegemonial. Eigentlich könnten sie ein klassisches Beispiel von "counterdiscourses" abgeben. Es ist deshalb erstaunlich, dass die postmoderne Entwicklungskritik sich kaum auf sie bezieht. Statt dessen werden sie insgesamt dem Entwicklungsdiskurs subsumiert. Auch hier liegt ein nicht notwendiger und wenig verständlicher Universalismus vor: die Kritik des Entwicklungsdiskurses wird selbst universalistisch. Gegendiskurse werden kaum zur Kenntnis genommen, geschweige denn ausführlich rezipiert.

Ich vermute, dass dieses merkwürdige Schweigen über Differenzen zwischen verschiedenen Entwicklungstheorien und -konzeptionen in der Tendenz angelegt ist, "Entwicklung" als das "konstitutive Andere" einer postmodernen Entwicklungs*kritik* zu konstruieren. Wendet man so die postmoderne Kritik auf sie selbst an, wird fraglich, ob sie nicht ein allzu homogenes Bild von Entwicklung konstruiert hat und dabei in klassischen modernen Dualismen befangen bleibt: Moderne vs. Postmoderne, Entwicklung vs. Post-Development, Global vs. Lokal, Universalismus vs. Relativismus und so weiter.

Auf den Begriff der Entwicklung wird alles Negative projiziert, von dem sich dann die eigene Position der postmodernen Kritik als positiv abgrenzen lässt. Dies würde erklären warum Entwicklung als Epoche konstruiert werden muss, die nun zu Ende gegangen sei: Anti-Entwicklung und Post-Development erscheinen in diesem Lichte als Heilsversprechen, welche die "Katastrophen" der Entwicklungsära ablösen sollen.

Die postmoderne Entwicklungskritik entzieht sich so nicht nur der Mühe, genau zwischen Nutzen und Schaden von Entwicklung zu differenzieren, sondern weicht insgesamt der Evaluierung verschiedener Entwicklungsansätze aus – sie werden statt dessen *in summa* der Verdammnis anheim gegeben. Dabei besteht nicht nur die Gefahr der Romantisierung all derjenigen Begriffe, auf die sich die postmoderne Kritik positiv bezieht (Lokalität, Marginalität, traditionelles Wissen und so weiter) sondern auch die Gefahr der unkritischen Übernahme dieser Begrifflichkeiten, ohne die daran geknüpften Machtverhältnisse zu reflektieren, die auch in lokalen und traditionellem Wissen nach den eigenen Vorgaben existieren müssten. Ferner steht zu befürchten, dass die zunächst verständliche Kritik an Entwicklung und ihren problematischen Grundlagen den Blick auf notwendige Differenzierungen verstellt. Daraus folgt die Unfähigkeit, die Veränderungen sowohl *innerhalb* von Entwicklungstheorien und – konzepten wahrzunehmen (zum Beispiel erfolgreiche Kämpfe um die Berücksichtigung von politischen Partizipationsformen) als auch die Probleme der Gegenposition kritisch in die Analyse mit einzubeziehen (zum Beispiel Formen traditionell oder kulturell legitimierter Herrschaft und Unterdrückung). Es steht dabei zu befürchten, dass die Wandlungsfähigkeit der Moderne und insbesondere des Projekts der Entwicklung unterschätzt wird. Die postmoderne Entwicklungskritik scheitert in diesem Sinne an ihren eigenen Ansprüchen: sie müsste die Vielfältigkeit der unterschiedlichsten Diskurse genau analysiert haben, um dann zu einem genaueren Verständnis dessen zu kommen, was in vierzig Jahren nicht gelang: zu begreifen, was Entwicklung wirklich bedeutet

Zusammenfassend kann gesagt werden, dass die postmoderne Entwicklungskritik Gefahr läuft, selbst eine umfassende Weltsicht und einen universalistischen Erklärungsansatz zu präsentieren ("Entwicklung als Diskurs"), der nur um den Preis deutlicher Reduktionismen einer komplexen Wirklichkeit zu haben ist. Wenn für die postmoderne Entwicklungskritik die Konstitution der Dritten Welt durch einen einheitlichen Diskurs zustande kommt, der von einem monolithischen westlichen Wissen (Episteme) aus die Welt bis in ihre feinsten Kapillaren durchdringt, dann ist dies eine Sicht der Dinge, die sich eigentlich schon aus postmoderner Perspektive verbieten müsste. Auf solche und andere Aporien wird im Folgenden noch genauer einzugehen sein, da ich vermute, dass solche Widersprüche in einer postmodernen Analyse unvermeidlich sind.

Doch zuvor soll noch kurz dargelegt werden, wie aus postmoderner Perspektive versucht wird diesem theoretischen Dilemma zu entkommen: nämlich mit der Periodisierung der Nachkriegszeit als "Entwicklungsära", die einen Anfang und ein Ende habe und nach der nun die Zeit der "Post-Entwicklung" gekommen sei.

6.2.5 Zur postmodernen Periodisierung der "Entwicklungsära"

Um sich selbst vom Entwicklungsdiskurs abzusetzen und um – in Foucaults Nachfolge – den Diskurs als ein historisches "episteme" einer bestimmten Epoche darstellen zu können, nimmt die postmoderne Entwicklungskritik in den Einleitungen oder auch Schlussfolgerungen zu ihren Texten eine Periodisierung vor. Die Periodisierung von Entwicklung zur Epoche, die mit Trumans Rede begann und nun zu Ende sei, findet sich bei zahllosen Autoren einer postmodern geprägten Entwicklungskritik. Sachs nennt die letzten vierzig Jahre das "Zeitalter der Entwicklung", deren Ende gekommen sei (Sachs 1997, 2). Andere reden von "post-development" (Rahnema/Bawtree 1997), Escobar stellt sich eine "post-development era" vor (Escobar 1995b), Esteva zielt bereits auf das "Jenseits von Entwicklung" (Esteva 1995). Hier sind meines Erachtens Zweifel angebracht. Zwei Fragen stellen sich in diesem Zusammenhang: Kann wirklich ein bestimmter Anfangspunkt der "Entwicklungsära" benannt werden? Und ist die postulierte Entwicklungsära wirklich zu Ende?

Zur ersten Frage lässt sich festhalten, dass die meisten der lateinamerikanischen Staaten die Unabhängigkeit erlangten, als der größte Teil Afrikas noch nicht einmal durchgehend kolonisiert war (vgl. Pieterse 1988, 117). Abgesehen davon bestand die Notwendigkeit imperiale Weltreiche legitimatorisch mit Hilfe eines umfassenden Diskursregimes abzusichern bereits viel früher als ab 1945 – erinnert sei nur an die *pax romana* der Antike. Verschiedene Autoren haben frühere Ursprünge des Begriffs *Entwicklung* und die Entstehung eines (neo-)kolonialen Entwicklungsdiskurses angegeben (vgl. Fußnote 85). Die Periodisierung der Nachkriegszeit als "Entwicklungs-Ära", die mit Trumans Rede begann erscheint mir deshalb wenig plausibel.

Bei der zweiten Frage muss geklärt werden, ob die neuen Konzepte von "globaler Strukturpolitik", "nachhaltige Entwicklung" und andere die Entwicklungsära nicht wie gehabt fortsetzen? Es scheint hier viel eher, als würden gerade neue Diskurse produziert, neue Theorien, Strategien und eine neue Programmatik entwickelt. Das verkündete "Ende der Entwicklungsära" ist wahrscheinlich vorschnell ausgerufen worden. Auch wenn Entwicklung nicht zu den erwarteten Ergebnissen geführt hat, kann auf keinen Fall von einem Ende des Entwicklungsdiskurses die Rede sein. Nicht nur sind gerade die 90er Jahre von einer Proliferation von UN-Konferenzen zu unterschiedlichen Themen geprägt gewesen[111] sondern es sind auch eine Reihe neuer Konzepte entstanden und weiter entwickelt worden (Absatz 2.8 – neuere Ansätze). Die postmoderne Entwicklungskritik scheint hier oberflächlich auf diejenige postmoderne Theorieströmung Bezug zu nehmen, welche die Postmoderne als *Epoche* interpretiert (vgl. Absatz 3.1.1). Dies erscheint mir inkonsistent, da dann grundlegende Annahmen der anderen postmodernistischen Konzeption nicht mehr aufrechterhalten werden können. Es müssten dann Fragen geklärt werden, die ich hier anreiße, sowie die Frage, worin genau der *qualitative Bruch* der beiden Epochen liegt.

Die diskursive Konstruktion einer Entwicklungsära und ihr verkündetes Ende können aber als versuchter Ausweg aus weiteren theoretischen Aporien der postmodernen Entwicklungskritik betrachtet werden. Auf diese theoretischen Probleme wird im Folgenden genauer eingegangen.

6.3 Aporien einer postmodernen Entwicklungskritik

> Ihr sprachliches Universum ist voller Hypothesen, die sich selbst bestätigen und die, unaufhörlich und monopolistisch wiederholt, zu hypnotischen Definitionen oder Diktaten werden.
> – Herbert Marcuse[112]

Wichtiger als die Fragen von Plausibilität und Genauigkeit der Analyse scheinen mir aber die theoretischen Widersprüchlichkeiten und Paradoxien postmoderner Entwicklungskritik zu sein, die meines Erachtens in der Machtanalyse Foucaults bereits begründet liegen und auf die ich im Folgenden eingehen möchte. Dabei habe ich den Schwerpunkt auf die theoretischen Widersprüchlichkeiten gelegt. Es wäre sicher auch interessant gewesen, Widersprüche zwischen verschiedenen Autoren aufzuzeigen oder die Ungereimtheiten zwischen theoretischen Analysen und pragmatischen Vorschlägen genauer zu beleuchten.

6.3.1 Diskursiver Konstruktivismus und die Omnipräsenz der Macht

Der diskursive Konstruktivismus, den die postmoderne Entwicklungskritik vertritt, hat gewissermaßen die herkömmlichen Theorien zu Entwicklung und Unterent-

---

[111] UN-Konferenzen und Weltgipfel fanden statt zu den Themen Umwelt und Entwicklung (Rio de Janeiro 1992), Bevölkerung und Entwicklung (Kairo 1994), Frauen und Entwicklung (Peking 1995, 4. Weltfrauenkonferenz), Soziale Entwicklung (Kopenhagen 1995), Wohnen (Istanbul 1996, HABITAT II), et cetera.

[112] Marcuse, Herbert: Der Eindimensionale Mensch, zit. nach Seppmann 2000a, 44.

wicklung von den Füssen auf den Kopf gestellt: nicht mehr die perzipierte Armut und die gesellschaftliche Situation der Länder des Südens sind Ursache für die diversen Entwicklungstheorien und -politiken, sondern umgekehrt konstituiert sich im Verständnis des Post-Development-Ansatzes die Dritte Welt erst durch den Entwicklungsdiskurs.

Der Diskurs ist demnach untrennbar mit Formen der Darstellung (engl.: *representations*) und des Wissens (Episteme) verknüpft und verbindet sich auf dem Hintergrund einer foucaultschen Machtanalyse zu unhintergehbaren Wissen/Macht-Komplexen. Macht wird damit unaufhebbar und es wird theoretisch unmöglich, Macht und Herrschaft insgesamt abzuschaffen. Innerhalb dieser "Matrix der Macht" kann es zwar zu Verschiebungen kommen, es ist aber nicht mehr möglich ein diskursäußerliches Kriterium zu identifizieren, das solchen Verschiebungen eine vernünftige Richtung geben könnte.

Zugleich ist die Macht in ihrer Omnipräsenz diffus, sie diffundiert durch alle gesellschaftlichen Ebenen hindurch und findet sich noch in den lokalsten und marginalsten Nischen sozialer Verhältnisse. Die Unschärfe der Machtbestimmung im Entwicklungsdiskurs unterminiert tendenziell seine analytischen Qualitäten. Nancy Fraser hat bereits darauf hingewiesen, dass Foucault zu vieles und zu unterschiedliche Dinge "Macht" nennt (Fraser 1994, 52). Dies gilt eben auch für die postmoderne Entwicklungskritik, die an Foucault anschließt: sie nennt zu vieles und zu viele verschiedene Dinge *Entwicklung beziehungsweise Entwicklungsdiskurs*. Die analytische Unschärfe der genannten Kategorien zur problematischen Folge dieser theoretischen Konstruktion. Im Feld der Entwicklungstheorie bedeutet das, dass zu viele verschiedene Entwicklungsdiskurse (beziehungsweise verschiedene Theorien, Strategien und Teilanalysen in Feldforschungen) unter einem Begriff subsumiert werden. Es kann dann keine ausreichenden Differenzierungen mehr geben, nach denen diskursive Machtzentren (etwa die Institutionen von Bretton-Woods, die Industriestaaten, oder "der Westen") von machtlosen oder machtarmen Peripherien (zum Beispiel die Vertreter südlicher Regierungen) unterschieden werden können, da sie alle an einem diffusen Entwicklungsdiskurs partizipieren. Dies tritt ganz offensichtlich in der Unfähigkeit zu tage, zwischen verschiedenen Entwicklungsdiskursen und Gegendiskursen *analytisch* zu unterscheiden. Warum zum Beispiel die Entwicklungsdiskurse zu Partizipation, ländlicher Entwicklung und Geschlechterparität gescheitert sein sollen, andere Gegendiskurse hingegen nicht, kann lediglich axiomatisch postuliert werden.

In der pauschalisierenden Charakterisierung von Entwicklung als Diskurs gelingt es der postmodernen Entwicklungskritik nicht mehr zwischen *verschiedenen Formen* von Macht zu unterschieden, *divergierende Inhalte* analytisch zu fassen und dabei die *ungleiche Verteilung* von Macht im Weltsystem deutlich zu machen, die dafür sorgt, dass sich bestimmte Inhalte gegenüber anderen durchsetzen. Was aber nach der Unübersichtlichkeit und der Orientierungslosigkeit der theoretischen Diskussion der 90er Jahre dringend benötigt würde, ist gerade eine genaue Analyse *unterschiedlicher* Diskurse in Beziehung zueinander und in Beziehung zu sozialer Realität. Inwiefern haben die verschiedenen Entwicklungsdiskurse Verschiedenes bewirkt? Was sind eigentlich genau die Mechanismen, die *einem bestimmten* Diskurs zum Durchbruch verhelfen und anderen nicht? Warum sind zum Beispiel die diskursiven Forderungen nach einer Neuen Internationalen Weltwirtschaftsordnung gescheitert? Und warum konnten sich ausgerechnet neoliberale Ansätze und eine Renaissance modernisierungstheoretischer Konzepte durchsetzen? Auf all diese Fragen kann eine postmoderne Entwicklungskritik nur wenig Antworten geben, da sie zwischen konkurrierenden Diskursen nicht analytisch unterscheidet.

Ein gewichtiges Manko postmoderner Entwicklungskritik besteht also darin, dass sie kein Kriterium angeben kann, nach dem dominante von unterlegenen, hegemoniale von marginalen und herrschende von beherrschten Diskursen und damit Machtformen unterschieden werden könnten.

Aus diesem umfassenden diskursiven Konstruktivismus und aus der These der Omnipräsenz der Macht resultieren drei theoretische Aporien: die Diskursivität der Welt scheint derart unhintergehbar, dass die postmoderne Entwicklungskritik in Schwierigkeiten gerät ihre *eigene* Position zu klären (Absatz 6.3.2). Warum das panoptische Regime von Foucault beziehungsweise das diskursive Entwicklungsregime von Escobar *überhaupt* gestürzt werden soll, kann nicht mehr entschieden werden – alles wird zu Diskurs. Die postmoderne Kritik ist deshalb gezwungen, Pluralitäten und Differenzen anzuerkennen (Politik der Anerkennung) – ohne freilich angeben zu können, wo diese Anerkennung an Grenzen stößt. Die Kritik kann deshalb nur nichtnormativ sein beziehungsweise "normativ verwirrt" (Absatz 6.3.3). Daraus folgt schließlich die konsequente Haltung, Diskurse nicht mehr nach ihrem *Inhalt* zu bewerten, sondern lediglich ihre Formen und Mechanismen zu dekonstruieren (Absatz 6.3.4).

6.3.2 Inkonsistenz und mangelnde Positionierung der postmodernen Kritik

In postmodernen Analysen zu Entwicklung wird darüber hinaus der diskursive Konstruktivismus, der auf der ontologischen Ebene postuliert wird, nicht auf die eigene epistemologische Position angewandt. Postmoderne Autoren wie Foucault analysieren dabei die diskursive Konstitution des Wissens (vgl. zum Beispiel Foucault 1974), ohne jedoch die eigene Position als sozial konstruiert anzuerkennen (vgl. dazu Habermas 1998, Fazis 1995). Dies stellt eine Inkonsistenz der Analyse dar (Inkonsistenzvorwurf), die auch auf die postmoderne Entwicklungskritik zutrifft. Die epistemologische Kritik an der "Metaerzählung" der Entwicklung wird nicht auf die eigene theoretische Position angewandt. Autoren wie Escobar analysieren die diskursive Konstitution der Dritten Welt im Entwicklungsdiskurs und setzen zu seiner Dekonstruktion an, ohne jedoch Auskunft über die eigene Wissensposition zu geben. Wenn Escobar zum Beispiel die Dependenztheorie dafür kritisiert, dass sie "still functioned within the same discursive space of development" (Escobar 1995b, 215), dann müsste diese Kritik freilich auch für ihn selbst und für die postmoderne Entwicklungskritik im Allgemeinen gelten, die fast ausschließlich innerhalb genau jener europäischen und nordamerikanischen Universitäten entstanden ist, die sie als Formen der Wissensproduktion kritisiert.[113] Die postmoderne Entwicklungskritik ist demnach nicht mehr in der Lage, sich selbst zu positionieren. Der Standpunkt der Kritik wird vernebelt und die eigene Analyse kann nicht (oder nur ungenügend) vom Entwicklungsdiskurs selbst abgegrenzt werden. Inwieweit ist eine postmoderne Kritik von Entwicklung schon Teil des Diskurses? Gehört die Dekonstruktion in Foucaults Verständnis produktiver Macht nicht eben auch zur Macht? Wenn es keine Position *außerhalb des Diskurses* geben kann, wie wird dann die eigene Position erklärt? Wie kommt überhaupt die postmoderne Kritik zustande, wenn sie sich selbst auf die Institutionen der Wissensproduktion und den Diskursapparat von Universitäten, intellektuellen Tätigkeiten, Stipendien, Konferenzen und so weiter bezieht, der kritisiert werden soll?

Die postmoderne Entwicklungskritik kann auf diese Fragen keine Antworten geben, da sie durch die eigene These diskursiver Konstruiertheit der sozialen Welt Gefahr läuft, sich selbst zu widerlegen. Diese Gefahr wird noch dadurch verstärkt, dass die postmoderne Entwicklungskritik nicht in der Lage ist alternative Wissensformen zu

---

[113] Escobars Einsichten verdanken sich seiner Dissertation an der Universität von Kalifornien (Escobar 1995a). Von den 17 Autoren des *Develoment Dictionary* (Sachs 1997) sind 14 Akademiker, 10 von ihnen lehren an westlichen Universitäten.

benennen, die *nicht* durch diskursive Macht bereits korrumpiert sind, diese methodologische Schwierigkeit aber nicht thematisiert. Samuel Weber hat dieses Problem eindrücklich beschrieben: "a social and historical critique which does not consider the conflictual structure of its own discursive operations will only reproduce the constraints it is seeking to displace." (Weber 1985, 111; zit. Nach Young 1990, 129). Aus politologischer Sicht stellt sich außerdem die Frage, wie eine postmoderne Entwicklungskritik ihre eigenen Aussagen legitimiert. Denn wenn der Entwicklungsdiskurs in der Tat so wirkungsmächtig ist, wie behauptet wird, dann kann auch Escobars Kritik daran nach Foucault nur Teil des Diskurses sein. Nach dem "Ende der großen Erzählungen" und der Delegitimierung wissenschaftlichen Wissens durch seine Verknüpfung mit Formen diskursiver Machtausübung kann hierauf keine Antwort mehr gegeben werden. Die postmoderne Entwicklungskritik scheint diese Problematik unbewusst zu verspüren, wenn sie zunächst eine Negation des Diskurses schlechthin anstrebt. Diese Negation wird aber durch die Omnipräsenzthese diskursiver Macht wieder untergraben. Ein Ausweg bestünde eventuell darin, die Entwicklungskritik selbst zu postmodernisieren, das heißt die Anwendung der eigenen epistemologischen Kritik auf die Position dieser Kritik selbst, kurzum: die Dekonstruktion der Dekonstruktion, die radikale Kritik der *postmodernen* Diskurse zu Entwicklung, die selbst Diskurse von Wissen und Macht sind, sozusagen die kritische Analyse machtförmiger Auswirkungen der eigenen Erkenntnisposition. Dies führt jedoch in eine spiralförmige akademische Beschäftigung mit sich selbst und ist als solches als "Akademismusfalle" bezeichnet worden (Udayagiri 1995). Es scheint äußerst fragwürdig, ob hierbei viel mehr als ein äußerst akademischer Sophismus zu erwarten wäre. Gleichzeitig ist die extrem komplizierte Sprache postmoderner Entwicklungspolitik auch ohne diese selbstreflexive Ebene schon wenig geeignet, in Ländern hoher Analphabetenraten zu politischer Relevanz zu gelangen. Schließlich scheint die postmoderne Entwicklungskritik verdrängt zu haben, dass die postmoderne Grundlage ihrer Theorie ein ureigenes Produkt westlicher akademischer Wissensproduktion ist, die es ebenfalls versäumt hat, ihren eigenen Standpunkt zu klären. Ein anderer Ausweg bestünde in der Einführung eines diskursäußeren normativen Kriteriums, doch hier würde die postmoderne Entwicklungskritik sich selbst widersprechen, da eine solche Äußerung nur wieder durch ein universalistisches Prinzip legitimiert werden könnte.

Was bleibt ist im schlimmeren Fall ein radikaler Relativismus (zum Beispiel bei Esteva 1995, 22-23), im besseren Fall eine detailliert ausgemalte Kartographie der

Mechanismen des Diskurses, eine Archäologie seiner Entstehung und eine Genealogie seiner Entwicklungsstufen. Dies ist ein im Wesentlichen dokumentarisches und archivarisches Projekt, das sich bestenfalls mit der vagen Hoffnung auf ein "strategisches Wissen" verfolgen lässt.

6.3.3 Relativismus - Das Problem politische Indifferenz

Neben den beschriebenen Inkonsistenzen ist an der Annahme diskursiver Konstruiertheit der sozialen Realitäten in der Dritten Welt problematisch, dass aufgrund fehlender Kriterien zur Unterscheidung zwischen verschiedenen konkurrierenden Diskursen - etwa auch rassistischer oder sexistischer Diskurse - nicht mehr unterschieden werden kann. Dieser Vorwurf ist als Relativismusvorwurf bekannt geworden. Um den beschriebenen Inkonsistenzen auszuweichen wird von der postmodernen Entwicklungskritik konsequenterweise die Anerkennung von Pluralität und Differenz gefordert, was durchaus einleuchtend ist. Problematisch ist aber, dass keine normativen Kriterien angegeben werden können, die nicht diskursiv produziert sein müssen (so die eigene theoretische Annahme) oder essentialistisch sind (was aus dekonstruktivistischer Perspektive abgelehnt werden muss).

Wenn es keine essentielle *Realität* der Dritten Welt gibt, die vordiskursiv existiert, wie kann dann noch die *Darstellung* der Dritten Welt im Entwicklungsdiskurs überhaupt als falsch kritisiert werden? An dieser Stelle müsste die postmoderne Entwicklungskritik entweder ein Kriterium der Diskurs*bewertung* als falsch oder richtig einführen, mit dem alternative Gegendiskurse legitimiert werden könnten – die Aussagen des Entwicklungsdiskurses wären in diesem Falle falsch – oder sie muss auf die normative Überlegenheit der eigenen Aussagen verzichten – die Diskurse stehen dann gleichberechtigt nebeneinander und unterscheiden sich lediglich in ihrer Wirkungsmächtigkeit. Freilich ist dann nicht mehr ersichtlich, warum der Diskurs postmoderner Entwicklungskritik überhaupt besser oder überzeugender sein sollte als zum Beispiel der Diskurs der Weltbank.

Die Paradoxie postmoderner Entwicklungskritik liegt darin begründet, dass sie mit einer linksgerichteten Rhetorik die Normierung und Kontrolle der Dritten Welt durch die diskursiven Machttechniken der Wissensproduktion, der Professionalisierung und Institutionalisierung kritisieren mag, gleichzeitig aber keine außer-diskursiven Referenzpunkte als relevant anerkennen will um nicht in Essentialismen zu verfallen, die aus postmoderner Sicht abgelehnt werden müssen. Wenn aber das Verhältnis von Realität und Diskurs nicht mehr geklärt werden kann, gibt es auch keine Möglichkeit mehr, auf der Diskursebene normativ zu argumentieren, da sämtliche Diskurse nach Foucault ja lediglich *Effekte* der Macht sind. Die postmoderne Kritik des Entwicklungsdiskurses als Machtinstrument zur Darstellung (engl.: representation) und Kontrolle der Dritten Welt ist also nicht nur inkonsistent sondern sie kann auch nicht normativ differenzieren. Genauso wie Foucault die Frage beantworten kann, ob das von ihm beschriebene "panoptische Regime" überhaupt abgeschafft werden *soll*, kann die postmoderne Entwicklungskritik ihre Forderung nach Abschaffung des diskursiven Entwicklungsregimes begründen. Da es in der postmodernen Entwicklungskritik kein subjektives oder objektives Kriterium gibt, das zwischen Macht (illegitim) und Wissen (legitim) oder zwischen verschiedenen Formen von Wissen unterscheiden kann, um so irgendetwas als negativ, schlecht, böse, hässlich oder sonst wie *werten* zu können, muss auch jede *Negation* wiederum nur Ausdruck eines spezifischen Machtverhältnisses sein.

Der theoretische Grund für dieses Dilemma liegt im Kern in der Gleichsetzung von Macht mit Wissen, das diskursiv erzeugt wird: "[the] persistent difficulty has been that by asserting an inseparable complicity between knowledge and power, this critique has been unable adequately to vindicate its own normative preferences and thus to provide valid grounds for claiming agency on behalf of persons, groups, or movements." (Chatterjee 1993, xi). Eine postmodern geprägte Entwicklungskritik ist deshalb auch nicht mehr in der Lage Argumente für oder gegen soziale Bewegungen zu liefern oder die Akteure eines gesellschaftlichen Transformationsprojektes zu benennen. Diese Schwierigkeit ist zum Beispiel in der feministischen Literatur als *Agency-Streit* bekannt geworden. Die logische Konsequenz aus diesem Dilemma findet sich bei den Autoren des *Development Dictionary* Sachs 1997), die Respekt für lokale Traditionen einfordern (Rahnema 1997a), wofür aber "lediglich ins Feld geführt werden kann, dass sie eben nicht 'modern' und nicht 'westlich' waren oder sind" wie Kößler in einer Rezension des Buchs kritisiert. (Kößler 1993, 204). Die positiven Bezugnahmen auf lokale Initiativen, soziale Bewegungen gleich welchen Inhalts und auf traditionelle Wissens- und Interaktionsformen werden nur dann verständlich, wenn überhaupt noch etwas gegen die Allmacht des Entwicklungsdiskurses ins Feld geführt werden soll. Dies ist inkonsistent mit der postmodernen Theorie, da hierbei wiederum Machtverhältnisse ausgeblendet bleiben – nämlich die lokalen, traditionellen und kulturellen Formen von Macht – und die Gefahr besteht, in einem romantisierenden Blick auf die Marginalität solcher Bezugspunkte die notwendige Differenzierung für Machtformen und Unterdrückungsmechanismen auch an der marginalen Position zu vergessen. Es werden dann die gleichen Mechanismen reproduziert, welche die postmoderne Entwicklungskritik einmal kritisiert hat: nämlich binäre Dichotomien zwischen Modern-Traditionell, Zentrum-Peripherie, Global-Lokal, Arm-Reich, Entwickelt-Unterentwickelt, Universalismus-Relativismus und so weiter. Diese Dualismen werden dann lediglich in umgekehrter Richtung bewertet. Ein exzellentes Beispiel hierfür liefern die Schriften Estevas, der zahllose Beispiele für diese 'Umwertung der Werte' nennt (Esteva 1995, Esteva/Prakash 1998) und den "kulturellen Relativismus voll akzeptiert" hat (Esteva 1995, 20). Die "Auflösung der Werte" (ebd., 21) in einem Sinn, der eigentlich nur als nietzscheanischer Nihilismus konsequent zu Ende gedacht werden kann, ist dann nicht mehr weit.

In dieser pragmatischen Ausprägung zielt Estevas postmoderne Entwicklungskritik auf einen wenig verhüllten Kommunitarismus, auf expliziten kulturellen Relativismus und auf einen anti-individualistischen Gemeinschaftsgeist, der Entwicklung ebenso ablehnt wie die universellen Menschenrechte (Esteva 1998, 125ff). Wer dem noch folgen mag, stehen dann "countless other cultural paths" offen (Esteva 1998, 126). Es ist dann aber nicht mehr theoretisch, sondern nur noch rhetorisch möglich sich von den "kulturellen Formen" eines Pinochets, Pol Pots oder den Vertretern des religiösen Fundamentalismus zu distanzieren, wie dies Esteva noch auf der gleichen Seite tun muss (ebd.). Wie eine Abgrenzung von den "grassroots movements" deutscher Neonazis oder des Ku Klux Klan, die auch Esteva lieber nicht legitimieren will (Esteva/Prakash 1998, 3), noch möglich sein soll ohne auf die verpönten universalistischen Prinzipien zurückzugreifen, ist aus seiner postmodernen Entwicklungskritik nicht mehr ersichtlich. Die genannten reaktionären Bewegungen werden dann auch konsequent übergangen und im Folgenden nicht mehr erwähnt. Darüber hinaus ist ein solcher kulturalistischer Ansatz als Form eines Neorassismus kritisiert worden, der sich nicht mehr um den Begriff der Rasse, sondern um den der Kultur zentriert (vgl. zum Beispiel Balibar 1991, Žižek 2000).

Schließlich liegt in der Bezugnahme auf lokale Wissensformen und soziale Bewegungen ein theoretischer Zirkelschluss vor, der von einer postmodernen Kritik nicht aufgelöst werden kann: wenn ein Diskurs eine soziale Realität erst schafft, wie kann dann die positive Bezugnahme auf soziale Bewegungen begründet werden? Müssten diese nicht auch dekonstruiert und in ihrer diskursiven Konstruiertheit als Effekte von Macht/Wissen-Komplexen entlarvt werden? Wäre es nicht konsequenter eine Position radikaler Negation und Verweigerung einzunehmen, wie sie etwa Herbert Marcuse mit seinem Begriff der "großen Weigerung" beschrieben hat (Marcuse 1967)?

Jenseits der Debatte um Kulturalismus und Relativismus, die im Sinne dieser Arbeit viel zu weit führen würde, kann also festgehalten werden, dass die positive Bezugnahme auf soziale Bewegungen (aber nur manche von ihnen!) in eine theoretische Aporie von Essentialismus vs. Konstruktivismus und Relativismus vs. Universalismus führt. Die postmoderne Entwicklungskritik scheint jeweils zwischen diesen Eckpunkten zu schwanken, was für einen Grossteil ihrer inhärenten Widersprüchlichkeit verantwortlich ist.

6.3.4 Dekonstruktion und Diskursanalyse - Vermeintlicher Ausweg aus dem normativen Dilemma?

Eine andere Konsequenz aus dem normativen Dilemma ist es Entwicklung schlicht zu dekonstruieren – was aber einer Affirmation diskursiver Totalität gleichkommt. Escobar scheint diesen Weg zu wählen, wenn er in seiner Genealogie des Entwicklungsdiskurses nur noch dessen Zustandekommen, seine Ausprägungen und Strukturen analysiert. Durch eine erkenntnisrelativistische Position legitimiert die postmoderne Entwicklungskritik dann ein bloß deskriptives Verhältnis zu den soziokulturellen Entwicklungen: Analyse wird durch Beschreibung ersetzt. Die postmoderne Beschäftigung mit "Entwicklung als Diskurs" erweckt den Eindruck, als sei sie in ihrer obsessiven Beschäftigung mit Diskursformen und Macht/Wissen-Komplexen zu einem positivistischen Empirismus verdammt, der kein transformatorisches Potential mehr aufzeigen kann. Dies ist in ihrem Bemühen um ein rein genealogische Verständnis des Entwicklungsdiskurses ersichtlich. Ziel postmoderner Entwicklungskritik kann dann nur eine möglichst genaue "Kartographie" der Diskurslandschaft sein, in der sich Diskurse und Gegendiskurse kreuzen und ablösen. Aufgabe einer postmodernen Entwicklungskritik ist dann lediglich eine "Archäologie" der Entstehungsbedingungen von Entwicklungsdiskursen. Die Ablehnung der binären Generalisierungen (we/other, power/resistance, entwickelt/unterentwickelt, arm/reich, Mann/Frau, und so weiter) weicht dann einer Analyse von Diskurs*feldern* und *Matrizen* von diskursivem Macht-Wissen über die Dritte Welt. Dies ist bei Escobar deutlich ausgeprägt, der zwar dynamische Veränderungen spezifischer Diskurse anerkennt, aber darauf beharrt, dass die grundlegende Orientierung und Struktur des Diskurses statisch und bis heute unverändert geblieben seien (Escobar 1984). Die konsequente Schlussfolgerung daraus ist die Dekonstruktion der Diskurse und die Erforschung ihrer Mechanismen, eine im wesentlichen statische Wissenschaft, die sich auf dokumentarische und archivierende Aufgaben beschränkt und in einer 'unbewussten'

Affirmation des Bestehenden verharrt. Hierin ist der Widerspruch verborgen, dass sich dann die Genealogie des Wissens ihrerseits zur wahren Objektivität der Erkenntnis erhebt. Dann aber ereilt die Genealogie dasselbe Schicksal, welches bereits die von Foucault kritisierten vorgeblich 'objektiven' Humanwissenschaften erreicht hat: "in dem Maße, wie sie sich in die reflexionslose Objektivität einer teilnahmslos-asketischen Beschreibung von kaleidoskopisch wechselnden Praktiken der Macht zurückzieht, entpuppt sich die genealogische Geschichtsschreibung als genau die *präsentistische, relativistische* und *kryptonormative* Scheinwissenschaft, die sie nicht sein will." (Habermas 1998, 324).Diese Gefahr sieht auch Escobar, wenn er bemerkt, dass die Dekonstruktion durch eine Rekonstruktion begleitet werden muss – die beiden Projekte sollen sogar gleichzeitig stattfinden und strategisch auf die kollektive Aktion sozialer Bewegungen zielen (Escobar 1995a, 16ff). Allerdings sind in keinem seiner Texte konkrete Ausführungen zu dieser Idee zu finden, lediglich die Forderung nach "in-depth ethnographies of development situations" (Escobar 1995a, 52). Warum solche Ethnographien anders ausfallen sollten als die Feldforschungen etablierter Entwicklungsinstitutionen oder sogar die Studien kolonialer Bestrebungen, wird von ihm nicht reflektiert. Legt man die Omnipräsenz und Allmacht des Entwicklungsdiskurses konsequent zugrunde, müsste die postmoderne Entwicklungskritik eigentlich jede weitere Erforschung der Dritten Welt, ihrer sozialen Bewegungen und kulturellen Muster zurückweisen.

Es scheint keinen Ausweg zu geben: die Ablehnung wissenschaftlicher Beschäftigung mit der Dritten Welt, die sich aus einer foucaultschen Analyse von Wissen als Macht konsequent ergibt, kann – wenn sie als Entwicklungsdiskurs abgelehnt wird - nur dazu führen *jegliche* Form von westlicher Wissensproduktion abzulehnen. Bourdieu hat diese Haltung als "Verachtung der Sozialwissenschaften" entlarvt und dargelegt, dass ihr ein Elitismus und Ästhetizismus zugrunde liegt, der "einer realistischen Sicht der sozialen Welt wenig förderlich ist" und – er bezieht sich dabei explizit auf Foucault – "unter dem Deckmantel von 'Dekonstruktion' und Kritik der 'Texte' einer kaum verhüllten Form von irrationalistischem Nihilismus Vorschub geleistet" hat (Bourdieu 1993, 87). Der Diskurskritiker meint Entwicklung als Machtkonzept und -strategie schon zerstört zu haben, während er sie in Wirklichkeit nur dekonstruiert.

Man entscheidet sich nach Bourdieu dann aber für den Verzicht auf politische Forderungen, die legitimiert werden müssten. Spivak hat deshalb die Einführung "strategischer Essentialismen" gefordert um politisch handlungsfähig zu bleiben (Spivak

1990, 11). Für Turner stellt sich deshalb das Problem, dass die Dekonstruktion als Technik lediglich die Probleme von Darstellungen (engl.: *problems of representation*) identifiziert hat ohne darüber hinaus Lösungsansätze bieten zu können (Turner 1994, 6). Auch Nancy Fraser scheint Recht zu behalten in ihrem "Beharren darauf, dass aus einer Erkenntnistheorie keine Politik zu gewinnen ist, selbst dann nicht, wenn diese Epistemologie eine radikale Antiepistemologie ist wie Historismus [als deren Vertreter sie Foucault ansieht], Pragmatismus oder die Dekonstruktion" (Fraser 1994, 16). Wenn politisches Handeln aber bedeutet, Entscheidungen zu treffen und diese Entscheidungen zu legitimieren, dann kann die Dekonstruktion dabei keine Hilfe sein. Es stellt sich also die Frage nach dem *politischen Potential* der postmodernen Entwicklungskritik.

6.4 Postmoderne Entwicklungskritik und Politik

Die politischen Interventionsmöglichkeiten sind in den Schlussfolgerungen postmoderner Kritiker von Entwicklung im Allgemeinen mangelhaft ausgebildet. Am ehesten wird noch auf die vage Hoffnung eines "strategischen Wissens" verwiesen, das sich durch die Verknüpfung von "Gegendiskursen" ergebe, oder auf die Möglichkeit, dass lokale soziale Bewegungen dem Projekt der Entwicklung ein Ende setzen könnten. Oder es wird – in Ermangelung kreativer Einfälle – schlicht auf eine Schlussfolgerung verzichtet. Marchand/Parpart etwa verzichten komplett darauf ein Fazit zu formulieren: "To remain true to the spirit of postmodernism, we have also decided against a conclusion" (Parpart, Marchand 1995: 2). Sie fassen deshalb die Einleitung und das Fazit des von ihnen herausgegebenen Sammelbandes unter der bemerkenswert zirkulären Überschrift "Introduction/Conclusion" zusammen. Entgegen diesem postmodernen Credo soll abschließend dennoch versucht werden die *politischen Perspektiven*, die eine postmoderne Entwicklungskritik vorträgt, zu diskutieren.

6.4.1 Die "normative Verwirrtheit" postmoderner Entwicklungskritik

Zunächst erscheint die postmoderne Entwicklungskritik deutlich positioniert zu sein. Sie lehnt Entwicklung mit Verweis auf die Auswirkungen beziehungsweise die ausbleibenden Erfolge ab (wir sehen für den Moment von den inhärenten Pauschalisierungen ab). Sie kritisiert vornehmlich modernisierungstheoretische Konzeptionen und insbesondere deren diskursive Äußerungsformen. Dabei beschäftigt sich Escobar weniger mit den Inhalten und mehr mit den Mechanismen dieser Diskurse, während etwa Esteva und die andere Autoren im Sammelband von Sachs (1997) eher die Inhalte zur Diskussion stellen. Eine große Leistung postmoderner Entwicklungskritik ist darin zu sehen, dass sie die grundlegende Verknüpfung des Entwicklungsdiskurs mit Machtfragen thematisiert. Die Dekonstruktion dieser Diskurse ist deshalb in einem eingeschränkten Sinn als Technik der Ideologiekritik für politische Projekte brauchbar.[114]

Aus den Aporien einer nicht-situierten postmodernen Entwicklungskritik und aus der Unmöglichkeit, mit normativen Kriterien zwischen verschiedenen Diskursen und Entwicklungsansätzen zu unterscheiden, ergeben sich massive Zweifel am *politischen Potential* eines postmodernen Ansatzes zur Entwicklungstheorie. Allgemein formuliert wird mangels normativer Positionierungen – diese müssten um Inkonsistenz zu vermeiden, nicht diskursiv konstruiert sein – jedes Projekt politischer oder sozialer Veränderungen nicht mehr theoretisierbar. Es bleibt unklar, wie eine Transformation der Gesellschaft aussehen könnte, geschweige denn nach welchen Mechanismen und Verfahren sie verlaufen müsste. Diese Unklarheit in bezug auf gesellschaftliche Veränderungen kann als Transformationsstreit bezeichnet werden. Letztlich kann überhaupt keine Theorie mehr gedacht werden, da nach einer radikalen Kritik der Wissenschaft als Diskurs und der Einsicht in die Konstruiertheit der eigenen Position Philosophie und Erkenntnis nicht mehr theoretisierbar sind (Theorienstreit). Die mangelnde normative Fundierung des Post-Development-Ansatzes ist bereits im Werk von Foucault angelegt (vgl. Fraser 1994, 31ff.) und wird von der postmodernen Entwicklungskritik in bezug auf das Nord-Süd-Verhältnis reproduziert. Beispielsweise sollte schon klar geworden sein, dass die Untersuchungen der Macht/Wissen-Regime, als deren Träger sich der Entwicklungsdiskurs entpuppt, die Kategorien von Wahrheit/Falschheit oder Realität/Ideologie suspendiert. Die postmoderne Entwicklungskritik geht zwar über Foucault insoweit hinaus, als sie die epistemischen Inhalte des Diskurses beurteilt und verwirft, aber sie kann dies nicht aus der eigenen Theorie heraus begründen und begrenzt sich folglich intelligenterweise auf eine Beschreibung der Prozeduren der Wissensproduktion, ihrer Praktiken, Apparate und Institutionen. Eine epistemische Rechtfertigung findet theorieimmanent nicht statt – statt dessen wird über deutliche Inkonsistenzen hinweg schlicht das "Ende der Entwicklungsära" verkündet – was wenig überzeugen mag.

---

[114] Die postmoderne Entwicklungskritik will freilich als etwas anderes verstanden werden als Ideologiekritik im marxistischen Sinne (vgl. Absatz 6.1).

Die Verknüpfung dieser "Genealogie der Entwicklung" mit der These des radikalen diskursiven Konstruktivismus der Postmoderne hat nun fatale Folgen für eine politische Positionierung. Denn wenn der Entwicklungsdiskurs die Realität der Dritten Welt erst *produziert*, dann muss ebenso wie von Foucault bereits getan jegliche *Repressionshypothese* verworfen werden. An ihre Stelle tritt eine Konzeptualisierung von Entwicklung als produktivem, allgegenwärtigem, universellem, diskursivem Macht/Wissen-Komplex, der bis in die feinsten Kapillaren der Weltgesellschaft diffundiert. Machtfreie Kulturen, machtfreie soziale Praktiken und machtfreies Wissen sind dann prinzipiell unmöglich. Damit schließt die postmoderne Entwicklungskritik aber auch jene radikal normative Theorie aus, die den liberalen Gegensatz von Legitimität versus Illegitimität durch den Gegensatz "Unterdrückung versus Befreiung" ersetzt. Sie schließt damit die dependenztheoretischen Ansätze von Dissoziation, autozentrierter Entwicklung und Self-Reliance ebenso aus wie die Politik antikolonialer Befreiungsbewegungen. Gleichzeitig – und hier liegt das weiter oben beschriebene Paradox- schließt sie all das aus, auf was sie sich positiv bezieht, nämlich soziale Bewegungen, lokale Kulturen und Wissensformen sowie sämtliche alternativen ntwicklungspolitische Gegendiskurse.

Das theoretische Problem scheint darin zu liegen, dass sich die grundlegenden Annahmen postmoderner Entwicklungskritik widersprechen. Weil sie keine Grundlage hat um beispielsweise Entwicklungsdiskurse, die machtbeladen sind, von solchen, die es nicht sind zu unterscheiden, muss sie eine pauschale Ablehnung von Entwicklung gutheißen. Sie tut dies aber ohne ein theoretisch stringentes Konzept davon zu haben, was diese Entwicklung ersetzen könnte. Dieses Dilemma tritt offen zutage, wenn wir die vorgeschlagenen Ziele und Strategien genauer betrachten.

Die Strategie der Dekonstruktion des Entwicklungsdiskurses und seiner Archäologie ist, wie sie von Escobar und Sachs verfolgt wird, im wesentlichen eine statische Wissenschaft, die sich auf dokumentarische und archivierende Aufgaben beschränkt, sofern sie sich nicht in Aporien verfängt. Deshalb soll schließlich auf die vorgeschlagenen Strategien der Gegendiskurse ("counterdiscourse") und auf die positive Bezugnahme auf soziale Bewegungen mit anti-entwicklungspolitischer Stoßrichtung eingegangen werden.

6.4.2 "Counterdiscourse": Zum Textualismus einer postmodernen Entwicklungskritik

Die Strategie des Gegendiskurses ("counterdiscourse") ergibt sich eigentlich logisch aus der foucaultschen Grundlage der postmodernen Entwicklungskritik. In der post-

modernen Entwicklungskritik wird die Welt (ob sie nun entwickelt oder unterentwickelt ist sei fürs erste dahingestellt) mit dem Horizont der "Texte" und "Diskurse"
gleichgesetzt. Die Existenz einer Referenzebene für das Denken jenseits der Diskurse
wird bestritten, so dass eigentlich jedes Zeichen nur als Reaktion auf bereits existierende Zeichen angesehen werden kann, genauso wie auch bei Foucault eine diskursive Äußerung nur verstanden wird als Antwort auf andere diskursive Äußerungen,
die sich zu Macht/Wissen-Komplexen verbinden. Die zwangsläufige Schlussfolgerung daraus bedeutet aber den Verlust der Verbindung des Denkens zur realen
Welt, das Diskurs-Wissen verliert seine materielle Grundlage aus den Augen: "Ist der
Kontakt zur realen Welt erst einmal (gedanklich) gebrochen, können die Ursachen
der sie prägenden Widerspruchsentwicklung ignoriert werden. Wenn das soziale Geschehen als das unmittelbare Produkt programmatischer Fixierungen angesehen wird,
kann für Krisenprozesse auch nur das Denken verantwortlich gemacht werden"
(Seppmann 2000a, 50). Seppmann knüpft hier an Marx an, der ein solches Denken im
vorletzten Jahrhundert als hilflose Kritik der Bewusstseinsformen gegeißelt hatte.
Was Marx in der "Deutschen Ideologie" über die Junghegelianer schreibt, lässt sich
fast wortgleich auf eine postmoderne Theorie übertragen, wenn man das etwas altmo-
dische Wort 'Phrasen' durch den modischeren Begriff der 'Diskurse' ersetze: "Da bei
diesen [...] die Vorstellungen, Gedanken, Begriffe, überhaupt die Produkte des von
ihnen verselbständigten Bewusstseins für die eigentlichen Fesseln der Menschen
gelten, [...] so versteht es sich, dass [sie] auch nur gegen diese Illusionen des Bewusstseins zu kämpfen haben. [...] Diese Forderung, das Bewusstsein zu verändern,
läuft auf die Forderung hinaus, das Bestehende anders zu interpretieren, das heißt es
vermittels einer anderen Interpretation anzuerkennen. [Sie] haben den richtigen Ausdruck für ihre Tätigkeit gefunden wenn sie behaupten, nur gegen *'Phrasen'* zu kämpfen. Sie vergessen nur, dass sie diesen Phrasen selbst nichts als Phrasen entgegenset-
zen und dass sie die wirklich bestehende Welt keineswegs bekämpfen, wenn sie nur
die Phrasen dieser Welt bekämpfen." (Marx 1986, 205-206).
Versteht man die Gegendiskurse als solche Phrasen, dann sind massive Zweifel an ihrem transformatorischen Potential angebracht. Darüber hinaus ist fragwürdig, ob die
Gegendiskurse nicht kooptiert werden und nur neue Formen von Entwicklung diskursiv etablieren, die um nichts besser oder schlechter sind als der momentan vorherrschende Diskurs. Diese Gefahr sieht Escobar offenbar auch, wenn er darauf verweist,
dass dieses Schicksal bereits die Diskurse zu ländlicher Entwicklung (Stichwort

Green Revolution), Frauen und Entwicklung (WID, GAD) und Partizipation (participatory action research) ereilt hat.

Auch hier wird also klar, dass in Abwesenheit einer normativen Grundlage zur Bewertung verschiedener Diskurse diese Strategie notwendigerweise auf eine *materielle Basis* bezogen werden muss, um politisch anwendbar zu sein. Dem steht aber die hermetische Textualität postmoderner Entwicklungskritik entgegen. Im Gefolge des "linguistic turn" der Sozialwissenschaften entstanden und an poststrukturalistische Konzepte anknüpfend, wird von ihr das marxistische Konzept von Basis und Überbau geschleift und durch eine omnipräsente Diskurskonzeption ersetzt. Nichtsdestotrotz kann sie die Frage nicht beantworten, ob hier nicht eine Verwechslung der Relation von Ursache und Wirkung vorliegt: produziert der Entwicklungsdiskus wirklich erst die Realitäten von Entwicklung und Unterentwicklung, Erster und Dritter Welt, Moderne und Tradition und so weiter oder verschafft sich vielleicht doch ein sozioökonomisches System globalen Warentauschs den dazugehörigen Diskurs?

Die postmoderne Entwicklungskritik scheint dieses *Verhältnis von Materialität und Diskursivität* aber nicht ansatzweise zu behandeln. Statt dessen beschränkt sie sich auf eine Kritik der Darstellungsformen der Dritten Welt (engl.: *representation*) und auf eine Analyse der Diskurse dieser Darstellung. Die Hoffnung auf Gegendiskurse verbindet sich dann mit der Hoffnung auf Anerkennung *anderer* Darstellungsformen, die Strategie der Gegendiskurse zielt also auf eine *Politik der Anerkennung*. Eine Kritik der *Repräsentation* muss aber nicht notwendigerweise zu einer Veränderung von Politikformen und -inhalten führen, wie die Weltbank bisweilen vorführt. Auf dem Weltsozialgipfel im Sommer 2000 in Genf wurde zum Beispiel diese "Kooptierung sozialer oder auch feministischer Positionen" deutlich. Gutausgebildete Frauen mit NGO-Vergangenheit aus dem Süden wurden in letzter Zeit in wichtige Positionen der Weltbank gehievt. "Die Politik der Weltbank verändert sich dadurch nicht, wohl aber ihre Repräsentation gegenüber dem Trikont." (Schunke 2000, 23). Die Kritik verschiedener Repräsentationsformen kann also auch dazu beitragen diese Repräsentationsformen zu korrigieren, zu verfeinern und damit zu affirmieren, nämlich genau dann, wenn lediglich die ideologische Folie kritisiert wird, die zur Legitimierung von Weltbankprogrammen dient, nicht aber die Struktur und Interessen der Weltbank selbst attackiert werden, die sich hinter dieser Ideologie verbergen. Bestenfalls kommt es dann zu Veränderungen auf der textuellen Ebene von Repräsentation/Darstellung und Diskurs, nicht jedoch zu Korrekturen der zugrundeliegenden Struktur. Eine radikale Kritik müsste sich – um dieser Gefahr zu entgehen

– auf die konkreten Inhalte und Mechanismen von Politik fokussieren. Die postmoderne Reflexion über diskursiv hergestellte Bilder von Armut und Unterentwicklung führt noch lange nicht zu einer fundamentalen Kritik der Ursachen. Selbst wenn der Diskurs der Entwicklung ein spezielles Bild von Armut geschaffen haben sollte – was durchaus anzunehmen ist – bleibt unklar, durch welche globalen politischen Konstellationen und durch welche marktförmigen Zwänge eine soziale Realität geschaffen wird, mit der dieses Bild korrespondiert.

Aus der Interpretation von Entwicklung als Diskurs ergibt sich deshalb eine gefährliche Blindheit gegenüber den politischen Strukturen eines sich globalisierenden Kapitalismus. Die Inszenierung des Entwicklungsdiskurses als weitgehend dominierend, homogen und universell wirkungsmächtig verstellt den Blick auf die zentrale Rolle der Weltbank, des IWF, der verschiedenen Regierungen, NGOs, der WTO, den Unterabteilungen des UN-Systems und anderer Institutionen und berücksichtigt auch nicht die zentrale Rolle des Weltmarktes. Die primär ökonomischen Tendenzen der Globalisierung können kaum als textuelle Konstruktionen eines diskursiven Regimes interpretiert werden (vgl. Narr/Schubert 1994, Altvater/Mahnkopf 1996). Aus der postmodernen Blindheit gegenüber der Materialität gesellschaftlicher Verhältnisse ergibt sich schlüssig, dass Entwicklung und Reichtum beziehungsweise Unterentwicklung und Armut keine Folgen eines globalen Kapitalismus sind sondern Produkt eines herrschaftsförmigen Diskurses, dessen Verknüpfungen zu einer sehr realen wirtschaftlichen Struktur aber nicht mehr aufgezeigt werden (können). Eine Schwäche der Position postmoderner Entwicklungskritik liegt also in der mangelnden Fundierung in realen sozio-ökonomischen Herrschaftsverhältnissen, die durch die Prozesse der Globalisierung und durch die Existenz des Weltmarkts bestimmt werden. Sie müsste dann ihr theoretisches Gebäude dergestalt erweitern, dass diese Aspekte berücksichtigt werden können.

Könnte es sein, daß in der postmoderner Kritiken von Entwicklung eine Allodoxie der Begriffe *Kapitalismus* und *Entwicklung* vorliegt? In Anlehnung an Amin (1995, 39), der schrieb, dass die Postmoderne das bürgerliche Denken mit dem modernen Denken verwechsle, ließe sich vielleicht hinzufügen, dass sie möglicherweise auch den Kapitalismus mit dem Nachkriegs-Entwicklungsdiskurs in eins wirft. Die Unfähigkeit zwischen den Zerstörungen von traditionellen Gesellschaften durch *diskur-*

sive Mechanismen und jenen durch die *ursprüngliche Akkumulation*[115] zu unterscheiden sowie die Fixiertheit auf die diskursiven Formen von Entwicklung legen dies nahe. Betrachtet man die postmoderne Entwicklungskritik für einen Moment im Lichte einer solchen Allodoxie, dann würde sie weitgehend die marxistische Analyse der primär *ökonomischen* Ursachen von Armut und Unterentwicklung gewissermaßen als richtig voraussetzen, um im Anschluss daran eine ideologiekritische Arbeit fortzuführen, die in ähnlicher Weise von der Dependenztheorie in ihrem Beharren auf der "Entwicklung der Unterentwicklung" bereits vorweggenommen worden ist. Sie ließe sich dann mit dieser Forschungsrichtung weitgehend vereinbaren – doch scheint es mir nicht sehr wahrscheinlich, dass diese Lesart postmoderner Entwicklungskritik die Zustimmung ihrer Protagonisten finden würde. Die in Gegendiskurse gesetzte Hoffnung braucht entweder unverzichtbar ein normatives Kriterium, um sie zu legitimieren, oder sie braucht die Vermittlung mit einer materiellen Basis, auf der Diskurse *in Bezug* auf spezifische sozioökonomischen Verhältnisse legitimiert werden können. Sieht man für einen Moment von den Aporien ab, die darin liegen, Gegendiskurse gegen einen Diskurs in Anschlag bringen zu wollen, der zuvor als geradezu unheimlich mächtig beschrieben worden ist (bereits an der Wortwahl zeigt sich der tautologische Charakter solcher Gedankengänge), so kann in dieser Strategie eine gewisse Hoffnung auf Veränderung liegen. Sie muss freilich weitgehend frei sein von den poststrukturalistischen und postmodernen Grundannahmen genereller *Textualität* sozialer Verhältnisse.

---

[115] Marx hatte die Ursache von Armut nicht in ihrer diskursiven "Erfindung", sondern in der sogenannten "Ursprünglichen Akkumulation" vermutet: "Diese ursprüngliche Akkumulation spielt in der politischen Ökonomie ungefähr dieselbe Rolle wie der Sündenfall in der Theologie. Adam biss in den Apfel und damit kam über das Menschengeschlecht die Sünde. Ihr Ursprung wird erklärt, in dem er als Anekdote der Vergangenheit erzählt wird. In einer längst verflossenen Zeit gab es auf der einen Seite eine fleißige, intelligente und vor allem sparsame Elite und auf der anderen faulenzende, ihr alles und mehr verjubelnde Lumpen. Die Legende vom theologischen Sündenfall erzählt uns allerdings, wie der Mensch dazu verdammt worden sei sein Brot im Schweiß seines Angesichts zu essen; die Historie vom ökonomischen Sündenfall aber enthüllt uns, wieso es Leute gibt, die das keineswegs nötig haben. Einerlei. So kam es, dass die ersten Reichtum akkumulierten und die letzteren schließlich nichts zu verkaufen hatten als ihre eigene Haut. Und von diesem Sündenfall datiert die Armut der großen Massen, die immer noch, aller Arbeit zum Trotz, nichts zu verkaufen haben als sich selbst und der Reichtum der wenigen, der fortwährend wächst, obgleich sie längst aufgehört haben zu arbeiten." (Karl Marx, Das Kapital, Band I, in Marx/Engels 1986a, 398-399).

Betrachtet man diesen Fall einer deutlichen Revidierung der postmodernen Fundierung der hier untersuchten Entwicklungskritik, dann bestünde die Hoffnung, dass durch die Mobilisierung alternativer Diskurse zu Entwicklung genau jene alternativen Entwicklungstheorien und -strategien entstehen könnten, von denen sich Escobar distanziert. Gibt man aber seinen möglicherweise vorschnellen Einwand auf, nicht mehr "alternative development" sondern "alternatives to development" erforschen zu wollen, so bewegt man sich auf dem Terrain der Diskurse um nachhaltige Entwicklung, Grundbedürfnisstrategien, und damit auf dem Terrain etablierter Entwicklungspolitik.[116] Sie kann dann eigentlich Entwicklung als Konzept und als Idee nicht mehr ablehnen. In diesem Sinne sind die Arbeiten feministischer Entwicklungskritik interessant, die nicht so sehr auf eine pauschale Ablehnung von Entwicklung zielen, als darauf zu klären, wie eine postmoderne Kritik die Debatten um Entwicklung bereichern kann.

Hier liegt ein vielversprechendes Potential für eine kritische Entwicklungsdebatte, doch muss die postmoderne Entwicklungskritik dafür von ihrer pauschalisierten Ablehnung des Konzepts und der Idee von Entwicklung abrücken. Gesetzt sie ist dazu bereit, dann könnte sie sinnvoll mit eher ökonomisch orientierten theoretischen Entwürfen, wie der Weltsystemansatz von Wallerstein sie darstellt, kombiniert werden. In einen solchen Rahmen eingefügt kann die Kritik der Wissensformen als Ideologiekritik produktiv gemacht werden um alternative Entwicklungskonzepte zu stärken – zum Beispiel die vielfältigen Überlegungen, die Esteva anstellt, wenn er von lokalen Initiativen berichtet. Sollte es der postmodernen Entwicklungskritik gelingen den stark ausgeprägten Textualismus ihrer Analysen mit einer besseren Analyse der Materialität von Entwicklungsdiskursen in Einklang zu bringen, dann wäre es möglich sowohl die diskursiven Formen der Darstellung als auch die materiellen Strukturen gleichzeitig zu analysieren und miteinander in Bezug zu setzen. Abgesehen davon, dass die postmoderne Entwicklungskritik wahrscheinlich nicht bereit sein wird derlei Revisionen an ihren theoretischen Annahmen vorzunehmen, steht diese Anstrengung erst noch aus. Sie müsste zudem sehr wahrscheinlich ihre Ablehnung sozialwissen-

---

[116] Die alte Strategie der Grundbedürfnisbefriedigung ("Wachstum plus Armutsbekämpfung") vertritt mittlerweile auch die Weltbank. Die Bundesregierung hat sich in ihrem Koalitionsvertrag auf die Formel geeinigt: "Entwicklungspolitik ist heute globale Strukturpolitik, deren Ziel es ist, die wirtschaftlichen, sozialen, ökologischen und politischen Verhältnisse in Entwicklungsländern zu verbessern"

schaftlicher Statistiken, über die sich Escobar lustig macht (Escobar 1995a, 213), revidieren.

6.4.3 Das disponible Subjekt und die Bedeutung sozialer Bewegungen

Wenn die Theorie aber eine "Selbstverständigung der Zeit über ihre Kämpfe und Wünsche" (Marx 1975, 57) sein soll – und davon gehe ich aus – kann die postmoderne Entwicklungskritik nur in einem Punkt einen wichtigen Beitrag leisten: in ihrer Aufmerksamkeit auf lokale soziale oder kulturelle Bewegungen. In diesen Bewegungen scheint die postmoderne Entwicklungskritik politische Akteure zu stärken, die auf gesellschaftliche Veränderungen hinwirken könnten.

Dem steht jedoch zunächst die von Lyotard verbreitete Delegitimierung der "großen Erzählung" der Emanzipation entgegen, sowie – und dies ist hier von Interesse - die "Dezentrierung des Subjekts", die einen wichtigen Baustein poststrukturalistischer und postmoderner Theorie bildet.

Im Kontext von "Entwicklung als Diskurs" wird dies darin deutlich, dass der Entwicklungsdiskurs – analog Foucault – subjektlos und doch intentional ist. Sein Ziel ist die Produktion und Darstellung der Dritten Welt, sowie ihre Beherrschung mittels diskursiver Normierung und Kontrolle. Die Apparate und Institutionen dieser Wissensproduktion bleiben aber seltsam unpräzise. Wirkliche politische Subjekte werden selten genannt, von politischen Akteuren ist nur am Rande die Rede, am ehesten werden noch die Institutionen von Bretton-Woods sowie der internationalen Staatenwelt genannt, doch bleibt eine genaue Analyse dieser Strukturen und der von ihnen verkörperten Interessen aus. Dies ist nur konsequent. Braucht die Diskurs-Macht der Entwicklung doch keine subjektförmigen Träger oder Agenten, sondern breitet sich in Regimen von Macht und Wissen bis in alle Winkel der Welt aus – sie ist eben "dezentriert". Damit besitzt der Diskurs keine deutlich benannten Agenten, Träger des Diskurses sind noch am ehesten große Institutionen der Entwicklungszusammenarbeit; deren Einfluss auf die reale Politik wird aber selten benannt. Auch die Rolle lokaler Eliten, nationalstaatlicher Regierungen der Entwicklungsländer, unterschiedlicher politischer Systeme wird nur am Rande beleuchtet. Damit fällt es der postmodernen Entwicklungskritik notwendigerweise schwer *Verantwortlichkeiten* für politisches Handeln festzumachen. Wer profitiert von Entwicklung? Wer implementiert ihre Programme und wer widersteht ihnen? Wem nützt sie? Wem schadet sie? Aus Sicht postmoderner Entwicklungstheorie sind potentiell *alle* am Diskurs beteiligt und damit gleichzeitig Träger *und* Opfer dieses Diskurses. Eine genauen Differenzierung zwischen den "Opfern und Ohnmächtigen der Weltwirtschaft" (Nyerere)einerseits und den Apologeten dieser Strukturen andererseits fällt also schwer. Entsprechend dürfte es schwierig sei auf der kritischen Seite Träger beziehungsweise Akteure von Protest zu identifizieren, denn auch auf sie trifft die These der 'Dezentrierung des Subjekts' zu.

Im Lichte dieser Situation ist die These der 'Dezentrierung des Subjekts' insbesondere in der feministischen Literatur heftig kritisiert worden, da ihr zufolge jede politische oder soziale Bewegung ihr Subjekt verliert. Nicht nur wird es problematisch Subjekte in solchen Bewegungen zu organisieren, darüber hinaus werden die Subjekte so verschieden sein, dass bestenfalls eine Form fragiler Koalitions- und Bündnispolitik möglich wird. In einer solchen Konzeptualisierung ist es fragwürdig, welche Handlungsperspektiven sich dann noch identifizieren lassen.

Die Dezentrierung des Subjekts wird aber von vorwiegend männlichen, europäischen Intellektuellen genau in dem Moment verkündet, in dem die Menschen des Trikonts in den nationalen Befreiungsbewegungen und in den revolutionären Bewegungen der 70er Jahre überhaupt erst zum "Subjekt" von Emanzipation und Geschichte werden, was bereits zu denken geben müsste. In der feministischen Theorie ist nicht umsonst darauf hingewiesen worden, dass ein Subjekt erst das Recht und die reale Möglichkeit haben muss, für sich zu sprechen, bevor es dekonstruiert werden kann (vgl. zum Beispiel Nagl-Docekal 1990 und Benhabib 1997, 57ff.). Auch die Literatur Lateinamerikas ist voll von Emanzipationserzählungen ("metanarratives"), die vom Kampf gegen Unterdrückung und Diktatur handeln und die in Begriffen von Wahrheit, Gerechtigkeit, Freiheit und Solidarität geschrieben sind. Diese Schriften (engl.: *inscriptions*) entstehen in der Konfrontation mit einer sozialen Realität, die es aus politischen Gründen schwierig macht vom "Ende der großen Erzählungen" zu schwadronieren.

Es scheint als fiele auf die Protagonisten der sozialen Kämpfe und auch auf eine postmoderne Entwicklungskritik der delegitimierende und apologetische Schatten eines Lyotard. Auf die "große Erzählung der Emanzipation" verzichten zu können bedeutet das traurige Privileg, der Macht der Zentren anzugehören und bedeutet es nicht auch, diese Macht zu stützen? Zu untersuchen ist deshalb, wie aus Wissen Handeln entsteht und welche individuellen und kollektiven Dispositionen bei diesen Prozessen eine Rolle sielen. Wie finden Individuen und Gesellschaften Mittel und Wege, sich veränderten Bedingungen anzupassen oder Bedingungen zu verändern? Was müssen sie dazu wissen? Wie wird dieses Wissen in Handlung transformiert? Welche Durchsetzungsmechanismen sind dafür nötig?

Ich möchte hier die generelle Einschätzung vertreten, dass in sozialen Prozessen vielfältige *Willensentscheidungen* eine Rolle spielen, die so oder so ausfallen können, der Ablauf und Ausgang sozialer Prozesse ist daher grundsätzlich immer offen. Sie sind nicht im Sinne von Gesetzmäßigkeiten determiniert sondern nur im Sinne von Wahrscheinlichkeiten voraussehbar und entsprechend offen für unterschiedliche Interpretationen (vgl. Thiel 1999a, 19). Die mangelnde Voraussehbarkeit sozialer Prozesse bedeutet, dass sie immer kontingent sind. Diese Position scheint auch die postmoderne Entwicklungskritik zu vertreten, wenn sie in den vielfältigen lokalen Bewegungen gegen Entwicklungsprojekte und in den lokalen Formen des Wissens ein Widerstandspotential gegen "den Entwicklungsdiskurs" verortet. Nach Escobar betont die postmoderne Entwicklungskritik "the role of grassroots movements, local knowledge, and popular power in transforming development. The authors representing this trend state that they are interested not in development alternatives but in alternatives to development, that is, the rejection of the entire paradigm altogether" (Escobar 1995a, 215).

Neben der Ablehnung von Entwicklung insgesamt und der Dekonstruktion des Entwicklungsdiskurses ist also seine Hoffnung, dass aus diesen lokalen Widerstandsformen neue Nuklei entstehen, um die herum "new forms of power and knowledge might converge." (Escobar 1995a, 216). Er vertritt damit den klassischen foucaultschen Standpunkt lokaler, wissensförmiger und dezentrierter Macht. Esteva sekundiert die These der Dezentrierung in seiner Praxis das Wort "wir" in seinen Beschreibungen lokaler Initiativen und sozialer Bewegungen konsequent in Anführungsstriche zu setzen. Darüber hinaus vertritt er einen stark an Tradition orientierten Begriff von Kultur, mit dem er sich hauptsächlich gegen die Dominanz ökonomischer Kategorien zur Wehr setzen will. Für ihn stellen die sozialen Bewegungen vor allem eine Rebellion des "traditionellen Menschen" gegen den modernen *homo oeconomicus* dar. Das Aufeinandertreffen der beiden habe nun den "neuen Menschen" geschaffen, den *homo communis* (Esteva 1995, 45ff.). Der *homo communis* ist für Esteva der einfache Mensch, der marginal und unsichtbar an den Rändern der Gesellschaft existiert, der in Gemeinschaft lebt, im informellen Sektor oder durch Subsistenzwirtschaft seinen Lebensunterhalt bestreitet, keine Vergangenheit und keine Zukunft kennt, sondern im "Jetzt" lebt und Mängel in Hoffnung zu verwandeln weiß (Esteva 1995, 47-54). Nach der "Krise von Entwicklung" setzt nun die postmoderne Entwicklungskritik ihre Hoffnung auf die Bewegungen der Marginalisierten und Informalisierten und entwickelt eine durchaus foucaultsche Widerstandsperspektive für diese Bewegung: statt Bewußtseinsveränderung wird "Erschütterung" verlangt. Auf der theoretischen Ebene geht es Esteva darum "eine Sprache, eine Ausdrucksweise, Kategorien und Systeme der Wahrheitsfindung zu erneuern. Auf der institutionellen Ebene geht es nicht darum, diese zu reformieren oder zu bekämpfen, sondern Institutionalisierung und Professionalisierung der menschlichen Aktivitäten abzuschaffen." (Esteva 1995, 96). Nicht um Revolution geht es hier, sondern um Abschaffung von Institutionen des menschlichen Zusammenlebens. [117]

Die Abschaffung von Entwicklung und dem sie tragenden Diskurs beruht also in einem fragilen, wechselhaften und koalitionären Bündnis marginaler, dezentraler und pluralistischer Initiativen. Hier liegt das eigentliche politische Fazit postmoderner Entwicklungskritik: sie imaginiert eine globale vielfältige Bewegung der unterschiedlichsten Gruppen ohne genau auf deren gemeinsame Interessen oder politische Differenzen einzugehen. Ein gutes Beispiel hierfür stellt möglicherweise die Mobilisierung gegen Globalisierungstendenzen und IMF/Weltbank-Politik dar, die in den 90er Jahren entstanden ist, und seit den Protesten von Seattle, Prag und Genua einen äußerst fragilen Zusammenschluss der unterschiedlichsten politischen Bewegungen bildet. Sollte es gelingen, aus diesen noch sehr fragilen Bündnissen eine breitere Bewegung zu machen, dann kann die postmoderne Entwicklungskritik mit der ihr eigenen Thematik einen wichtigen Beitrag leisten: der Hinweis auf diskursive Formen einer globalen ökonomischen Herrschaft und die Aufmerksamkeit gegenüber global verstreuten, aber tendenziell vereinten Bewegungen kann sich dann zu einem politischen Projekt von größerer Relevanz verbinden.

6.4.4 Postmoderner Politik und die Gefahr des Kulturalismus

Bei der theoretischen Fundierung postmoderner Vorstellungen von anti-entwicklungspolitischen Aktivitäten sind aber auch massive Zweifel angebracht. Die Grundlage der beschriebenen Bewegungen, die eigentlich nur im Plural gedacht werden können, ist für die postmoderne Entwicklungskritik nämlich kulturelle Differenz: "At the bottom of the investigation of alternatives lies the sheer fact of cultural diffe-

---

[117] Walzer hat sich in bezug auf Foucault hingegen skeptisch geäußert, ob solche eine Strategie mehr erwarten kann "als eine kleine Reform, eine Milderung der disziplinären Strenge, die Einführung humanerer, wenn auch nicht minder effektiver Methoden" (Walzer 1997, 275).

rence" (Escobar 1995a, 225). Zu dieser Kulturalisierung sozialer Lagen ist weiter oben schon einiges gesagt worden. Ich möchte an diesem Punkt aber noch einmal auf die damit verbundenen Gefahren eingehen.

Zunächst ist da das Problem, dass ein undifferenzierter Bezug auf den Begriff "Kultur" so viel verschleiert wie er erklärt. An die Stelle eines ökonomischen Reduktionismus in einfachen Basis-Überbau-Schema, tritt dann ein kulturalistischer Determinismus: alles wird zu Kultur. Die Kategorie "Kultur" ist aber viel zu unklar um daraus eindeutige politische Positionen abzuleiten – dies ist die Gefahr des kulturellen Relativismus. Wenn Escobar die "Dekolonisierung der Darstellung" erreichen will, indem er eine "Politik kultureller Affirmation" vertritt (Escobar 1995a, 167), wird darin noch lange nicht deutlich, welche Kulturen in wessen Interesse von wem genau affirmiert werden sollen. Gerade aus einer postmodernen Perspektive heraus wäre dann zu fragen, welche Mechanismen diskursiver Macht in der Darstellung verschiedener Gesellschaften als "Kultur" dann genau verschleiert werden. Eine Kritik, die sich aber darauf beschränkt gesellschaftliche Auseinandersetzung als "kulturell" darzustellen, sämtliche sozialen Fragen einem allumfassenden Diskursregime anzulasten und sich dabei auf Fragen der Darstellung kapriziert, ist wenig hilfreich. Genaue Kriterien müssten definiert und begründet werden, nach denen kulturelle Kämpfe beurteilt werden könnten. Ansonsten steht zu befürchten, dass sie sich um nichts von den neokonservativen "Kulturkämpfen" eines Samuel Huntington unterscheiden (Huntington 1993). Vor genau dieser Positionierung scheut die postmoderne Kritik auf seltsame Weise zurück. Es steht zu vermuten, dass dies aus der Unfähigkeit heraus geschieht über genaue Kriterien zu verfügen, die im Wirrwarr der Diskurse und Narrative Orientierungen geben könnten. In dieser Sicht ist der Bezug auf Kultur nichts anderes als ein Ausweichen vor politischen Fragen, da über den Begriff "Kultur" gerade aus kulturwissenschaftlicher Sicht noch am ehesten gesagt werden kann, dass er nichts besagt. Der Kulturbegriff selbst ist heute dezentriert (vgl. Elwert 1997, Randeria 1995, 82ff.). Was unter Kultur exakt zu verstehen ist und wie das Verhältnis von Kultur und Entwicklung gefasst werden kann, ist jedenfalls äußerst umstritten (Braun/Rösel 1993, 250).

Ein weiteres Problem besteht darin, dass eine Bezugnahme auf Kultur nicht in der Lage ist die Vielfältigkeit von Beherrschungsmechanismen entlang der Linien von Klasse, Nationalität und Geschlecht mit zu denken. Es besteht also die Gefahr einer unnötigen Verengung auf den kulturellen Aspekt von Gesellschaft. Die postmoderne Kritik ist dabei reduktionistisch in ihrer *kulturalistischen beziehungsweise ethno-*

logischen Herangehensweise: hier wird Kultur zum alles erklärenden Faktor, zur Essenz jeder gesellschaftlichen, sozialen, politischen und theoretischen Position. "Kultur wird so zur Universalkategorie einer Theorie, die ihrem Selbstverständnis nach Universalkategorien zugunsten von Partikularität und Singularität zu überwinden meint." (Janz 1999, 25). Die postmoderne Kritik formuliert zwar den Anspruch, auf Vielfalt und Differenzen genau einzugehen, ist aber selber nicht in der Lage, ihre eigenen Reduktionismen hinter sich zu lassen: sie müsste dazu ökonomische und soziologische Ansätze integrieren. Stattdessen hat sie die Aufmerksamkeit in so umfassender Weise von den "Fakten" globaler kapitalistischer Vergesellschaftung zu den "Fiktionen" der Darstellungsweisen (engl.: *representations*) des Entwicklungsdiskurses verschoben, dass kaum mehr Raum für materialistische Analysen bleibt.[118] Gleichzeitig ist diese "Kulturalisierung der Gesellschaftsauffassung" (Eickelpasch 1997) in ihrer Analyse komplexer gesellschaftlicher Konflikte ihrerseits reduktionistisch – sie verleiht einem neuen Determinismus Auftrieb, in dem Kultur zum fundamentalen Faktor von Gesellschaft wird. Man könnte meinen, dass das materialistische Denken in der Tradition des Marxismus von Basis-Überbau dann schlicht von den Füßen zurück auf den Kopf gestellt wird. Eine gute Theorie müsste aber in der Lage sein ökonomische, soziale, politische und kulturelle Aspekte in den Griff zu bekommen oder wenigstens diese konzeptionelle Möglichkeit zu bieten. Wenn aber statt dessen sämtliche gesellschaftlichen Phänomene als Kulturphänomene, das heißt als Konstruktionen jeweils differierender Interpretationen der Welt verstanden werden, verliert das Kulturelle seine analytische Qualität. "Wenn alles kulturell ist, ist gar nichts mehr kulturell" (Baecker 1995, 28).

In der Kulturalisierung sozialer Konflikte liegt darüber hinaus die Gefahr der unkritischen Romantisierung unterschiedlicher Kulturen, indigenen Wissens und lokaler Gesellschaften. Die postmoderne Entwicklungskritik ist wenig kritisch gegenüber lokalen, traditionellen und ebenfalls kulturell legitimierten Strukturen von Abgängigkeit und Unterdrückung: die Diskussion um die Rechte von Frauen liefert hier zahllose Beispiele. An Lévi-Strauss ist vor Jahrzehnten schon ein romantisierender Ethnozentrismus kritisiert worden (vgl. Slater 1992, 286). Ihm wurde vorgeworfen nichtwestliche Gesellschaften rund um Vorstellungen des Guten und Noblen zu essentialisieren und Widersprüchlichkeiten und Differenzen aus ihrer Geschichte zu löschen.

---

[118] Dies ist ein Punkt, den in ganz ähnlicher Weise Aijaz Ahmad an postkolonialer Theoriebildung kritisiert hat (vgl. Ahmad 1992, 93 und 1996).

Genau diese Gefahr läuft die postmoderne Entwicklungskritik in ihrer positiven Bezugnahme auf lokale Kultur und Gemeinschaft. Es scheint als müsse sie sich entscheiden: entweder sie widmet sich auch einer radikalen Dekonstruktion von nichtwestlichen, traditionellen, lokalen und ländlichen Gesellschaften und reflektiert dabei gleichzeitig die Methoden der Dekonstruktion – dies wäre die eigentlich konsequente Logik der Postmoderne – oder sie muss eine Grenze zwischen diskursiver Konstruiertheit und essentieller Wesenhaftigkeit ziehen, die dann aber auch normativ begründet werden muss.

Schließlich liegt im undifferenzierten Bezug auf die kulturellen Formen von Gesellschaft die Gefahr, den Zusammenhang von Kultur und Kapitalismus nicht mehr zu denken. Insbesondere die Kritische Theorie hat darauf aufmerksam gemacht, dass auch Kultur und Repräsentationstechniken Waren sind, doch über dieses Diktum macht sich die postmoderne Entwicklungskritik keine Gedanken. Es muss aber vermutet werden, dass die zunehmende Verflechtung von Kultur und Ökonomie im sich entwickelnden Kapitalismus – wie ihn Adorno/Horkheimer (1988) als "Kulturindustrie" in den USA der 40er Jahre analysiert haben – mittlerweile auch in der Dritten Welt von großer Bedeutung ist. Inwiefern die produzierten Repräsentationsformen der Dritten Welt aber handelbare Waren sind, die auf globalen "Weltmusik"- und "Exotik"-Märkten getauscht werden und andererseits die lokalen Kulturen von diesem Weltmarkt geprägt werden, bleibt in einer postmodernen Kritik von Entwicklung unklar.

6.4.5 Lokalität, Partikularismus und die Gefahr der antidialektischen Affirmation

Doch damit nicht genug. Aus der Ablehnung von universalistischen "Metanarrativen" zieht die postmoderne Entwicklungskritik den Schluss ihr Augenmerk auf Lokalität zu richten und vertritt einen theoretischen Partikularismus ihrer Analyse, auch wenn ihre Aussagen bisweilen sehr pauschal formuliert sind.

In der postmodernen Begeisterung für Vielfalt, Marginalität und Lokalität offenbart sich deshalb eine Tendenz die "Totalität" des kapitalistischen Weltsystems zu negieren. In marxistischen Begriffe gefasst heißt dies die Differenz zwischen dem Allgemeinen und dem Besonderen im Affekt gegen das Allgemeine – das in dem in Anführungsstriche gesetzten Begriff der "Entwicklung" sein Äquivalent findet – aufzulösen. Das Besondere wird dann affirmiert aber gleichzeitig geht der Blick auf die

Abstraktheit kapitalistischer Vergesellschaftung verloren.[119] Dieser Partikularismus enthält also einen Affekt gegen das dialektische Denken und hat gleich mehrere negative Konsequenzen.

Erstens wird in dem Maße, in dem die Vielfalt und Fragmentierung der weltgesellschaftlichen Verhältnisse betont werden, die Struktur der Zentrum-Peripherie-Beziehung in Differenzen aufgelöst. Dadurch werden gleichzeitig die Differenzen (in Regionalismen, Marginalitäten und Lokalitäten) sogleich in der Metakategorie des "Anderen" als "Gegendiskurs" oder eben als "Post-Development" aufgehoben, wobei alle Einzigartigkeiten und Unterschiedlichkeiten nicht nur analytisch nicht mehr fassbar sondern auch austauschbar werden (vgl. Slater 1992, 290-91). Die Dialektik zwischen Abstraktem und Konkretem, Allgemeinem und Besonderem wird also in einer beliebigen Austauschbarkeiten von pluralistischen Besonderheiten aufgelöst.

Ein zweiter negativer Aspekt liegt darin, dass in dieser Fokussierung die Aufmerksamkeit für die Abstraktheit des Weltmarkts und des globalen Kapitalismus verloren geht. Nach 1989 kann die Herstellung des kapitalistischen Weltsystems als abgeschlossen gelten (Altvater 1996, 11). Diese real existierende Totalität kapitalistischer Vergesellschaftung wird aber von der postmodernen Entwicklungskritik so wenig berücksichtigt, dass sie Gefahr läuft wichtige globale, ökonomische und strukturelle Faktoren, die Entwicklung und Unterentwicklung determinieren, aus dem Blick zu verlieren.

Die möglicherweise größte Schwäche des postmodernen Denkens läge dann darin mit einer rein akademischen Geste die Existenz der realen Dialektik von Globalität und Lokalität, von Allgemeinem und Besonderem zu leugnen und auf diese Weise nicht mehr zur Kenntnis zu nehmen, dass Ideen und Begriffe *auch* Ausdruck eines tätigen Weltverhältnisses sind. Die postmoderne Entwicklungskritik verkennt in ihrer Betonung von Multikulturalität, Vielfalt der Lebensstile, und der Differenzen überhaupt, dass dies nur die eine Seite der Medaille ist. Die andere ist, dass all dies sehr wesentlich von den Mechanismen einer sich globalisierenden kapitalistischen Ökonomie erzeugt und geprägt wird. Natürlich bestehen Ausbeutungsbeziehungen zwischen Nord und Süd fort, entstehen Abhängigkeiten zwischen den Entwicklungsinstitutionen und denjenigen, die zur "Zielscheibe" solcher Entwicklung werden und natürlich ist die Macht über Darstellungsformen und diskursive Interpretation dieser gesellschaftli-

---

[119] Vgl. zu diesem Effekt Dirlik (1994) und Hutnyk (1997), die dies am Beispiel postkolonialer Theorie verdeutlicht haben.

chen Verhältnisse höchst ungleich verteilt, doch je mehr die Globalisierung voranschreitet desto abstrakter und undurchschaubarer werden diese Verhältnisse und bleiben doch Produktionsverhältnisse und somit strukturell "Gesellschaft", nicht "Diskurs". Die postmoderne Verengung des Gesellschaftsbegriffs auf Diskurs, dem bestenfalls "Kulturen" entgegen stehen und die Begeisterung für Differenzen und Pluralität blendet eben dies aus. "Das Spiel der Differenzen innerhalb der Pluralität der Kämpfe führt aber zur stillschweigenden Preisgabe der Kritik des Kapitalismus als ein globales gesellschaftliches System. Das falsche Ganze wird so als unüberwindbar hingenommen." (Janz 1999, 26). Bei der Gegenüberstellung der diskursiven Macht des Entwicklungsdiskurses einerseits und der strukturellen Herrschaft globaler ökonomischer Strukturen andererseits wird deutlich, wo die Grenzen der postmodernen Entwicklungskritik liegen. Anders als eine materialistische Kritik, welche die kapitalistische Gesellschaft als falsche Allgemeinheit kritisiert und dabei einen Begriff von der Besonderheit der konkreten historisch und gesellschaftlich spezifischen Verhältnisse bewahrt, ist der postmodernen Kritik der Begriff des Allgemeinen und ihre Analyse abhanden gekommen. Während im marxistischen Basis-Überbau-Modell – so simplifizierend es auch sein mag – wenigstens noch eine analytische Unterscheidung von Ökonomie und Kultur anklang, hat die postmoderne Entwicklungskritik diese Trennung aus ihrem Denken verbannt. Ihr steht damit ein Begriff von Kultur zur Verfügung, in dem Kultur zur Universalkategorie einer Theorie wird und die ihrem Selbstverständnis nach Universalkategorien zugunsten von Partikularität und Differenzen zu überwinden meint.

Ist die obsessive Beschäftigung mit Repräsentationsverhältnissen deshalb nicht Ausdruck einer tiefgreifenden theoretischen Verarmung, die noch dazu Depolitisierung zur Folge hat? Müsste an die Stelle der Betonung von Diskurs, Lokalität und Kultur nicht ein Denken über kapitalistische Strukturen treten, das in der Lage ist, beides miteinander zu verbinde? Müsste an die Seite der *Politik der Anerkennung* nicht eine *Politik der Umverteilung* treten, wie dies Nancy Fraser (1998) gefordert hat? Müsste die Dekonstruktion des Entwicklungsdiskurses nicht besser als Ideologiekritik betrieben werden, damit sie mit einer Analyse nicht-diskursiver *struktureller* Formen von Herrschaft in Einklang gebracht werden kann?

Dass die postmoderne Entwicklungskritik nicht zu dieser Dialektik und der ihr zugrunde liegenden Realität vorstößt, ist für den Eindruck einer schillernden Oberflächlichkeit verantwortlich. Für das Bemühen um eine umfassende und kritische Analyse der Bedingungen von Entwicklung und Unterentwicklung ist es hingegen eine Katastrophe. Für Kößler hat deshalb die postmoderne Entwicklungskritik quasi unbewusst "die Einsicht in die Dialektik der Aufklärung auf deren umstandslose Negation zurechtgestutzt" (Kößler 1993, 24).

7 SCHLUSSFOLGERUNGEN

the stock market rallies as
futures are tallied and sold
pensions are raided and
parachutes painted in gold
conformism packaged to save
us all from the cold
Karl Marx is gone
i've got the postmodern blues
- Patricia Barber[120]

Die postmoderne Entwicklungskritik vertritt ein insgesamt ambitioniertes Projekt. Mit der Interpretation von Entwicklung als diskursiv produziertem Macht/Wissen-Komplex formuliert sie eine grundlegende Kritik der Wissensformen und entwicklungspolitischen Diskurse. Sie betreibt dabei eine radikale Infragestellung der etablierten Entwicklungszusammenarbeit, ihrer hegemonialen Vorstellungen und ihrer Apparate und Institutionen, die sowohl auf theoretischer als auch auf praktischer Ebene in der Dritten Welt Einfluss haben. Diese Einsichten in die Verstrickungen von Wissenschaft, Herrschaftsinteressen und diskursiv wirkender Macht eines entwicklungspolitischen Apparates, gleichwohl er über wenig Mittel verfügt, sind unumgänglich, wenn man die Debatten zu Entwicklung und Unterentwicklung verfolgt und sie liefern in ihrem Rückgriff auf Foucault eine intellektuell anspruchsvolle Herangehensweise – in diesem Sinne sind sie in ideologiekritischer Absicht brauchbar.

Die grundlegende Kritik der diskursiven Formen von Entwicklungskonzeptionen – und zwar aller Konzeptionen gleich welcher politischen *couleur* – beruht deutlich auf postmodernen Einsichten. Ihre wichtigsten theoretischen Annahmen sind ein radikaler diskursiver Konstruktivismus, eine auf Foucault zurückgehende Machttheorie, die Formen von Wissen und Macht als generell untrennbar verkoppelt betrachtet, sowie die daraus abgeleiteten Bestandteile des Entwicklungsdiskurses, die analytisch als Objektivierung der Dritten Welt, Professionalisierung und Produktion spezialisierten Wissens sowie Institutionalisierung eines Apparates der Diskurs- und Wissensproduktion beschrieben werden. All diese Mechanismen sind mit Macht verknüpft und dienen letztlich der Unterwerfung der Dritten Welt unter ein diskursives Regime. Die Macht dieses Regimes ist omnipräsent, produktiv, lokal diffundiert,

---

[120] Barber, Patricia (1998): "postmodern blues", from the Album "modern cool", Chicago (Premium Records).

subjektlos und unhintergehbar. In der Analyse dieses Regimes, das durch Normierung und Disziplinierung in der Dritten Welt (aber auch in der Ersten Welt) kontrollierend wirkt, bietet die postmoderne Entwicklungskritik interessante Einsichten, die berücksichtigt werden müssen, wenn in Zukunft Vorschläge für entwicklungspolitische Maßnahmen irgendwo auf der Welt gemacht werden sollen. Darüber hinaus liegt in der postmodern geprägten Skepsis gegenüber generalisierenden Theorien die Chance, die Vielfalt und Differenzierung der Welt zu erfassen und als solche zu schätzen. Die Einsichten postmoderner Philosophie sind deshalb zunächst von Vorteil, wenn man sich sehr detailliert für die komplexen gesellschaftlichen Verhältnisse an der Peripherie und für die marginalisierten, lokalen Formen menschlichen Lebens interessiert. Gleichzeitig postuliert sie eine vehemente Skepsis gegenüber vielen als "alternativ" geltenden Modellen, die sie als spezifische Ausprägungen eines totalisierenden Diskurses interpretiert.

In den vorherigen Kapiteln sind die postmodernen Grundlagen einer solchen Entwicklungskritik aufgezeigt worden. Diese Grundlagen sind aber nicht nur vorteilhaft. Einiges von dem, was auf den ersten Blick als vielversprechender Ansatz erscheinen mag, ist mit Problemen behaftet, die ich in genau jenem postmodernem Theoriehintergrund vermutet habe.

Meine These war, dass sich aus diesen zugrundeliegenden theoretischen Annahmen zwangsläufig theorieimmanente Schwierigkeiten ergeben, die kaum deutlich benannt geschweige denn überwunden werden können. Die postmoderne Entwicklungskritik trägt gewissermaßen die Aporien ihrer postmodernen und poststrukturalistischen Vordenker als ungelösten "Theorieballast" mit sich herum. Die wichtigsten Widersprüche innerhalb postmoderner Ansätze zur Entwicklungstheorie resultieren dabei aus den zugrundeliegenden Annahmen einer prinzipiellen Textualität von Gesellschaft – als Folge des poststrukturalistischen Trends mit seiner Aufmerksamkeit für Diskurse – und aus den Aporien einer Foucaultschen Machttheorie, die Macht und Wissen in eins setzt und gleichzeitig als unhintergehbar beschreibt.

Aus diesen Paradoxien, die bereits in der postmodernen Philosophie angelegt sind, resultieren die theoretischen und praktischen Probleme der hier dargestellten Entwicklungskritik: (1) eine generelle "Normative Verwirrtheit" die sich in Dekonstruktion und lediglich beschreibende Genealogien flüchtet, (2) die Inkonsistenz der Theorie in ihrer mangelnden Legitimation der eigenen Aussagen und der fehlenden Positionierung des kritischen Standpunkts, (3) die entgegen der postmodernen philosophischen Grundlage inakzeptablen Universalismen (im Sinne von zu weitreichenden

Pauschalisierungen und Generalisierungen) und (4) die wenig differenzierten Reduktionismen (im Sinne von reduktionistischen Erklärungsansätzen).

Dieser *baggage* führt zu einer Reihe "Blinder Flecke" in der Theoriebildung, die entstehen, weil die Aporien nicht offensiv angegangen werden. Die beschriebenen Schwierigkeiten gipfeln demnach – wie gezeigt worden ist – in einer pauschalen und deutlich generalisierenden Ablehnung von Entwicklung als Idee und Konzept, was den verborgenen quasi-universalistischen Charakter dieser Kritik ausmacht. In dieser radikalen Ablehnung von Entwicklungstheorie und -politik liegt deshalb die Gefahr, das Kind mit dem Bade auszuschütten, oder wie Ellen Meiksins-Wood es treffend formuliert hat, das Baby wegzuschmeißen und das Badwasser zu behalten. Auch nach einer postmodernen dekonstruktivistischen Kritik des Entwicklungsdiskurses scheinen die realen Probleme in einer kapitalistischen Welt weiter zu bestehen. Entwicklungstheoretische Ansätze, die dies auch aus radikaler Perspektive thematisiert haben – etwa innerhalb des dependenztheoretischen Paradigmas – werden aber ebenso durch eine postmoderne Entwicklungskritik delegitimiert, wie ihre modernisierungstheoretischen Konkurrenten auf dem Markt der Wissenschaften. Mir scheint aber, dass es lohnend sein könnte an einem Begriff von Entwicklung, der in der Überwindung struktureller Abhängigkeit durch menschliche Handlungsalternativen besteht, festzuhalten.

Gleichzeitig existieren im Erklärungsansatz postmoderner Entwicklungskritik reduktionistische Reflexe. Dies gilt vor allem für einige "Tabus" postmoderner Kriti: die Strukturen nicht-diskursiver Macht wie zum Beispiel ökonomische Verflechtungen und Abhängigkeitsbeziehungen, die Totalität einer weltweiten kapitalistischen Vergesellschaftung, die Dialektik von Basis und Überbau, Ökonomie und Kultur, Gesellschaft und Individuum, Text und Materie, Fiktion und Realität und so weiter werden zu wenig berücksichtigt. Der postmoderne Diskurs, der sich selbst keiner kritischen Reflexion aussetzt, charakterisiert sich durch seine gewaltige Leere: keine Strukturen, keine ökonomischen Analysen, kein 'Wille zum Metanarrativ', keine Betrachtung des *falschen Ganzen*. Man vermeidet es von sozialen Konflikten, von wirtschaftlichen Interessen und struktureller Gewalt zu sprechen und begnügt sich mit allgemeinen Abstraktionen über den großen Entwicklungsdiskurs, dessen Zerstörung man herbei sehnt.

Daraus folgt, und dies ist meines Erachtens nach der wichtigste Punkt aus einer politikwissenschaftlichen Perspektive, ein großes Defizit in bezug auf das *politische Potential* für Veränderung der Situation in der nunmehr lediglich Ersten und Dritten

Welt. Eine theoretische Alternative einer grundlegend *andere Welt,* jenseits des reichen Nordens und des armen Südens, kann dann nicht mehr gedacht werden. Hierin liegt die folgenreiche Unfähigkeit postmodern geprägter Entwicklungskritik politische Schlussfolgerungen aus ihren theoretischen und analytischen Anstrengungen zu ziehen. Dabei ist nicht so sehr von Gewicht, dass kein ausformuliertes "Programm" zustande kommt, sondern vielmehr, dass die postmoderne Grundlage dieser Entwicklungskritik geradezu politische Hoffnungen auf Veränderung der weltweiten Abhängigkeitsstrukturen zu zerstören scheint. Hier sind insbesondere die Dezentrierung des Subjekts, die Unhintergehbarkeit diskursiver Macht, die Gefahren eines "Abdriftens" in lokale, marginale Bezugsrahmen, in Relativismus, Kulturalismus und Partikularismus von Bedeutung. Problematisch ist nicht, dass es kein Programm der Revolution gibt, sondern dass selbst ein Programm kleiner transformatorischer Schritte nicht mehr gedacht werden kann, das als gültig, wahr, falsch, wertvoll, gefährlich oder sonst wie bewertet werden kann. Soll das Regime des Entwicklungsdiskurses gestürzt werden?, möchte man fragen. Doch es beschleicht einen der Verdacht, dass die postmoderne Kritik darauf keine Antwort geben kann, die *theoretisch* begründet wäre. Zu einer Negation der *falschen* Allgemeinheit ist sie nicht in der Lage. Ganz zu schweigen davon, dass sie keinen Begriff dessen entworfen hat, was an die Stelle dieses Regimes treten könnte. In den politischen Schlussfolgerungen zeigen sich deshalb am deutlichsten die theorieimmanenten Schwächen der postmodernen Entwicklungskritik. Bei der Frage nach dem was zu tun ist, scheint diese Kritik vor den globalen Problemen einer zerrissenen Welt in die abgelegensten und unzugänglichsten Ecken eines postmodernen Jargons zu flüchten.

Um die genannten Schwierigkeiten zu überwinden, möchte ich deshalb dafür plädieren, die postmoderne Entwicklungskritik in eine kritisch-materialistische Richtung zu erweitern. Der dominierenden *Textualität* der postmodernen Kritik, die in der ausschließlichen Analyse der *diskursiven Formen* von Herrschaft im Nord-Süd-Verhältnis besteht, muss eine kritische Betrachtung der *Materialität* dieser Diskurse, aber auch der nicht-diskursiven Herrschaftsverhältnisse eines deregulierten Weltmarkts, einer globalen Dominanz westlicher Regierungen und der militärischen Macht, die aus beidem folgt, an die Seite gestellt werden. Unabhängig davon, ob die Dritte Welt als Objekt des Entwicklungsdiskurses erst konstituiert wird, müsste geklärt werden, wie die *Materialität* dieser Welt und die Lebensbedingungen der Menschen konkret aussehen. Dies würde nicht nur genauere Betrachtungen zum Verhältnis von Diskurs und sozialer Realität erfordern, sondern gleichzeitig eine Analyse ökonomischer Strukturen nötig machen, die kaum mit postmodernen Methoden geleistet werden können. Es scheint, als müsste die postmoderne Entwicklungskritik dazu einige ihrer wichtigsten Grundlagen überdenken. Sie müsste ein Bewusstsein für die theoretischen Widersprüche einerseits und für ihre eigene Position in einer von Widersprüchen gekennzeichneten kapitalistischen Welt andererseits entwickeln. Es könnten dann jene gesellschaftlichen Verhältnisse analysiert werden, welche die diskursive Sicherung herrschaftlicher Verhältnisse bedingen, und zwar in einem genauen Verständnis ihrer gegenseitigen Wechselwirkungen.

Die postmoderne Entwicklungskritik sieht sich letztlich mit Fragen konfrontiert, die sie meines Erachtens nach nicht mehr beantworten kann und die, wenn man Kößlers Diktum folgen mag, in ihrer mangelnden "Einsicht in die Dialektik der Aufklärung" begründet sind (Kößler 1993, 24). Der Schlüssel zur Überwindung der theoretischen Aporien und problematischen politischen Schlussfolgerungen der postmodernen Entwicklungskritik liegt deshalb meines Erachtens in der Tradition der Kritischen Theorie verborgen. So wie Foucault einmal bedauerte, nicht früh genug die Texte der Frankfurter Schule studiert zu haben, so könnte eventuell die postmoderne Entwicklungskritik wichtige Erkenntnisse dieser Tradition europäischer Denker schmerzlich vermissen. Es steht deshalb zu hoffen, dass eine *dialektische* Annäherung an die Probleme von Moderne, Kapitalismus und Entwicklung gefunden werden kann, welche die Einsichten postmoderner Entwicklungskritik aufgreift und in einen komplexeren theoretischen Zusammenhang stellen kann.

Sollte es gelingen, die postmoderne Entwicklungskritik in diesem Sinne zu erweitern und aus der einfachen Negation der Moderne eine Einsicht in ihre Dialektik zu gewinnen, bietet sie einen vielversprechenden Ansatz für eine detaillierte Einsicht in die Probleme von Entwicklung und Unterentwicklung am Umbruch des 20. zum 21. Jahrhunderts. Die vielen Fragen zum politischen Potential dieses theoretischen Ansatzes könnten dann geklärt werden, wenn eine Kritik der Diskurse sich mit einer Kritik der Strukturen verbindet, um ein Nachdenken über Alternativen, "Große Theorien" und über das "Metanarrativ" der Emanzipation konstruktiv voranzutreiben.

8 BIBLIOGRAPHIE

Agrawal, Ramesh C. 1991: Green Revolution and Sustainable Development. Competitors or Complements? In: Nord-Süd aktuell, Jg. 1991, H. 3, S. 349-358.

Ahmad, Aijaz 1992: In Theory. Classes, Nations, Literatures. London, New York (Verso).

Ahmad, Aijaz 1996: The Politics of literary postcoloniality. In: Race and Class, 38. Jg. (1996), H. 3.

Altvater, Elmar 1992: Der Preis des Wohlstands oder Umweltplünderung und neue Welt(un)ordnung. Münster (Westfälisches Dampfboot).

Altvater, Elmar et al. (Hrsg.) 1987: Die Armut der Nationen. Handbuch zur Schuldenkrise von Argentinien bis Zaire. Berlin (Rotbuch).

Altvater, Elmar; Mahnkopf, Birgit 1997: Grenzen der Globalisierung. Ökonomie, Ökologie und Politik in der Weltgesellschaft. 3. Aufl. (zuerst 1996). Münster (Westfälisches Dampfboot).

Amin, Samir 1974: Zur Theorie von Akkumulation und Entwicklung in der Weltgesellschaft. In: Senghaas, Dieter (Hrsg.): Peripherer Kapitalismus. Analysen über Abhängigkeit und Unterentwicklung. Frankfurt/M. (Suhrkamp). S. 71-97.

Amin, Samir 1979: >Self-reliance< und die Neue internationale Wirtschaftsordnung. In: Senghaas, Dieter (Hrsg.): Kapitalistische Weltökonomie. Kontroversen über ihren Ursprung und ihre Entwicklungsdynamik. Frankfurt/.M (Suhrkamp). S. 317-336.

Amin, Samir 1991: Four comments on Kerala. In: Monthly Review, 42. Jg. (1991).

Apffel-Marglin, Frédérique; Marglin, Stephen A. (Eds.) 1990: Dominating Knowledge. Development, Culture, and Resistance. Oxford (Clarendon).

Apffel-Marglin, Frédérique; Marglin, Stephen A. (Eds.) 1996: Decolonizing Knowledge. From Development to Dialogue. Oxford (Clarendon).

Appiah, Kwame Anthony 1991: Is the Post- in Postmodernism the Post- in Postcolonial? In: Critical Inquiry, 17. Jg. (1991), H. Winter, S. 336-357.

Appiah, Kwame Anthony 1995: The Postcolonial and the Postmodern. In: Ashcroft, Bill; Griffiths, Gareth; Tiffin, Helen (Eds.): The Postcolonial Studies Reader. London, New York. S. 119-124.

Ashcroft, Bill; Griffiths, Gareth; Tiffin, Helen (Eds.) 1995: The Postcolonial Studies Reader. London, New York.

Atteslander, Peter (Hg.)(1993): Kulturelle Eigenentwicklung. Perspektiven einer neuen Entwicklungspolitik. Frankfurt/M., New York (Campus).

Baecker, Dirk 1995: Auf dem Rücken des Wals. Das Spiel mit der Kultur - die Kultur als Spiel. In: Lettre Internationale, Jg. 1995, H. Sommer, S. 24-28.

Balassa, Bela 1981: The Newly Industrializing Countries in the World Economy. New York.

Balibar, Etienne 1991: Is There a 'Neoracism'? In: Balibar, Etienne; Wallerstein, Immanuel (Eds.): Race, Nation, Class. Ambiguous Identities. New York.

Balibar, Etienne; Wallerstein, Immanuel (Eds.) 1991: Race, Nation, Class. Ambiguous Identities. New York.

Banuri, Tariq 1990a: Development and the Politics of Knowledge. A Critical Interpretation of the Social Role of Modernization Theories in the Development of the Third World. In: Apffel-Marglin, Frédérique; Marglin, Stephen A. (Eds.): Dominating Knowledge. Development, Culture, and Resistance. Oxford (Clarendon). S. 29-72.

Banuri, Tariq 1990b: Modernization and its Discontents. A Cultural Perspective on the Theories of Development. In: Apffel-Marglin, Frédérique; Marglin, Stephen A. (Eds.): Dominating Knowledge. Development, Culture, and Resistance. Oxford (Clarendon). S. 73-101.

Baran, Paul 1957: The Political Economy of Growth. New York (Monthly Review Press).

Bell, Daniel 1973: The Coming of Post-Industrial Society. A Venture in Social Forecasting. New York (Basic Books).

Bello, Walden 1989: Brave New Third World? Strategies for Survival in the Global Economy. San Francisco (Institute for Food and Development Policy) February 1989. (= Food First Development Report. 5)

Bello, Walden 1994: Dark Victory. The United States, Structural Adjustment, and Global Poverty. London (Pluto).

Benhabib, Seyla 1997: Von der Politik der Identität zum sozialen Feminismus. Ein Plädoyer für die neunziger Jahre. In: PVS, 38. Jg. (1997), H. Sonderheft 28, S. 50-65.

Benhabib, Seyla 1995: Selbst im Kontext. Kommunikative Ethik im Spannungsfeld von Feminismus, Kommunitarismus und Postmoderne. Aus dem Amerikanischen von Isabella König. Frankfurt/M. (Suhrkamp).

Benhabib, Seyla; Butler, Judith; Cornell, Drucilla; Fraser, Nancy (Hrsg.) 1993: Der Streit um Differenz. Feminismus und Postmoderne in der Gegenwart. Frankfurt/M. (Fischer).

Bhabha, Homi K. 1990: The Other Question. Difference, Discrimination, and the Discourse of Colonialism. In: Ferguson, Russel et al. (Eds.): Out There. Marginalization and Contemporary Cultures. New York, Cambridge (MIT Press). S. 71-89.

Bhabha, Homi K. 1997: Verortungen der Kultur. In: Bronfen, Elisabeth; Marisu, Benjamin; Steffn, Therese (Hrsg.): Hybride Kulturen. Beiträge zur anglo-amerikanischen Multikulturalismusdebatte. Tübingen. S. 123-148.

Bundesministerium für wirtschaftliche Zusammenarbeit und Entwicklung (BMZ) 1999: Journalistenhandbuch Entwicklungspolitik. Bonn, Berlin.

Bundesministerium für wirtschaftliche Zusammenarbeit und Entwicklung (BMZ) 2000: Öffentliche Entwicklungszusammenarbeit (ODA-Nettoauszahlungen) und Gesamtleistungen der Bundesrepublik Deutschland an Entwicklungsländer. Internet: http://www.bmz.de/epolitik/statistik/stat-o2c.pdf.

Boeckh, Andreas 1993: Entwicklungstheorien. Eine Rückschau. In: Nohlen, Dieter; Nuscheler, Franz (Hrsg.): Handbuch der Dritten Welt. Band 1: Grundprobleme, Theorien, Strategien. 3. Auflage. Bonn (J.H.W. Dietz Nachf.). S. 110-130.

Boeke, J.H. 1953: Economics and Economic Policy in Dual Societies. New York.

Booth, David 1988: Marxismus und Entwicklungssoziologie. Der Weg in die Sackgasse. In: Prokla, 18. Jg. (1988), H. 71, S. 13-48.

Bourdieu, Pierre 1993: Satz und Gegensatz. Über die Verantwortung des Intellektuellen. Frankfurt/M. (Fischer Wissenschaft).

Boyne, Roy; Rattansi, Ali (Eds.) 1990: Postmodernism and Society. London (Macmillan).

Braun, Gerald; Rösel, Jakob 1993: Kultur und Entwicklung. In: Nohlen, Dieter; Nuscheler, Franz (Hrsg.): Handbuch der Dritten Welt. Band 1: Grundprobleme, Theorien, Strategien. 3. Auflage. Bonn (J.H.W. Dietz Nachf.). S. 250-268.

Bronfen, Elisabeth; Marisu, Benjamin 1997: Einleitung zur anglo-amerikanischen Multikulturalismusdebatte. In: Bronfen, Elisabeth; Marisu, Benjamin; Steffn, Therese (Hrsg.): Hybride Kulturen. Beiträge zur anglo-amerikanischen Multikulturalismusdebatte. Tübingen. S. 1-29.

Bronfen, Elisabeth; Marisu, Benjamin; Steffn, Therese (Hrsg.) 1997: Hybride Kulturen. Beiträge zur anglo-amerikanischen Multikulturalismusdebatte. Tübingen.

Butler, Judith 1991: Das Unbehagen der Geschlechter. Aus dem Amerik. von Kathrina Menke. Frankfurt/M. (Suhrkamp).

Butler, Judith; Scott, Joan W. (Eds.) 1992: Feminists Theorize the Political. New York, London (Routledge).

Calhoun, Craig 1993: Postmodernism as Pseudohistory. In: Theory, Culture & Society, 10. Jg. (1993), H. 1, S. 75-96.

Callinicos, Alex T. 1989: Against Postmodernism. A Marxist Critique. Cambridge, Oxford (Polity).

Callinicos, Alex 1990: Reactionary Postmodernism? In: Boyne, Roy; Rattansi, Ali (Eds.): Postmodernism and Society. London (Macmillan). S. 97-118.

Cardoso, Fernando Henrique 1974: Abhängigkeit und Entwicklung in Lateinamerika. In: Senghaas, Dieter (Hrsg.): Peripherer Kapitalismus. Analysen über Abhängigkeit und Unterentwicklung. Frankfurt/M. (Suhrkamp). S. 201-220.

Castells, Manuel 1993: The Informational Economy and the New International Division of Labor. In: Carnoy, Martin (Ed.): The New Global Economy in the Information Age. Reflections on our changing world. Philadelphia (Pennsylvania State). S. 15-43.

Chatterjee, Partha 1993: The Nation and Its Fragments. Colonial and Postcolonial Histories. Princeton (Princeton University Press). (= Princeton Studies in Culture/Power/History.)

Chenery, Hollis; Ahluwalia, M; Bell, C.; Duloy, J.; Jolly, R. (Eds.) 1974: Redistribution with Growth. Oxford (Oxford University Press).

Chomsky, Noam et al. (Hrsg.) 1992: Die Neue Weltordnung und der Golfkrieg. Mit Beiträgen von Noam Chomsky, Joel Beinin, Michael Emery, Howard Zinn, Craig Hulet. Grafenau (Trotzdem Verlag).

Cowen, Michael; Shenton, Robert 1995: The Invention of Development. In: Crush, Jonathan (Ed.): Power of Development. London, New York (Routledge). S. 27-43.

Crush, Jonathan (Ed.) 1995: Power of Development. London, New York (Routledge).

Culler, Jonathan 1983: On Deconstruction. Theory and Criticism after Structuralism. London.

Daniel, Stephen H. 1995: Postmodernism, Poststructuralism, and the Historiography of Modern Philosophy. In: International Philosophical Quarterly, XXXV. Jg. (1995), H. 3, Issue No. 139, S. 255-267.

de Beauvoir, Simone 1951: Das andere Geschlecht. Sitte und Sexus der Frau. Hamburg (Rowohlt).

de Soto, Hernando 1992: Marktwirtschaft von unten. Die unsichtbare Revolution in Entwicklungsländern. Zürich (Orell Füssli).

Deng, Lual A. 1998: Rethinking African Development. Toward a Framework for Social Integration and Ecological Harmony. Trenton NJ, Asmara (Africa World Press).

Derrida, Jacques 1967: Grammatologie. Frankfurt/M..

Derrida, Jacques 1977: Die Schrift und die Differenz. Frankfurt/M. (Suhrkamp).

Deutscher, Eckhard; Jahn, Thomas; Moltmann, Bernhard (Hrsg.) 1995: Entwicklungsmodelle und Weltbilder. Frankfurt/M. (Societät).

Devetak, Richard 1995: The Project of Modernity and International Relations. In: Millenium. Journal of International Studies, 24. Jg. (1995), H. 1, S. 27-51.

Dirlik, Arif 1994: The Postcolonial Aura. Third World Criticism in the Age of Global Capitalism. In: Critical Inquiry, 20. Jg. 1994, H. Winter, S. 328-356.

Dirmoser, Dietmar, Gronemeyer, Reimer; Rakelmann, Georgia A. (Hrsg.) 1991: Mythos Entwicklungshilfe. Entwicklungsruinen: Analysen und Dossiers zu einem Irrweg. Gießen (Focus). (= Ökozidextra)

Docherty, Thomas (Ed.) 1993: Postmodernism. A Reader. New York (Columbia University Press).

Donner-Reichle, Carola; Klemp, Ludgera (Hrsg.) 1990: Frauenwort für Menschenrechte. Beiträge zur entwicklungspolitischen Diskussion. Saarbrücken, Fort Lauderdale (Breitenbach Publishers). (= Sozialwissenschaftliche Studien zu internationalen Problemen. 146)

Eagleton, Terry 1997: Die Illusionen der Postmoderne. Ein Essay. Aus dem Englischen von Jürgen Pelzer. Stuttgart, Weinheim (Metzler).

Ecker, Gisela 1994: Differenzen. Essays zu Weiblichkeit und Kultur. Dülmen-Hidingsel (tende).

Eickelpasch, Rolf 1997: 'Kultur' statt 'Gesellschaft'? Zur kulturtheoretischen Wende in den Sozialwissenschaften. In: Rademacher, Claudia; Schweppenhäuser, Gerhard (Hrsg.): Postmoderne Kultur? Soziologische und philoso-phische Perspektiven. Opladen (Westdeutscher Verlag). S. 10-21.

Ellis, Howard S.; Wallich, H.C. (Eds.) 1961: Economic Development for Latin America. London (Macmillan).

Elsenhans, Hartmut 1995: Imperialismus/Imperialismustheorien. In: Nohlen, Dieter (Hrsg.): Wörterbuch Staat und Politik. Neuausgabe 1995. Bonn (Bundeszentrale für politische Bildung). S. 265-268.

Elson, Diane 1993: Feministische Ansätze in der Entwicklungsökonomie, In: Prokla 93, 23. Jg. (1993), H. 4, S. 529-550.

Elwert, Georg 1997: Schmückendes Gerede und reale Entwicklungsbedingungen - Über soziokulturelle Bedingungen der Entwicklung. In: Schulz, Manfred (Hrsg.): Entwicklung. Die Perspektive der Entwicklungssoziologie. Opladen (Westdeutscher Verlag). S. 261-290.

Engelmann, P. (Hrsg.) 1990: Postmoderne und Dekonstruktion. Texte französischer Philosophen der Gegenwart. Stuttgart.

Erler, Brigitte 1988: Tödliche Hilfe. (11. Aufl.) Freiburg.

154

Escobar, Arturo 1984: Discourse and Power in Development. Michel Foucault and the Relevance of his Work to the Third World. In: Alternatives, Jg. 1984, H. 10 (Winter 1984/85), S. 377-400.

Escobar, Arturo 1988: Power and Visibility. Development and the Intervention and Management of the Third World. In: Cultural Anthropology, 3. Jg. (1988), H. 4, S. 31-41.

Escobar, Arturo 1992: Reflections on "Development". In: Futures, 24. Jg. 1992, H. 5, S. 411-436.

Escobar, Arturo 1995a: Encountering Development. The Making and Unmaking of the Third World. Princeton (Princeton University Press).

Escobar, Arturo 1995b: Imagining a Post-Development Era. In: Crush, Jonathan (Ed.): Power of Development. London, New York (Routledge). S. 211-227.

Esteva, Gustavo 1985: Beware of Participation.. In: Development (SID), Jg. 1985.

Esteva, Gustavo 1987: Regenerating People's Space. In: Alternatives, 10. Jg. (1987), H. 3, S. 125-152.

Esteva, Gustavo 1995: FIESTA - Jenseits von Entwicklung, Hilfe und Politik. 2. erweiterte Neuauflage. (1. Auflage 1992). Frankfurt/M., Wien (Brandes & Aspel/Südwind).

Esteva, Gustavo 1997a: Development. In: Sachs, Wolfgang (Ed.): The Development Dictionary. A Guide to Knowledge as Power (1. Auflage 1992, London, Zed Books). Delhi (Orient Longman). S. 8-34.

Esteva, Gustavo 1997b: Basta! Mexican Indians Say 'Enough!'. In: Rahnema, Majid; Bawtree, V. (Eds.): The Post-Development Reader. London (Zed Books). S. 302-305.

Esteva, Gustavo; Prakash, Madhu Suri 1998: Grassroots Post-Modernism. Remaking the Soil of Cultures. London, New York (ZED Books).

Fals Borda, O. 1988: Knowledge and People's Power. Delhi (Indian Social Institute).

Fanon, Frantz 1966: Die Verdammten dieser Erde. Frankfurt/M. (Suhrkamp).

Fazis, Urs 1995: 'Theorie' und 'Ideologie' der Postmoderne. Studien zur Radikalisierung der Aufklärung aus ideologiekritischer Perspektive. Basel (Social Strategies Publishers).

Ferguson, J. 1990: The Anti-Politics Machine. "Development", Depoliticisation and Bureaucratic Power in Lesotho. Cambridge (Cambridge University Press).

Ferguson, Russel et al. (Eds.) 1990: Out There. Marginalization and Contemporary Cultures. New York, Cambridge (MIT Press).

Ferguson, Margaret; Wicke, Jennifer (Eds.) 1994: Feminism and Postmodernism. Durham, London (Duke University Press).

Fink-Eitel, Hinrich 1997: Michel Foucault. Zur Einführung. 3., durchges. Aufl. Hamburg (Junius).

Fischer, Hans Rudi; Retzer, Arnold; Schweitzer, Jochen (Hrsg.) 1992: Das Ende der großen Entwürfe. Frankfurt/M. (Suhrkamp).

Flax, Jane 1990: Thinking Fragments. Psychoanalysis, Feminism, and Postmodernism in the Contemporary West. Berkeley (University of California Press).

Flierl, Bruno 1991: Postmoderne Architektur. Zum architekturtheoretischen Diskurs der Postmoderne bei Charles Jencks. In: Weinmann, Robert; Gumbrecht, Ulrich (Hrsg.): Postmoderne - globale Differenz. Unter Mitarbeit von Benno Wagner. 2. Auflage. Frankfurt/M. (Suhrkamp). S. 211-245.

Foucault, Michel 1971: Die Ordnung der Dinge. Übers. von U. Köppen Frankfurt/M. (Suhrkamp).

Foucault, Michel 1973: Archäologie des Wissens. Frankfurt/M. (Suhrkamp).

Foucault, Michel 1973: Wahnsinn und Gesellschaft. Eine Geschichte des Wahns im Zeitalter der Vernunft. Frankfurt/M..

Foucault, Michel 1976: Die Geburt der Klinik. Eine Archäologie des ärztlichen Blicks. Frankfurt/M., Berlin, Wien.

Foucault, Michel 1978: Dispositive der Macht. Über Sexualität, Wissen und Wahrheit. Berlin (Merve).

Foucault, Michel 1979: Was ist ein Autor? In: Harari, Josué V. (Ed.): Textual Strategies. Perspectives in Post-Structuralist Criticism. Ithaca, New York (Cornell University Press). S. 141-160.

Foucault, Michel 1991: Die Ordnung des Diskurses. Frankfurt/M. (Fischer Wissenschaft).

Foucault, Michel 1992: Was ist Kritik? Aus dem Französischen von Walter Seitter. Berlin (Merve).

Foucault, Michel 1994: Überwachen und Strafen. Die Geburt des Gefängnisses. Aus dem Franz. übersetzt von Walter Seitter. Frankfurt/M. (Suhrkamp) [erstm. 1976].

Foucault, Michel 1998: Der Wille zum Wissen. Sexualität und Wahrheit I. 10. Auflage (1. Auflage 1983). Frankfurt/M. (Suhrkamp).

Frank, André Gunder 1966: The Development of Underdevelopment. In: Monthly Review, Jg. 1966. S. 27-37.

Frank, André Gunder 1979: Über die sogenannte ursprüngliche Akkumulation. In: Senghaas, Dieter (Hrsg.): Kapitalistische Weltökonomie. Kontroversen über ihren Ursprung und ihre Entwicklungsdynamik. Frankfurt/.M (Suhrkamp). S. 68-102.

Fraser, Nancy 1994: Widerspenstige Praktiken. Macht, Diskurs, Geschlecht. Aus dem Amerikanischen von Karin Wördemann. Frankfurt/M. (Suhrkamp).

Fraser, Nancy 1998: Social Justice in the Age of Identity Politics. Redistribution, Recognition, Participation. Berlin. (= (Wissenschaftszentrum Berlin für Sozialforschung. Discussion Paper FS I 98-108))

Fukuyama, Francis 1992: Das Ende der Geschichte. München.

Funiok, Rüdiger; Schmälzle, Udo F.; Werth, Christoph H. (Hrsg.) 1999: Medienethik - die Frage der Verantwortung. Bonn (Bundeszentrale für politische Bildung).

Gandhi, Mohandas K. 1997: Hind Swaraj. Cambridge (Cambridge University Press) [erstm. 1916].

Gardner, Katy; Lewis, David 1996: Anthropology, Development and the Post-Modern Challenge. London, Chicago (Pluto). (= Anthropology, Culture and Society)

George, Susan 1988: A Fate Worse Than Debt. London (Pelican)

Glaeser, Bernhard (Ed.) 1987: The Green Revolution Revisited. London.

Good, James; Velody, Irving (Eds.) 1998: The Politics of Postmodernity. Cambridge (Cambridge University Press).

Good, James; Velody, Irving 1998a: Introduction: Postmodernity and the Political. In: Good, James; Velody, Irving (Eds.): The Politics of Postmodernity. Cambridge (Cambridge University Press). S. 1-18.

Gormsen, Erdmann; Thimm, Andreas (Hrsg.) 1992: Zivilgesellschaft und Staat in der Dritten Welt. Mainz (Universität Mainz).

Grimm, Sabine 1997a: Einfach hybrid! Kulturkritische Ansätze der Postcolonial Studies (Teil 1). In: blätter des iz3w, Jg. 1997, H. 223 (August), S. 39-42.

Grimm, Sabine 1997b: Nation hybrid. Kulturkritische Ansätze der Postcolonial Studies (Teil 2). In: blätter des iz3w, Jg. 1997, H. 224 (Oktober), S. 37-39.

Habermas, Jürgen 1994: Die Moderne - Ein unvollendetes Projekt. Philosophisch-politische Aufsätze. 3. Aufl. Leipzig (Reclam).

Habermas, Jürgen 1998: Der philosophische Diskurs der Moderne. 6. Auflage Frankfurt/M. (Suhrkamp) [erstm. 1985].

Hall, Stuart 1994: Rassismus und kulturelle Identität. Hamburg, Berlin (Argument). (= Ausgewählte Schriften. Bd. 2)

Hall, Stuart 1997: Old and New Identities, Old and New Ethnicities. In: King, Anthony D. (Ed.): Culture, Globalization and the World-System. Contemporary Conditions for the Representation of Identity. Minneapolis (University of Minnesota Press). S. 41-68.

Hall, Stuart 2000: Cultural Studies. Hamburg, Berlin (Argument). (= Ausgewählte Schriften. B. 3)

Harari, Josué V. (Ed.) 1979: Textual Strategies. Perspectives in Post-Structuralist Criticism. Ithaca, New York (Cornell University Press).

Harvey, David 1989: The Condition of Postmodernity. An Enquiry into the Origins of Cultural Change. Oxford (Basil Blackwell).

Hauck, Gerhard 1988: Die Renaissance der Modernisierungstheorien. In: blätter des iz3w, Jg. 1988/89, H. 154, S. 26-30.

Hauck, Gerhard 1992: Einführung in die Ideologiekritik. Bürgerliches Bewußtsein in Klassik, Moderne und Postmoderne. Hamburg (Argument). (= Argument-Sonderband. AS 209)

Hauck, Gerhard 1997: Entwicklungstheorie nach ihrem Ende - wider die modische Theoriefeindschaft in der Entwicklungsländerforschung. In: Schulz, Manfred (Hrsg.): Entwicklung. Die Perspektive der Entwicklungssoziologie. Opladen (Westdeutscher Verlag). S. 65-82.

Hauff, Volker (Hrsg.) 1987: Unsere gemeinsame Zukunft. Bericht der Weltkommission für Umwelt und Entwicklung. (Brundtland-Bericht) Greven.

Hein, Wolfgang 1998: Unterentwicklung - Krise der Peripherie. Phänomene - Theorien - Strategien. Opladen (Leske und Buderich). (= Grundwissen Politik. 20)

Hettne, Björn 1990: Development Theory and the Three Worlds. New York (Longman).

Hippler, Jochen 1991: Die Neue Weltordnung. Hamburg (Konkret Literatur).

Hirschman, Albert O. 1958: The Strategy of Economic Development. New Haven CT (Yale University Press).

Hirschman, Albert O. 1996: Selbstbefragung und Erkenntnis. München, Wien (Carl Hanser).

Hobart, M. (Ed.) 1993: An Anthropological Critique of Development. The Growth of Ignorance. London (Routledge).

Holtz, Uwe 2000: Entwicklungspolitik - Bilanz und Herausforderungen. In: Kaiser, Karl; Schwarz, Hans-Peter (Hrsg.): Weltpolitik im neuen Jahrhundert. Bonn (Bundeszentrale für politische Bildung). (=Schriftenreihe. 364) S. 481-508.

Honneth, Axel 1994: Kritik der Macht. Reflexionsstufen einer kritischen Gesellschaftstheorie. 2. Auflage. Frankfurt/M. (Suhrkamp).

Horkheimer, Max; Adorno, Theodor W. 1988: Dialektik der Aufklärung. Philosophische Fragmente. Frankfurt/M. (Fischer).

Hübner, Kurt 1998: Der Globalisierungskomplex. Grenzenlose Ökonomie - grenzenlose Politik? Berlin (Edition Sigma).

Huntington, Samuel 1993: The Clash of Civilization? In: Foreign Affairs, 72. Jg. 1993, H. 3, S. 22-49.

Hutnyk, John 1997: Adorno at Womad. In: Werbner, Pnina; Modood, Tariq (Eds.): Debating Cultural Hybridity. London, New Jersey.

Huyssen, Andreas; Scherpe, Klaus R. (Hrsg.) 1986: Postmoderne. Zeichen eines kulturellen Wandels. Reinbek (Rowohlt).

Illich, Ivan 1997: Needs. In: Sachs, Wolfgang (Ed.): The Development Dictionary. A Guide to Knowledge as Power (1. Auflage 1992, London, Zed Books). Delhi (Orient Longman). S. 118-136.

Informationszentrum 3. Welt (iz3w) (Hrsg.) (o.J.): Entwicklungshilfe, Treuhandschaft, Neokolonialismus. Dokumentation der Diskussion um Ulrich Menzels Thesen, Freiburg i.Br.

International Labor Organisation (ILO) 1972: Employment, Incomes and Equality. A Strategy for Increasing Productive Employment in Kenya. Geneva.

International Labor Organisation (ILO) 1976: Beschäftigung, Wachstum und Grundbedürfnisse. Genf.

Jackson, Cecile; Pearson, Rut (Eds.) 1998: Feminist Visions of Development. Gender Analysis and Policy. London, New York (Routledge).

Jamal, Bimal 1996: India's Economic Policy. Preparing for the Twenty-First Century. Delhi, London, New York (Viking).

Jameson, Fredric 1984: Postmodernism, or the Cultural Logic of Late Capitalism. In: New Left Review, Jg. 1984, H. 146, S. 53-92.

Jameson, Fredric 1991: Postmodernism or The Cultural Logic of Late Capitalism. Durham (Duke University Press).

Jameson, Fredric 1999: Notes on Globalization as a Philosophical Issue. In: Jameson, Fredric; Miyoshi, Masao (Eds.): The Cultures of Globalization. Durham, London (Duke University Press) (1. Auflage 1998). S. 54-77.

Jameson, Fredric; Miyoshi, Masao (Eds.) 1999: The Cultures of Globalization. Durham, London (Duke University Press) (1. Auflage 1998).

Janz, Martin 1999: Generalnenner Kultur. Warum die Kulturlinke auf Kapitalismuskritik verzichtet. In: blätter des iz3w, Jg. 1999, H. 240 (September), S. 23-26.

Jayawardena, Lal 1990: Foreword. In: Apffel-Marglin, Frédérique; Marglin, Stephen A. (Eds.): Dominating Knowledge. Development, Culture, and Resistance. Oxford (Clarendon). S. V-VI.

Jencks, Charles (Ed.) 1992: The Post-Modern Reader. London (Academy Edition).

Kaiser, Karl; Schwarz, Hans-Peter (Hrsg.) 2000: Weltpolitik im neuen Jahrhundert. Bonn (Bundeszentrale für politische Bildung). (= Schriftenreihe. 364)

Kantowsky, Detlef 1986: Indien. Gesellschaft und Entwicklung. Frankfurt/M. (Suhrkamp).

Keith, Nelson W. 1997: Reframing International Development. Globalism, Postmodernity, and Difference. London, Thousand Oaks (Sage).

Kellner, Douglas (Ed.) 1989: Postmodernism/Jameson/Critique. Washington (Maisonneuve Press). (= PostModernPositions. 4)

Kerner, Ina 1999: Feminismus, Entwicklungszusammenarbeit und Postkoloniale Kritik. Eine Analyse von Grundkonzepten des Gender-and-Development Ansatzes. Münster, Hamburg, London (LIT Verlag). (= Berliner Studien zur Politikwissenschaft Schriftenreihe am Otto-Suhr-Institut. 2)

King, Anthony D. (Ed.) 1997: Culture, Globalization and the World-System. Contemporary Conditions for the Representation of Identity. Minneapolis (University of Minnesota Press).

Klak, Thomas (Ed.) 1998: Globalization and Neoliberalism: The Caribbean Context. New York, Oxford, Boulder u.a. (Rowman & Littlefield).

Klemp, Ludgera 1993: Frauen im Entwicklungs- und Verelendungsprozeß. In: Nohlen, Dieter; Nuscheler, Franz (Hrsg.): Handbuch der Dritten Welt. Band 1: Grundprobleme, Theorien, Strategien. 3. Auflage. Bonn (J.H.W. Dietz Nachf.). S. 287-303.

Kößler, Reinhart 1992: Zivilgesellschaft in der "Dritten Welt"? In: Gormsen, Erdmann; Thimm, Andreas (Hrsg.): Zivilgesellschaft und Staat in der Dritten Welt. Mainz (Universität Mainz). S. 7-26.

Kößler, Reinhart 1993: Rezension In: Peripherie. Zeitschrift für Politik und Ökonomie in der Dritten Welt, 13. Jg. (1993), H. 51/52 (= Neue Weltordnung? Theorien und Strategien nach Rio).

Kößler, Reinhart 1998: Entwicklung. Münster (Westfälisches Dampfboot) (= Einstiege; 3).

Kothari, Rajni 1988: Rethinking Development. In Search of Humane Alternatives. Delhi (Ajanta).

Kreisky, Eva; Sauer, Birgit (Hrsg.) 1997: Das geheime Glossar der Politikwissenschaft. Geschlechtskritische Inspektion der Kategorien einer Disziplin. Frankfurt/M., New York (Campus). (= Politik der Geschlechterverhältnisse. 3)

Kuhn, Thomas 1976: Die Struktur wissenschaftlicher Revolutionen. 2. Auflage (1. Aufl. 1973) Frankfurt/M. (Suhrkamp).

Kurz, Felix 1998: Hype um Hybridität. Wider die Kulturalisierung der Linken. In: blätter des iz3w, Jg. 1998, H. 227, S. 36-38.

Lal, Deepak 1983: The Poverty of Development Economics. Relevance of Economic Theory to Contemporary Development Problems. London.

Latouche, Serge 1997: Standard of Living. In: Sachs, Wolfgang (Ed.): The Development Dictionary. A Guide to Knowledge as Power (1. Auflage 1992, London, Zed Books). Delhi (Orient Longman). S. 334-351.

Leitch, Vincent B. 1983: Deconstructive Criticism. London.

Lewis, Arthur 1954: Economic Development with Unlimited Supplies of Labour. In: Manchester School of Economic and Social Studies, 22. Jg. 1954, H. 2, S. 139-191.

Lewis, Arthur 1955: The Theory of Economic Growth. London (Allen & Unwin).

Leys, Colin 1996: The Rise and Fall of Development Theory. Oxford (James Currey).

Loomba, Ania 1998: Colonialism/Postcolonialism London, New York (Routledge). (= New Critical Idiom)

Lovibond, Sabina 1990: Feminism and Postmodernism. In: Boyne, Roy; Rattansi, Ali (Eds.): Postmodernism and Society. London (Macmillan). S. 154-186.

Lyon, David 1994: Postmodernity. London (Open University Press).

Lyotard, Jean Francois 1984: The Postmodern Condition. A Report on Knowledge. Trans. G. Bennington and B. Massumi. Minneapolis (University of Minnesota Press).

Lyotard, Jean Francois 1988: Die Moderne redigieren. In: Welsch, Wolfgang (Hrsg.): Wege aus der Moderne. Schlüsseltexte der Postmoderne-Diskussion. Weinheim (VCH-Acta Humanoria). S. 204-214.

Lyotard, Jean-Francois 1999: Das postmoderne Wissen. Ein Bericht. Aus dem Franz. von Otto Pfersmann. 4. unveränd. Neuaufl. Wien (Passagen) [erstm. 1986]. (= Edition Passagen. 7)

Marchand, Marianne H.; Parpart, Jane L. (Eds.) 1995: Feminism/Postmodernism/Development. London, New York (Routledge).

Marcuse, Herbert (1967): Versuch über Befreiung, Frankfurt am Main (Suhrkamp).

Marti, Urs 1988: Michel Foucault. München (Beck). (= Beck'sche Reihe Großer Denker. 513)

Martinussen, John 1997: Society, State and Market. A guide to competing theories of development. London (Zed Books).

Marx, Karl; Engels, Friedrich 1986 [1970]: Ausgewählte Werke in sechs Bänden. Band I. 12. Aufl. Berlin (Dietz).

Marx, Karl; Engels, Friedrich 1986 [1970]: Ausgewählte Werke in sechs Bänden. Band III, 12. Aufl. Berlin (Dietz).

Marx, Karl (1975): Brief an A. Ruge, September 1843, in: Marx/Engels Gesamtausgabe (MEGA) 3. Abtg. Briefwechsel Bd. 1, Berlin (Dietz).

Meadows, Dennis L. et al. 1972: Die Grenzen des Wachstums. Bericht des Club of Rome zur Lage der Menschheit. Hamburg.

Menzel, Ulrich 1983: Der Differenzierungsprozeß in der Dritten Welt und seine Konsequenzen für den Nord-Süd-Konflikt und die Entwicklungstheorie. In: PVS, 24. Jg. (1983), H. 1, S. 31-59.

Menzel, Ulrich 1992: Das Ende der Dritten Welt und das Scheitern der großen Theorie. Frankfurt/M. (Suhrkamp).

Menzel, Ulrich 1993: 40 Jahre Entwicklungsstrategie = 40 Jahre Wachstumsstrategie. In: Nohlen, Dieter; Nuscheler, Franz (Hrsg.): Handbuch der Dritten Welt. Band 1: Grundprobleme, Theorien, Strategien. 3. Auflage. Bonn (J.H.W. Dietz Nachf.). S. 131-155.

Menzel, Ulrich 1995: Die neue Weltwirtschaft. Entstofflichung und Entgrenzung im Zeichen der Postmoderne (1) In: Peripherie. Zeitschrift für Politik und Ökonomie in der Dritten Welt, 15. Jg. (1995), H. 59/60 (Dezember 1995), S. 30-44.

Menzel, Ulrich 1996: Vorwort. In: Minhorst, Norbert (Hrsg.): Das "Dritte Welt"-Bild in den bundesdeutschen Fachperiodika im Zeitraum von 1960-1992. Eine inhaltsanalytische Untersuchung. Hamburg. (=Schriften des Deutschen Übersee-Instituts Hamburg. 38) S. IX-XIII.

Menzel, Ulrich 1998: Globalisierung versus Fragmentierung. Frankfurt/M. (Suhrkamp).

Minh-ha, Trinh T. 1989: Women, Native, Other. Writing Postcoloniality and Feminism. Bloomington (Indiana University Press).

Minhorst, Norbert (Hrsg.) 1996: Das "Dritte Welt"-Bild in den bundesdeutschen Fachperiodika im Zeitraum von 1960-1992. Eine inhaltsanalytische Untersuchung. Hamburg. (= Schriften des Deutschen Übersee-Instituts Hamburg. 38)

Mohanty, Chandra Talpade 1991a: Cartographies of Struggle. Third World Women and the Politics of Feminism. In: Mohanty, Chandra Talpade; Russo, Ann; Torres, Lourdes (Eds.): Third World Women and the Politics of Feminism. Bloomington, Indianapolis (Indiana University Press). S. 1-50.

Mohanty, Chandra Talpade 1991b: Under Western Eyes. Feminist Scholarship and Colonial Discourse. In: Mohanty, Chandra Talpade; Russo, Ann; Torres, Lourdes (Eds.): Third World Women and the Politics of Feminism. Bloomington, Indianapolis (Indiana University Press). S. 51-80.

Mohanty, Chandra Talpade; Russo, Ann; Torres, Lourdes (Eds.) 1991: Third World Women and the Politics of Feminism. Bloomington, Indianapolis (Indiana University Press).

Mouzelis, Nicos 1995: Sociological Theory: What Went Wrong? Diagnosis and Remedies. London, New York (Routledge).

Mudimbe, V.Y. 1988: The Invention of Africa. Bloomington (Indiana University Press).

Müller, Klaus 1999: Verdoppelte Realität - virtuelle Wahrheit? Erkenntnistheoretische, sozialphilosophische und anthropologische Konsequenzen der "Neuen Medien". In: Funiok, Rüdiger; Schmälzle, Udo F.; Werth, Christoph H. (Hrsg.): Medienethik - die Frage der Verantwortung. Bonn (Bundeszentrale für politische Bildung). S. 75-94.

Myrdal, Gunnar 1981: Relief Instead of Development Aid. In: Intereconomics, 16. Jg. (1981), H. 2, S. 86-89.

Nagl-Docekal, Herta (Hrsg.) 1990: Feministische Philosophie. Wien, München (Oldenburg).

Nandy, Ashis 1987: Traditions, Tyranny and Utopias. Essays in the Politics of Awareness. Delhi (Oxford University Press).

Nandy, Ashis 1989: Shamans, savages and the wilderness. On the audibility of dissent and the future of civilisations. In: Alternatives, 14. Jg. (1989), H. 3, S. 263-278.

Narr, Wolf-Dieter; Schubert, Alexander (1994): Weltökonomie. Oder die Misere der Politik, Frankfurt am Main (Suhrkamp).

Nelson, Cary; Grossberg, Lawrence (Eds.) 1988: Marxism and the Interpretation of Culture. Urbana (University of Illinois Press).

Nicholson, Linda (Ed.) 1990: Feminism/Postmodernism. New York, London (Routledge).

Nicholson, Linda 1992: On the Postmodern Barricades: Feminism, Politics, and Theory. In: Seidman, Steven; Wagner, David G. (Eds.): Postmodernism and Social Theory. The Debate over General Theory. Cambridge MA, Oxford (Blackwell). S. 82-100.

Nohlen, Dieter (Hrsg.) 1993: Lexikon Dritte Welt. Länder, Organisationen, Theorien, Begriffe, Personen. Überarb. Neuausgabe. Hamburg (Rowohlt).

Nohlen, Dieter (Hrsg.) 1995: Wörterbuch Staat und Politik. Neuausgabe 1995. Bonn (Bundeszentrale für politische Bildung).

Nohlen, Dieter; Nuscheler, Franz (Hrsg.) 1993: Handbuch der Dritten Welt. Band 1: Grundprobleme, Theorien, Strategien. 3. Auflage. Bonn (J.H.W. Dietz Nachf.).

Nohlen, Dieter; Nuschler, Franz 1993a: "Ende der Dritten Welt?" In: Nohlen, Dieter; Nuscheler, Franz (Hrsg.): Handbuch der Dritten Welt. Band 1: Grundprobleme, Theorien, Strategien. 3. Auflage. Bonn (J.H.W. Dietz Nachf.). S. 14-30.

Nohlen, Dieter; Nuscheler, Franz 1993b: Was heißt Unterentwicklung? In: Nohlen, Dieter; Nuscheler, Franz (Hrsg.): Handbuch der Dritten Welt. Band 1: Grundprobleme, Theorien, Strategien. 3. Auflage. Bonn (J.H.W. Dietz Nachf.). S. 31-54.

Nohlen, Dieter; Nuscheler, Franz 1993c: Was heißt Entwicklung? In: Nohlen, Dieter; Nuscheler, Franz (Hrsg.): Handbuch der Dritten Welt. Band 1: Grundprobleme, Theorien, Strategien. 3. Auflage. Bonn (J.H.W. Dietz Nachf.). S. 55-75.

Nohlen, Dieter; Thibaut, Bernhard(1995: Nord-Süd-Konflikt. In: Nohlen, Dieter (Hrsg.): Wörterbuch Staat und Politik. Neuausgabe 1995. Bonn (Bundeszentrale für politische Bildung). S. 461-467.

Norris, Christopher 1990a: Deconstruction. Theory and Practice. (Revised Edition, First Edition 1982) London, New York (Routledge).

Norris, Christopher 1990b: What's Wrong With Postmodernism. Critical theory and the ends of philosophy. New York, London, Toronto (Harvest Wheatsheaf).

Norris, Christopher 1992: Uncritical Theory. Postmodernism, Intellectuals and the Gulf War. Amherst (University of Massachusetts Press).

Norris, Christopher 1993: The Truth About Postmodernism. Cambridge MA, Oxford (Blackwell).

Nurkse, Ragnar 1953: Problems of Capital Formation in Underdeveloped Countries. Oxford (Basil Blackwell).

Nuscheler, Franz 1993: Entwicklungspolitische Bilanz der 80er Jahre - Perspektiven für die 90er Jahre. In: Nohlen, Dieter; Nuscheler, Franz (Hrsg.): Handbuch der Dritten Welt. Band 1: Grundprobleme, Theorien, Strategien. 3. Auflage. Bonn (J.H.W. Dietz Nachf.). S. 156-178.

Nuscheler, Franz 1995: Lern- und Arbeitsbuch Entwicklungspolitik. 4. völlig neu bearb. Aufl. Bonn (Bundeszentrale für politische Bildung).

Nzomo, Maria 1995: Women and Democratization Struggles in Africa. What Relevance to Postmodernist Discourse? In: Marchand, Marianne H.; Parpart, Jane L. (Eds.): Feminism/Postmodernism/Development. London, New York (Routledge). S. 131-141.

Ong, Aihwa 1988: Colonialism and Modernity: Feminist Re-presentations of Women in Non-Western Societies. In: Inscriptions, 3. Jg. (1988), H. 4, S. 79-93.

Parajuli, P. 1991: Power and knowledge in development discourse. New social movements and the state in India In: International Social Science Journal, Jg. 1991, H. 127, S. 173-190.

Parayil, Govindan 1997: The "Kerala Model" of Development. Development and sustainability in the Third World. In: Third World Quarterly, 17. Jg. (1997), H. 5, S. 941-957.

Parpart, Jane L. 1995a: Deconstructing the Development 'Expert': Gender, Development and the 'Vulnerable Groups'. In: Marchand, Marianne H.; Parpart, Jane L. (Eds.): Feminism/Postmodernism/Development. London, New York (Routledge). S. 221-243.

Parpart, Jane L. 1995b: Post-Modernism, Gender and Development. In: Crush, Jonathan (Ed.): Power of Development. London, New York (Routledge). S. 253-265.

Parpart, Jane L.; Marchand, Marianne H. 1995: Exploding the Canon. An Introduction/Conclusion. In: Marchand, Marianne H.; Parpart, Jane L. (Eds.): Feminism/Postmodernism/Development. London, New York (Routledge). S. 1-22.

Pearson, Ruth; Jackson, Cecile 1998: Introduction: Interrogating development: feminism, gender and policy In: Jackson, Cecile; Pearson, Rut (Eds.): Feminist Visions of Development. Gender Analysis and Policy. London, New York (Routledge). S. 1-16.

Pegelow, Thomas 1997: "Feminism" and "Postmodernism". Are there Some Tings at Stake in Lyotardian Thought for Feminist Theorizations? Berlin. (= John F. Kennedy Institut für Nordamerikastudien, Working Paper No. 104/1997)

Pieterse, Jan Nederveen 1988: Empire and Emancipation. Studies in Power and Liberation on a World Scale. Nijmegen, [Diss. Als Manuskript gedruckt].

Pieterse, Jan Nederveen (Hrsg.) 1992: Emancipations, Modern and Postmodern London, Newbury Park, New Delhi (Sage). (= Development and Change)

Portes, Alejandro; Castells, Manuel; Benton, L.A. (Eds.) 1989: The Informal Economy. Baltimore (Johns Hopkins University Press).

Prakash, Gyan (Ed.) 1995: After Colonialism. Imperial Histories and Postcolonial Displacements. Princeton (Princeton University Press). (= Princeton Studies in Culture/Power/History.)

Prebisch, Raúl 1950: Economic Survey of Latin America. (erstm. 1949). New York (United Nations).

Rademacher, Claudia; Schweppenhäuser, Gerhard (Hrsg.) 1997: Postmoderne Kultur? Soziologische und philosophische Perspektiven. Opladen (Westdeutscher Verlag).

Raffer, Kunibert 1996: Internationale Verschuldung. Entstehung, 'Management' und Lösungsansätze. In: Zapotoczky, Klaus; Griebl-Shehata, Hildegard (Hrsg.): Weltwirtschaft und Entwicklungspolitik-. Wege zu einer entwicklungsgerechten Wirtschaftspolitik. Frankfurt/M. (Brandes & Apsel). S. 41-57.

Rahnema, Majid 1988a: A new variety of AIDS and its pathogens. Homo oeconomicus, development and aid. In: Alternatives, 15. Jg. (1988), H. 1, S. 117-136.

Rahnema, Majid 1988b: Power and regenerative process in micro-spaces. In: International Social Science Journal, Jg. 1988, H. 117, S. 361-375.

Rahnema, Majid 1991: Global Poverty. A Pauperizing Myth. In: Interculture, 24. Jg. (1991), H. 2, S. 4-51.

Rahnema, Majid 1997a: Participation. In: Sachs, Wolfgang (Ed.): The Development Dictionary. A Guide to Knowledge as Power (1. Auflage 1992, London, Zed Books). Delhi (Orient Longman). S. 155-175.

Rahnema, Majid 1997b: Towards Post-Development. Searching for Signposts, a New Language and New Paradigms. In: Rahnema, Majid; Bawtree, V. (Eds.): The Post-Development Reader. London (Zed Books). S. 377-403.

Rahnema, Majid; Bawtree, V. (Eds.) 1997: The Post-Development Reader. London (Zed Books).

Rakowski, Cathy (Ed.) 1994: Contrapunto. The Informal Sector Debate in Latin America. New York.

Randeria, Shalini 1995: Die Krise der Entwicklungstheorie. Einige Betrachtungen zu Kultur, politischer Prozeß und Bevölkerungspolitik. In: Deutscher, Eckhard; Jahn, Thomas; Moltmann, Bernhard (Hrsg): Entwicklungsmodelle und Weltbilder. Frankfurt/M. (Societät). S. 78-92.

Rathgeber, Eva M. 1990: WID, WAD, GAD. Trends in Research and Practice. In: Journal of Developing Areas, 24. Jg. (1990).

Riha, Karl 1995: Prämoderne. Moderne. Postmoderne. Frankfurt/M. (Suhrkamp).

Robert, Jean 1997: Production. In: Sachs, Wolfgang (Ed.): The Development Dictionary. A Guide to Knowledge as Power (1. Auflage 1992, London, Zed Books). Delhi (Orient Longman). S. 236-256.

Rorty, Richard 1970: The linguistic turn. Chicago (Phoenix).

Rosenau, Pauline Marie (Ed.) 1992: Post-Modernism and the Social Sciences. Insights, Inroads, and Intrusions. Princeton (Princeton University Press).

Rosenberger, Sieglinde 1997: Die Eine/die Andere. Zur Kritik einer modernen Setzung. In: Kreisky, Eva; Sauer, Birgit (Hrsg.): Das geheime Glossar der Politikwissenschaft. Geschlechtskritische Inspektion der Kategorien einer Disziplin. Frankfurt/M., New York (Campus). (=Politik der Geschlechterverhältnisse. 3) S. 97-113.

Rosenstein-Rodan, Paul N. 1943: Problems of Industrialisation of Eastern and South-Eastern Europe. In: Economic Journal, 53. Jg. (1943), H. June-September, S. 202-211.

Rosenstein-Rodan, Paul N. 1961: Notes on the Theory of the "Big Push". In: Ellis, Howard S.; Wallich, H.C. (Eds.) (Hrsg.): Economic Development for Latin America. London (Macmillan). S. 57-66.

Rostow, Walt W. 1960: The Stages of Economic Growth. A Non-Communist Manifesto. London (Cambridge University Press).

Ryan, Michael 1982: Marxism and Deconstruction. A Critical Articulation. Baltimore, London (Johns Hopkins University).

Sachs, Wolfgang 1990: The Archaeology of the Development Idea. In: Interculture, 23. Jg. (1990), H. 4, S. 1-37.

Sachs, Wolfgang 1992: Zur Archäologie der Entwicklungsidee. Acht Essays . Mit Karikaturen aus der "Dritten Welt". Frankfurt/M. (Verlag für Interkulturelle Kommunikation) 1992.

Sachs, Wolfgang (Ed.) 1997: The Development Dictionary. A Guide to Knowledge as Power (1. Auflage 1992, London, Zed Books). Delhi (Orient Longman).

Said, Edward 1978: Orientalism. New York (Randon House).

Said, Edward 1985: Orientalism Reconsidered. In: Race and Class, 27. Jg. (1985), H. 23, S. 1-15.

Said, Edward 1994: Kultur und Imperialismus. Einbildungskraft und Politik im Zeitalter der Macht. Frankfurt/M..

Said, Edward 1998: Eine Frage der Definition. Ein Interview mit Edward W. Said über Huntingtons 'Clash of Civilizations', Neokolonialismus und die Kultur des Westens. In: blätter des iz3w, Jg. 1998, H. 231, S. 35-37.

Sangmeister, Hartmut 1993: Das Verschuldungsproblem. In: Nohlen, Dieter; Nuscheler, Franz (Hrsg.): Handbuch der Dritten Welt. Band 1: Grundprobleme, Theorien, Strategien. 3. Auflage. Bonn (J.H.W. Dietz Nachf.). S. 38-358.

Sarup, Madan 1993: An Introductory Guide to Poststructuralism and Postmodernism. New York.

Schäfer, H.-B. (Hrsg.) 1994: Armut in Entwicklungsländern. Berlin (Duncker und Humbolt). (= Schriften des Vereins für Socialpolitik. Gesellschaft für Wirtschafts- und Sozialwissenschaften. Neue Folge. 234)

Schimany, Peter; Seifert, Manfred (Hrsg.) 1995: Globale Gesellschaft? Perspektiven der Kultur- und Sozialwissenschaften. Frankfurt/M. (Lang).

Schinzinger, Francesca 1994: "Armut" in wirtschaftshistorischer Perspektive. In: Schäfer, H.-B. (Hrsg.): Armut in Entwicklungsländern. Berlin (Duncker und Humbolt). (=Schriften des Vereins für Socialpolitik. Gesellschaft für Wirtschafts- und Sozialwissenschaften. Neue Folge. 234) S. 91-11.

Schönherr-Mann, Hans-Martin 1996: Postmoderne Theorien des Politischen. Pragmatismus, Kommunitarismus, Pluralismus. München (Fink).

Schulz, Manfred (Hrsg.) 1997: Entwicklung. Die Perspektive der Entwicklungssoziologie. Opladen (Westdeutscher Verlag).

Schunke, Thomas 2000: Rasende Gazellen. UN-Sozialgipfel 2000 in Genf: IWF und Weltbank haben entdeckt, dass sich ein kapitalistisches Programm auch mit sozialer und feministischer Rhetorik verkaufen lässt. In: Jungle World, 4. Jg. (2000) Nr. 29 (12. Juli). Berlin. S. 23.

Schuurman, Frans J. (Ed.) 1993: Beyond the Impasse. New Directions in Development Theory. London.

Schweppenhäuser, Gerhard 1997: Paradoxien des Multikulturalismus. In: Rademacher, Claudia; Schweppenhäuser, Gerhard (Hrsg.): Postmoderne Kultur? Soziologische und philosophische Perspektiven. Opladen (Westdeutscher Verlag). S. 181-195.

Scott, Catherine V. 1995: Gender and Development. Rethinking Modernization and Dependency Theory. Boulder, CO (Lynne Rienner).

Scott, James 1998: Seeing Like a State. New Haven (Yale University Press).

Scott, James 2000: Legibility an Power. Patronym and Identities appropriate to the State. Vortrag auf der Tagung der Sektion Entwicklungssoziologie und Sozialanthropologie der deutschen Gesellschaft für Soziologie, Berlin 1.-3. Juni 2000. [unveröffentlichtes Manuskript].

Seifert, Manfred 1995: Globalisierung der Lebenswelten. Exkurse in die Alltagskultur der Moderne. In: Schimany, Peter; Seifert, Manfred (Hrsg.): Globale Gesellschaft? Perspektiven der Kultur- und Sozialwissenschaften. Frankfurt/M. (Lang). S. 195-221.

Senghaas, Dieter (Hrsg.) 1972: Imperialismus und strukturelle Gewalt. Analysen über abhängige Reproduktion. Frankfurt/M. (Suhrkamp).

Senghaas, Dieter (Hrsg.) 1974: Peripherer Kapitalismus. Analysen über Abhängigkeit und Unterentwicklung. Frankfurt/M. (Suhrkamp).

Senghaas, Dieter (Hrsg.) 1979: Kapitalistische Weltökonomie. Kontroversen über ihren Ursprung und ihre Entwicklungsdynamik. Frankfurt/.M (Suhrkamp).

Senghaas, Dieter 1979a: Dissoziation und autozentrierte Entwicklung. Eine entwicklungspolitische Alternative für die Dritte Welt. In: Senghaas, Dieter (Hrsg.): Kapitalistische Weltökonomie. Kontroversen über ihren Ursprung und ihre Entwicklungsdynamik. Frankfurt/.M (Suhrkamp). S. 376-412.

Seppmann, Werner 2000a: Das Ende der Gesellschaftskritik? Die >Postmoderne< als Ideologie und Realität. Köln (PapyRossa).

Seppmann, Werner 2000b: Paradoxien einer "Postmodernen" Ethik In: Marxistische Blätter, 38. Jg. (2000), H. 1-00, S. 15-23.

Shet, D.L. 1987: Alternative development and political practice. In: Alternatives, 12. Jg. (1987), H. 2, S. 155-171.

Shiva, Vandana 1988: Staying Alive. Women, Ecology and Development. London (Zed Books).

Shiva, Vandana 1991: The Violence of the Green Revolution. Londo (Zed Books).

Simons, Herbert W.; Billig, Michael (Eds.) 1994: After Postmodernism. Reconstructing Ideology Critique. London, Thousand Oaks, Delhi (Sage). (= Inquiries in Social Construction Series.)

Slater, David 1992: Theories of Development and Politics of the Post-modern. Exploring a Border Zone. In: Development and Change, 23. Jg. (1992), H. 3, S. 283-319.

Spivak, Gayatri Chakravorty 1987: In Other Worlds. Essays in Cultural Politics. London (Methuen).

Spivak, Gayatri Chakravorty 1988: Can the Subaltern Speak? In: Nelson, Cary; Grossberg, Lawrence (Eds.): Marxism and the Interpretation of Culture. Urbana (University of Illinois Press).

Spivak, Gayatri Chakravorty 1990: The Post-Colonial Critic. Interviews, Strategies, Dialogue. London (Routledge).

Squires, Judith (Ed.) 1993: Principled Positions. Postmodernism and the Rediscovery of Value. London (Lawrence & Wishart).

Stock, Christian 1998: Totaler Theorieverzicht? Bilanz der entwicklungstheoretischen und -politischen Diskussionen der 90er Jahre. In: blätter des iz3w, Jg. 1998, H. Sonderheft Entwicklungspolitik in den 90er Jahren, S. 4-7.

Streeten, Paul et al. (Ed.) 1981: First Things First. Meeting Basic Human Needs in the Developing Countries. Oxford.

Strutynski, Peter 2000: Neue Kriege der Neuen Mitte. Außen- und Sicherheitspolitik. Zehn Todsünden der rot-grünen Bundesregierung. In: Freitag, Nr. 39 vom 22.9.2000. Berlin.

Tetzlaff, Rainer 1993: Strukturanpassung - das kontroverse entwicklungspolitische Paradigma in den Nord-Süd-Beziehungen. In: Nohlen, Dieter; Nuscheler, Franz (Hrsg.): Handbuch der Dritten Welt. Band 1: Grundprobleme, Theorien, Strategien. 3. Auflage. Bonn (J.H.W. Dietz Nachf.). S. 420-445.

Tetzlaff, Rainer 1995: Theorien der Entwicklung der Dritten Welt nach dem Ende der Zweiten (sozialistischen) Welt. In: PVS, 36. Jg. (1995), H. Sonderheft 26, S. 59-93.

Thiel, Reinold E. (Hrsg.) 1999: Neue Ansätze zur Entwicklungstheorie. Bonn (Deutsche Stiftung für internationale Entwicklung). (= Themendienst der Zentralen Dokumentation. 10)

Thiel, Reinold E. 1999a: Einleitung. Zur Neubewertung der Entwicklungstheorie. In: Thiel, Reinold E. (Hrsg.): Neue Ansätze zur Entwicklungstheorie. Bonn (Deutsche Stiftung für internationale Entwicklung). (=Themendienst der Zentralen Dokumentation. 10) S. 9-34.

Touraine, Alain 1972: Die postindustrielle Gesellschaft. Frankfurt/M. (Suhrkamp).

Toye, John 1987: Dilemmas of Development. Reflections on the Counter-Revolution in Development Theory and Policy. Oxford (Basil Blackwell).

Turner, Bryan S. (Ed.) 1990: Theories of Modernity and Postmodernity. London, Newbury Park, Delhi (Sage) 1990.

Turner, Bryan S. 1990a: Periodization and Politics in the Postmodern. In: Turner, Bryan S. (Ed.): Theories of Modernity and Postmodernity. London, Newbury Park, Delhi (Sage) 1990. S. 1-13.

Turner, Bryan S. 1994: Orientalism, Postmodernism & Globalism. London, New York (Routledge).

Udayagiri, Mridula 1995: Challenging Modernization. Gender and Development, Postmodern Feminism and Activism. In: Marchand, Marianne H.; Parpart, Jane L. (Eds.): Feminism/Postmodernism/Development. London, New York (Routledge). S. 159-178.

Ullrich, Otto 1997: Technology. In: Sachs, Wolfgang (Ed.): The Development Dictionary. A Guide to Knowledge as Power (1. Auflage 1992, London, Zed Books). Delhi (Orient Longman). S. 367-383.

UNDP (United Nations Development Program) 1990: Human Development Report 1990. New York (Oxford University Press.).

UNDP (United Nations Development Program) 1993: Human Development Report 1993. Peoples Participation. New York (Oxford University Press).

UNDP (United Nations Development Program) 1994: Human Development Report 1994. New Dimensions of Human Security. New York (Oxford University Press).

UNDP (United Nations Development Program) 1995: Human Development Report 1995. Gender and Human Development. New York (Oxford University Press).

UNDP (United Nations Development Program) 1998: Human Development Report 1998. New York (Oxford University Press).

UNDP (United Nations Development Program) 1999: Human Development Report 1999. New York (Oxford University Press).

United Nations (UN) 1986: World Survey on the Role of Women in Development. New York.

Walzer, Michael 1997: Zweifel und Einmischung. Gesellschaftskritik im 20. Jahrhundert. Frankfurt/M. (Fischer).

Waters, Malcolm (Ed.) 2000a: Modernity. Critical Concepts. Volume I. Modernization. London, New York (Routledge).

Waters, Malcolm (Ed.) 2000b: Modernity. Critical Concepts. Volume II. Cultural Modernity. London, New York (Routledge).

Waters, Malcolm (Ed.) 2000c: Modernity. Critical Concepts. Volume III. Modern Systems. London, New York (Routledge).

Waters, Malcolm (Ed.) 2000d: Modernity. Critical Concepts. Volume IV. After Modernity. London, New York (Routledge).

World Economy, Ecology & Development (WEED) 2000: Schuldenreport 2000. Bonn.

Weedon, Chris 1987: Feminist Practice and Poststructuralist Theory. Oxford (Basil Blackwell).

Weimann, Robert; Gumbrecht, Ulrich (Hrsg.) 1991: Postmoderne - globale Differenz. Unter Mitarbeit von Benno Wagner. 2. Auflage. Frankfurt/M. (Suhrkamp).

Welsch, Wolfgang (Hrsg.) 1987: Unsere postmoderne Moderne. Weinheim (VCH-Acta Humanoria).

Welsch, Wolfgang (Hrsg.) 1988: Wege aus der Moderne. Schlüsseltexte der Postmoderne-Diskussion. Weinheim (VCH-Acta Humanoria).

Welsch, Wolfgang 1992: Topoi der Postmoderne. In: Fischer, Hans Rudi; Retzer, Arnold; Schweitzer, Jochen (Hrsg.): Das Ende der großen Entwürfe. Frankfurt/M. (Suhrkamp). S. 35-55.

Werbner, Pnina; Modood, Tariq (Eds.) 1997: Debating Cultural Hybridity. London, New Jersey.

White, Stephen K. 1991: Political Theory and Postmodernism. Cambridge, New York (Cambridge University Press).

Wilson, Fiona 1993: Reflections on Gender as an Inter-Disciplinary Study. Kopenhagen. (= CDR Working Paper 93.2, April 1993)

Worsley, Peter 1989: Modelle des modernen Weltsystems. Berlin. (= Berliner Institut für vergleichende Sozialwissenschaft. Arbeitsheft)

Yapa, Lakshman 1996: What Causes Poverty? A Postmodern View. In: Annals of the Association of American Geographers, 86. Jg. (1996), H. 4, S. 707-728.

Young, Crawford 1982: Ideology and Development in Africa. New Haven (Yale University Press).

Young, Kate 1993: Planning Development with Women. Making a World of Difference. London (Macmillan).

Young, Robert 1990: White Mythologies. Writing History and the West. London, New York (Routledge).

Young, Robert J.C. 1995: Colonial Desire. Hybridity in Theory, Culture and Race. London, New York (Routledge).

Zapata Galindo, Martha 2000: Die Befreiung des Subjekts von seinem autonomen Wesen. Interview mit Martha Zapata Galindo über die emanzipatorische Wirkung der 'Dekonstruktion'. In: Arranca!, Jg. 2000, H. 19 (Spätwinter/Frühling), S. 16-21.

Zapotoczky, Klaus; Griebl-Shehata, Hildegard (Hrsg.) 1996: Weltwirtschaft und Entwicklungspolitik-. Wege zu einer entwicklungsgerechten Wirtschaftspolitik. Frankfurt/M. (Brandes & Apsel).

Zima, Peter V. 1997: Moderne/Postmoderne. Gesellschaft, Philosophie, Literatur. Stuttgart (Uni-Taschenbücher).

Žižek , Slavoj 2000: Das Unbehagen im Multikulturalismus. Rassismus als Symptom des globalen Kapitalismus. In: blätter des iz3w, Jg. 2000, H. 245 (Mai/Juni), S. 40-43.

Freie Radios
als Ort der aktiven Jugend-Medien-Arbeit

Harald Hahn

Harald Hahn

Freie Radios als Ort der aktiven Jugend-Medien-Arbeit

ISBN 3-89821-158-4
130 S. , Paperback
EURO 19,90

Erhältlich in jeder Buchhandlung oder direkt bei
ibidem

Mit diesem Buch soll ein Einblick in die aktive Jugend-Medien-Arbeit der Freien Radios gegeben werden. Es bietet eine fundierte Grundlage für weiterführende sozialwissenschaftliche Forschungen über Freie Radios sowie für eine auf Selbstbestimmung ausgerichtete aktive Medienarbeit.

Dem Thema wird sich durch die Betrachtung der Entstehungsgeschichte der Freien Radios angenähert. Dies soll zu einem besseren Verständnis dieser Rundfunkstationen führen. Da die Geschichte des Rundfunks auch immer eine Geschichte der Partizipation am Rundfunkwesen ist, skizziert der Autor ausführlich den Kampf der Arbeiter-Radiobewegung für eigene Frequenzen. Einen Kampf, den die Piratensender der neuen sozialen Bewegungen wieder aufnahmen.

Die neuen sozialen Bewegungen entwickelten ein Politikverständnis, in dem Gleichheit, Partizipationsmöglichkeit und Authentizität das Fundament für eine andere Politikform bilden. Diese Ansprüche galten und gelten immer noch für eine alternative Medienproduktion. Inwieweit in den freien, nichtkommerziellen lokalen Radiostationen und ihren Jugendradiogruppen diese Indikatoren verwirklicht werden, ist eine Frage, die in diesem Buch erörtert wird.

Des weiteren werden die Örtlichkeiten der Freien Radios untersucht, weil sie ein wichtiger Bestandteil einer aktiven Jugend-Medien-Arbeit in Freien Radios sind und häufig übersehen wird, wie wichtig der Raum und die Örtlichkeit für pädagogische und politische Prozesse sind. Eine weitere Fragestellung ist, wie die aktive Jugend-Medien-Arbeit in den Freien Radios konkret aussieht und ob sie zur Medienkompetenz beiträgt.

Der Autor:

Harald Hahn, Jahrgang 1966, ist freier Radio- und Theatermacher und in neuen sozialen Bewegungen aktiv. Er studierte Pädagogik mit dem Schwerpunkt Medien/Kulturarbeit an der Universität Bielefeld, an der er Lehrbeauftragter für Kulturarbeit ist. Er ist in der Jugend-und Erwachsenenbildung tätig und gibt Theaterworkshops zu den Methoden des "Theater der Unterdrückten" nach Augusto Boal. Außerdem steht er als Kabarettist in dem Programm "Der Zeitungsverkäufer" auf der Bühne und ist Spielleiter der Straßentheatergruppe Piquete in Berlin.

Photo: Martin Speckmann, 1999

Bestellungen und Anfragen richten Sie bitte an den

ibidem-Verlag, Melchiorstr. 15, 70439 Stuttgart, Tel.: 07 11 / 9807954, Fax: 07 11 / 8001889

Till Baumann

Von der Politisierung des Theaters zur Theatralisierung der Politik

Theater der Unterdrückten im Rio de Janeiro der 90er Jahre

ISBN 3-89821-144-4
208 S., zahlr. Abb. und Fotos, Paperback
EURO 29,90

Erhältlich in jeder Buchhandlung oder direkt bei
ibidem

"Theater der Unterdrückten" – vielen ist Augusto Boals emanzipatorische Theaterpraxis noch aus den 70er und 80er Jahren bekannt. Lange hatte Boal im Pariser Exil gelebt und war in Europa inzwischen mindestens genauso bekannt geworden wie in seiner brasilianischen Heimat. Doch was ist seit seiner Rückkehr nach Brasilien Ende der 80er Jahre geschehen? Wie und wohin haben er und andere das Theater der Unterdrückten in Rio de Janeiro weiterentwickelt? Diesen Fragen geht Till Baumann in seinem Buch nach. Es handelt von Kultur und Partizipation, von Emanzipation und Kunst, von einer völlig neuartigen Verbindung von Theater und Politik: dem *Legislativen Theater* – einem Ansatz, der weiter geht als die bisherige Praxis des Theaters der Unterdrückten. Denn so wie die ZuschauerInnen sich im Theater der Unterdrückten aus ihrer Passivität befreien und zu AkteurInnen werden, hören BürgerInnen im Legislativen Theater auf, bloße ZuschauerInnen herrschender Politik zu sein. Es geht um neue Formen von Politik, in denen Theater eine zentrale Rolle spielt und neue Partizipationsmöglichkeiten eröffnet.

Der Autor:
Till Baumann ist Diplom-Pädagoge, freier Theatermacher und Musiker. Er lebt in Berlin. Für dieses Buch forschte und arbeitete er drei Monate lang am Zentrum des Theaters des Unterdrückten in Rio de Janeiro.

Bestellungen und Anfragen richten Sie bitte an den

ibidem-Verlag, Melchiorstr. 15, 70439 Stuttgart, Tel.: 07 11 / 9807954, Fax: 07 11 / 8001889

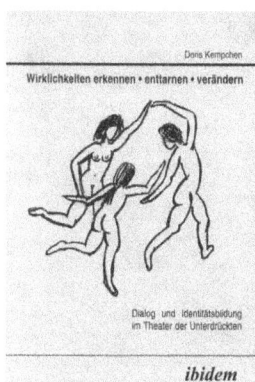

Doris Kempchen

Wirklichkeiten erkennen • enttarnen • verändern

Dialog und Identitätsbildung
im Theater der Unterdrückten

ISBN 3-89821-126-6
160 S., Paperback
EURO 25,00

Erhältlich in jeder Buchhandlung oder direkt bei
ibidem

Augusto Boals Theater der Unterdrückten will Menschen dazu befähigen, in Situationen der Unterdrückung das eigene Opferverhalten zu erkennen und sich aus dieser zugeschriebenen Rolle zu befreien. Grundlegend dabei ist der Dialog zwischen Spielenden und Zuschauenden, in dem verschiedene Perspektiven und Handlungsstrategien für ein Problem szenisch dargestellt und diskutiert werden.

Die Autorin hat die Arbeit des Zentrum des Theaters der Unterdrückten in Brasilien begleitet. In diesem Buch setzt sie sich mit der Praxis des seit 1993 in Rio de Janeiro angewandten Legislativen Theaters auseinander. Im Mittelpunkt steht dabei die Frage, wie der emanzipatorische Anspruch des Theaters umgesetzt wird. An welche Bedingungen muss sich die Theaterarbeit orientieren, damit ein gelungener Dialog zwischen Spielenden und Zuschauenden möglich wird?

Die Autorin: Doris Kempchen, geb. 1974, studierte Sonderpädagogik an der Universität Hannover und lernte bei Prof. Dr. Dietlinde Gipser die Methoden des Theaters der Unterdrückten kennen. Im Rahmen des Süd-nordprojektes des ASA Programms der Carl Duisberg Gesellschaft e.V. und der Paulo-Freire-Gesellschaft e.V. begleitete sie während eines Studienaufenthaltes im Zentrum des Theaters der Unterdrückten in Rio de Janeiro die Praxis des Legislativen Theaters. Im folgenden Jahr führte die Autorin mit drei brasilianischen Mitarbeiterinnen des Theaterzentrums Workshops und Vorträge zum Theater der Unterdrückten in Deutschland durch. Seitdem leitet sie Seminare und Workshops in der Jugend- und Erwachsenenbildung. Dabei war sie u.a. in Addis Abeba, Äthiopien und in der Theaterarbeit mit Behinderten tätig.

Bestellungen und Anfragen richten Sie bitte an den

ibidem-Verlag, Melchiorstr. 15, 70439 Stuttgart, Tel.: 0711 / 9807954, Fax: 0711 / 8001889
ibidem@ibidem-verlag.de

www.ingramcontent.com/pod-product-compliance
Lightning Source LLC
Chambersburg PA
CBHW061316220326
41599CB00026B/4898